HADIJA HARUNA-OELKER

ZUSAMMENSEIN

Plädoyer für eine Gesellschaft
der Gegenseitigkeit

btb

Für Dich, M., mein größtes Geschenk

Der Entstehungsprozess dieses Buches wurde redaktionell von der Journalistin **Judyta Smykowski** begleitet und von Bildungsaktivist **Ash (@Ashducation)** politisch lektoriert.

Kori Klima und **Laura Heidrich** haben Teile des Buches in Einfache Sprache übersetzt. Die Zusammenfassungen am Ende jedes Kapitels sollen dazu beitragen, dass der Text so vielen Menschen wie möglich zugänglich wird. Die Komplettübersetzung des Buches war aus Platz- und Finanzierungsgründen leider nicht möglich.

Einige Begriffe, die im Originaltext in machtkritischem Sprachgebrauch verfasst sind, wurden in der Übersetzung im Sinne der Verständlichkeit nicht aufgegriffen. Zum Beispiel wird Schwarz nicht großgeschrieben und *weiß* nicht kursiv.

Die Zusammenfassungen sind jeweils mit Halbkreisen am Seitenrand markiert, damit sie schnell auffindbar sind.

Inhalt

Vorweg …

Dieses Buch ist eines, das ich gebraucht hätte, als ich Mutter und zur Verbündeten meines Kindes wurde. Es ist politisch, weil ich Kindern darin Platz mache und glaube, dass in diesem gesellschaftlichen System nur etwas bewegt werden kann, wenn Menschen bewegt werden.

Deutsche Zustände

Du kannst auf nichts hinarbeiten,
wenn du nicht weißt,
dass es existiert.

– James LeBrecht

Es war 2016, als wir zu einer Veranstaltung für behinderte und chronisch kranke Kinder eingeladen waren. Die Dream Night im Zoo in Frankfurt am Main, eine Art geschützter Raum, der mit Rahmenprogramm bespielt wurde. Dieser Besuch war für mich eine so schöne wie schmerzhafte Erfahrung. Denn als mein Mann und ich unser damals noch nicht ein Jahr altes Kind im Buggy durch die Anlage schieben, sehe ich sie alle zum ersten Mal an einem öffentlichen Ort versammelt. All die jungen Menschen, die aus unserem Alltag verdrängt und von klein auf ausgesondert werden, mit denen viele nichtbehinderte Menschen nur selten in Kontakt kommen. Es sind Kinder aller Unterschiede. Eine Vielfalt, die in den meisten Medien, in Büchern und öffentlichen Räumen fehlt und bis heute nur in bestimmten Blasen wahrnehmbar wird. Kinder, die ein unterschiedliches Merkmal verbindet und deren Geschichten so verschieden sind. Die zu einer Gruppe gezählt werden und doch keine sind, weil kein Kind, kein Mensch sich nur durch

ein Merkmal auszeichnet, das ihm von außen als Erstes dominant zugeschrieben wird.

Seit diesem Abend beschäftigt mich die Frage nach dem »Warum«. Warum die Trennung? Warum fehlt ein Miteinander von nichtbehinderten und behinderten Menschen in unserem Alltag? Kein Kontakt, keine Öffnung, kein Zusammensein. Warum gibt es diese Leere, eine Lücke zwischen uns? Und warum wird einer so großen, heterogenen Gruppe in Deutschland ein gleichberechtigtes Leben verwehrt?

Für mich ist klar, dass ich es so nicht für mein Kind und kein anderes möchte. Nicht für uns als Familien, die wir in Deutschland Teil einer Gemeinschaft sind, die wenig wahrgenommen, der aber viel Pauschalisierendes zugeschrieben wird. Zum jetzigen Zeitpunkt dieses Buch über Behinderung zu schreiben, ist für mich ein privater wie politischer Akt. So wie es für mich politisch ist, Schwarz zu sein. Ein theoretisches Wissen darüber musste ich mir in beiden Fällen erarbeiten und auf unterschiedliche, reale Weise erleben und miterleben. Texte lesen, in Gesprächen mit Menschen sein, die es betrifft, in mich hineinhören, beobachten, nachdenken und immer bereit bleiben, weiter zu lernen über Lebenserfahrungen, die nicht in eine Schublade gepackt werden können. Und gleichzeitig ist dieses Buch mehr für mich. Es ist ein dringendes und drängendes und bei aller Rationalität, gesellschaftlicher Analyse und wissenschaftlicher Erkenntnis mit einer starken Emotion verbunden. Weil es mir um etwas geht: um das Kostbarste, das ich habe. Mein Kind. Für das ich der Rückenwind sein will, den es sich im Laufe seines Lebens wünscht. Und hoffe, dass es in einer Weite über sich zu denken lernt, in der Fremdbestimmung keinen Platz hat.

Für das eigene Kind gegen Ungerechtigkeit anzuschreiben,

legt eine andere Energie ins Fühlen, Denken und Formulieren. Daraus mache ich keinen Hehl, daraus schöpfe ich Kraft. Die gemeinsame Zeit mit meinem Kind hat mich mehr als alles andere dazu aufgefordert, stark und laut zu bleiben, so wie ich es bereits als Kind für mich selbst sein musste. Und so ziehe ich weiter auf meinem Weg der Emanzipation und zeige auf dieser Reise mein Wachsen und Werden in einer politisch-bewussten und machtkritischen Elternschaft. Ich setze damit fort, was ich in meinem ersten Buch *Die Schönheit der Differenz* begonnen habe. Das eine Einladung war, die ich erneut ausspreche. Dieses Mal, um sich mit der Frage des Zusammenseins in unserer Gesellschaft auseinanderzusetzen, in der Menschen ausgeschlossen werden. Dabei plädiere ich für eine kritische Auseinandersetzung, wie sie die Literaturwissenschaftlerin bell hooks in *Teaching Critical Thinking* empfahl. Also nicht nur vordergründige Wahrheiten verstehen zu wollen, sondern fragend unter die Oberfläche zu gelangen. Und dabei das eigene Leben und die Welt um sich herum zu betrachten und Situationen zu hinterfragen, die für selbstverständlich gehalten werden.

Kritisches Denken ermöglicht, die Perspektive zu wechseln und sich der eigenen Vorurteile und Involviertheit innerhalb von Ungleichheitsverhältnissen bewusst zu werden. In diesem Zusammenhang hielt hooks junge Menschen für die geborenen kritischen Denker*innen, weil sie ihren Platz in unserer Welt erst noch finden müssen. Kinder erschließen sich die Welt durch Antworten auf ihre Fragen. Sie wollen das Wer und Wie, das Was und Wo, das Wann und Warum des Lebens verstehen. Und ich glaube, dass erwachsene Menschen, während sie Kinder begleiten oder beobachten, mit und von ihnen lernen können. Denn durch sie lässt sich verstehen, wie unsere

Sozialisation und Prägung im erwachsenen Alter auf uns wirkt. Kinder laden uns ein, darüber zu reflektieren, was uns selbst in unserer Kindheit vorenthalten oder an fälschlichen Vorstellungen in uns geprägt wurde. Schließlich waren wir alle einmal jung und standen mit dem Zeitpunkt unserer Geburt auf der gleichen Startlinie, um dann aber unterschiedlich weiterzukommen.

An Kindheiten lässt sich ablesen, wie wir werden und was andere aus uns machen. Sie zeigen uns, wo wir als Gesellschaft stehen. Darum nehme ich sie zum Ausgangspunkt meiner Überlegungen. Zumal auch Kinder für die Zukunft eine Idee davon brauchen, was ein Zusammensein unterschiedlicher Menschen bedeutet, damit es selbstverständlich für sie wird. Dabei verstehe ich meine Worte als eine Momentaufnahme aktueller Zustände in Deutschland. Wo die Lebensbedingungen noch nie für alle Menschen gerecht waren, aber es vielen in Zukunft schlechter gehen wird. Kriege, Flucht- und Migrationsbewegungen, die Klimakrise mit Stürmen, Hitze und Wassermangel, Artensterben und andere planetare Herausforderungen. Rund 72 Prozent der Weltbevölkerung leben unter autokratischen Regierungen. Und seit der Coronapandemie, dem russischen Angriffskrieg auf die Ukraine, der humanitären Kriegskatastrophe in Gaza nach dem terroristischen Anschlag der Hamas auf Israel am 7. Oktober 2023 und den immer größeren Erfolgen rechter Kräfte und ihrer Parteien haben sich nicht nur die politischen Debatten hierzulande spürbar verschärft. Überall lassen sich gesellschaftliche Brüche beobachten, die ein Gefühl der Spaltung verstärken und den Eindruck vermitteln, dass es ein »Wir« nicht gibt.

Darum ist es kein Wunder, dass der Wunsch nach Diversität weniger spürbar ist, dass er sich sogar ins Gegenteil verkehrt.

Wir Zeiten erleben, in denen es für viele nur eine Perspektive, Wahrheit und Richtlinie gibt. In denen ein Kulturkampf Menschenrechte abschätzig als woke Debatte adressiert und sich wenige differenziert mit dem Prinzip einer politischen Achtsamkeit auseinandersetzen.

Das Sündenbockprinzip ist und bleibt erfolgreich, weil die Abwertung *anderer* es Menschen schon immer leicht gemacht hat, sich vom Wesentlichen abzulenken. Zumal immer alle mitdenken zu wollen, ein hehrer Vorsatz ist, der vielen auch zu viel ist. Da ist keine Zeit, Kraft oder Verständnis, sich auch noch um die Anliegen marginalisierter Menschen zu kümmern. Insgesamt ist die Mitte unserer Gesellschaft schon lange nicht mehr stabil. Sie galt zunächst als fragil, dann als gefordert und zuletzt als »distanzierte Mitte«, die geschrumpft und insgesamt nach rechts gerückt ist, wie die gleichnamige Langzeitstudie der Friedrich-Ebert-Stiftung erklärt.

Klar ist jetzt, dass sich Menschen schon lange in wachsender Zahl antidemokratischen Bewegungen zuwenden. Und nicht wenige sich dabei nostalgisch auf den Wert einer diffusen Vergangenheit beziehen, in der nicht alle vorkommen. Das erklärt ein Wiedererstarken sozialdarwinistischer Ansichten, die Sozialhilfeempfänger*innen, wohnungslose oder behinderte Menschen als »minderwertig« und überflüssig bezeichnen. Was Erinnerungen an eine nationalsozialistische Vergangenheit weckt, die in so vielen Punkten, wie dem Massenmord an behinderten und kranken Menschen, nicht gut aufgearbeitet ist. Weshalb es nicht nur für jüdische, queere, Schwarze Menschen und Sinti*zze und Rom*nja, sondern auch für sie keinen »Schlussstrich« in der Geschichte gibt.

Nach dem Zweiten Weltkrieg hat es Jahrzehnte gedauert, bis eine umfassende Aufarbeitung der Verbrechen an den etwa

300 000 behinderten und kranken Menschen und den rund 400 000 zwangssterilisierten Personen in Deutschland begonnen hat. Heute ist es eine traurige Tatsache in Deutschland, dass trotz Grundgesetz und der UN-Behindertenrechtskonvention, die seit 2009 gilt, Ausgrenzung, Anfeindungen und Entmündigungen eine allgegenwärtige Erfahrung für sie ist. Eine, die sich in alltäglichen Situationen zeigt: in der Sprache, in Vorstellungen, Denkmustern und Haltungen. Aber auch in Debatten über Pränatal- oder Präimplantationsdiagnostik, in der Forschung an nicht einwilligungsfähigen Menschen, der Sterbehilfe und in tabuisierten Praxen, in der sogenannten Behindertenhilfe, die ein Netz aus Institutionen, Behörden, Ämtern und formellen Vorgaben stützt, an denen Fachleute aus Medizin, Pädagogik, Psychologie und sozialer Arbeit beteiligt sind. Aber eben auch in der Gewalt an behinderten Menschen und dem Mangel an Maßnahmen zu ihrem Schutz.

»Wir werden nicht als Behinderte geboren, wir werden zu Behinderten gemacht«, schrieb Rebecca Maskos schon vor über einem Jahrzehnt in Anlehnung an die bekannte Formulierung von Simone de Beauvoir über die Konstruktion des Frauseins. Maskos kämpft mit anderen behindertenrechtsbewegten Menschen dafür, Behinderung nicht nur auf medizinische Fragen und Defizitdenken zu reduzieren. Weil Körper eben nicht nur Körper sind, sondern diese gesellschaftlich konstruiert und bewertet werden. Und behinderte Körper werden dabei meistens abgewertet und ausgeschlossen.

Schwarz sein. Queer sein. Jüdisch sein. Behindert sein. So lassen sich im Konkreten zwar die Erfahrungen nicht vergleichen, aber es lassen sich Verbindungen herstellen. Und diese stelle ich auch zwischen meinem Kind und mir her. Nicht nur, weil ich als Mutter eine besondere Bindung zu ihm habe,

sondern weil sich unsere Merkmale und damit Erfahrungen überschneiden. Mein Kind ist nicht nur ein behindertes Kind, sondern auch eines of color, und ich bin seine Schwarze Mutter. In unserer Geschichte verbirgt sich also eine gemeinsame intersektionale Erfahrung und damit ein Verständnis, das marginalisierte Menschen in der Gleichzeitigkeit ihrer biografischen Merkmale und gesellschaftlichen Positionen begreift. Aus diesem Verständnis heraus entwickle ich meine Gedanken, begegne Menschen, habe mir in Bündnisarbeiten Klarheit verschafft und analysiere die Fragen nach sozialer Gerechtigkeit. Mein Zugang zu den Erfahrungen von Menschen sind Perspektivwechsel, meine Texte sind das Ergebnis meiner eigenen Subjektivität und Ausdruck meiner Lernerfahrungen. Ich schreibe dieses Buch aus der Position einer light-skinned[1] Schwarzen, cis, hetero, normschönen und nichtbehinderten Frau, Mutter, Ehefrau, Journalistin, Autorin und Feministin heraus, die mit einer chronischen Erkrankung lebt. Als Arbeiter*innen- und Angestelltenkind der sogenannten unteren Mittelschicht, das studiert und einen sozialen und Bildungsaufstieg erlebt und in Westdeutschland als Kind einer *weißen* Mutter und eines Schwarzen Vaters sozialisiert wurde, bin ich Teil einer globalen Geschichte der Unterdrückenden und Unterdrückten. In dieser Erzählung kommt im Besonderen die gemeinsame Erfahrung einer Mutter mit ihrem Kind dazu. Die wir zusammen eins sind auch im kollektiven und inklusiven Sinne der südaf-

1 Light-skinned und dark-skinned Schwarz sind zwei Begriffe, bei denen es nicht explizit um die Hautschattierung geht, sondern darum, die Erfahrungen von anti-Schwarzem Rassismus weiter auszudifferenzieren und das rassistische Prinzip eines sogenannten Colorism zu erklären. Bei diesem werden Menschen nach dem Grad ihrer Hautschattierung (ab-)gewertet. Light-skinned Schwarze Menschen werden dabei bevorzugt, erfahren aber trotzdem Rassismus.

rikanischen Philosophie des Ubuntu, also eines größeren Ganzen. Simunye, wie es in Zulu heißt. Meine Geschichte, seine Geschichte und unsere Geschichte in dieser Gesellschaft. »Ich bin, weil wir sind.« Und dabei bewegt mich die Frage, wie ich mein Kind begleiten kann, wenn sich diese Gesellschaft nicht zum Besseren verändert. Darum denke ich darüber nach, wie wir weiterleben und stabil bleiben können. Deshalb dieses Buch. Weil die Zeiten schwierig sind und das jetzt so ist, unser Zuhause. Aber wie die Geschichte zeigt, es gerade Krisen sind, die ein unvorhersehbares Potenzial für Emanzipation in sich bergen.

Ein Plädoyer für Menschenrechte

Kämpfe für die Dinge, die dir wichtig sind.
Aber kämpfe so,
dass sich dir andere anschließen wollen.

– Ruth Bader Ginsburg

Es war ein intensiver Weg, bis ich mein journalistisches Handwerk mit meiner Expertise und meinem Stil in ein – nennen wir es – öffentlich anerkanntes Verhältnis stellen konnte. Weil ich mich in einer Zeit als Journalistin etablieren musste, in der eine vermeintlich neutrale und objektive Berichterstattung über Diskriminierung nur denjenigen zugesprochen wurde, die sie selbst nicht erlebten. Ein in mehrerer Hinsicht unlogischer Schluss. Zum einen, weil kein Mensch absolut objektiv ist, ein Sachverhalt immer aus der Perspektive der berichtenden Person erzählt wird und damit im Kontext von Diskriminierung die Wahrnehmung eines vermeintlich Unbeteiligten nicht fundierter ist als die eines Menschen, der sie erfährt. Zum anderen: Wer ist schon unbeteiligt bei Themen, die unsere Differenz betreffen?

Vielmehr machen ein Wissen darüber und die Reflexion der eigenen Position das aus, was einen transparenten, verantwortungsbewussten und, wie ich es nenne, menschenrechts-

basierten Journalismus auszeichnet. Und darum geht es mir in meiner Arbeit und beim Schreiben. Weil ich glaube, dass die Einsicht, nicht unbeteiligt zu sein, dabei hilft, die Zustände unserer Gesellschaft und die Grundrechte von Menschen ehrlicher zu analysieren.

Wer versteht und fühlt unsere Menschenrechte, ihr Gewicht und ihre Geschichte? Die Erinnerung an die Vergangenheit und die Errungenschaft, dass sie nach einem großen Unrecht an so vielen Menschen formuliert wurden. Dieses Buch handelt von ebendiesen Menschenrechten, die wirkmächtig sind, weil sie nicht so leicht infrage gestellt und instrumentalisiert werden können. Es geht um Gleichbehandlung, die in unserer Hand liegt. In einer Zeit, in der Deutschland zwar 75 Jahre Grundgesetz feiert, aber die Würde des Menschen antastbar und unsere Demokratie nicht sicher ist. In der die Antwort zu vieler Menschen auf die Krisen ist, sich politisch nach rechts zu orientieren. Aber eine andere Richtung ist möglich.

Dieser Weg beginnt damit, die Gründe für den gewachsenen gesellschaftlichen Dissens seit 1945 zu verstehen. Mit einem umfassenden Erinnern, um daraus Lehren für die Gegenwart und Zukunft zu entwickeln. Unsere Gesellschaft ist jetzt herausgefordert, ihre Vergangenheit und ihre gängige Kultur des Erinnerns noch einmal aufzurollen, zu überarbeiten und neu zu verhandeln. Und in diesen Prozess schreibe ich mich ein. Als Teil unserer sogenannten superdiversen Gesellschaft, die sich aus Menschen zusammensetzt, deren Biografien und Beziehungen zu diesem Land sich unterscheiden und die dazu noch unterschiedlich sind in ihrem Menschsein. Weshalb die Frage von Zusammensein und Menschenrechten auch eine nach Identität ist, die uns alle ausmacht. Ich meine damit individuelle persönliche Selbstfindungsprozesse. Also die Geschichte,

die Menschen über sich selbst und ihre Leben erzählen, gespiegelt an der Erzählung, die es in der Gesellschaft über sie gibt. In diesem Zusammenspiel in Zeiten des Umbruchs wird die Suche nach dem »wahren Ich« im Sinne des Soziologen Hartmut Rosa zu einer aufreibenden Dauerbeschäftigung. Vor allem, weil dabei im Gegenzug rechte Kräfte ihre Vorstellung von Identität als etwas Starres und Unwandelbares verstehen, das vor einem Außen geschützt werden muss.

Darum gilt es im Sinne und für den Erhalt der Demokratie, eine gemeinsame Geschichte zu finden, die alle miteinschließt. Versorgen wir uns darum mit Wissen, wie der Philosoph Theodor W. Adorno in seinem Plädoyer für Vernunft und Aufklärung appellierte. Weil sich Menschen nur, wenn sie ausreichend Wissen hätten, nicht von Propaganda und Faschismus täuschen ließen. Es ist eine Forderung, die nicht an Wichtigkeit verloren hat. Denn was wir wissen und über uns lernen, bleibt die Basis für die politische Bildung und ein demokratisches Denken. Es ist eines, das (ein-)geübt, aber auch gefühlt werden will. Das eines Eintretens für Menschenrechte bedarf, und Inklusion ist ein Teil dieser Rechte. Sie ist eine Vision, Utopie und politische Leitidee, ein gesellschaftliches Korrektiv, pädagogisches Ziel und Lernprozess. Inklusion ist das Prinzip und Großprojekt für unser Zusammensein, das auf die Abschlusserklärung der UNESCO-Weltkonferenz zur Gerechtigkeit in der Bildung 1994 zurückgeht. Sie besagt, dass niemand ausgeschlossen werden darf und sich anpassen muss, sondern alle einbezogen werden, wie sie sind.

Inklusion ist ein starker Begriff, weil sie das soziale Selbstverständnis der Gesellschaft hinterfragt und zu einem neuen Miteinander verändert, wenn sie wirklich umgesetzt würde. Denn wo von ihr die Rede ist, da geht es um menschliche Frei-

heit, weil Inklusion auch Zugänglichkeit und Zugehörigkeit bedeutet. Darum sollten wir gemeinsam an ihrem unvollendeten Projekt arbeiten. An einer Gesellschaft, in der Kümmern der Kern von Gemeinschaft ist, eine »Caring Community« im Sinne einer Gegenseitigkeit ohne Hierarchie. In der gilt: Wenn Menschen sich umeinander und die Bedürfnisse aller kümmern, sich folglich auch um sich selbst sorgen. Weil es ohne Care-Arbeit weder Kultur noch Ökonomie noch politische Organisationen gibt, wie es die US-amerikanische Philosophin Nancy Fraser in ihrem Aufsatz »Who cares« einmal schrieb.

Inklusion ist nur zusammen zu schaffen, und sie bereitet den Weg zu einer Gesellschaft der Gegenseitigkeit. Um eine solche zu werden und den Weg dorthin zu finden, braucht es den persönlichen und politischen Willen. Und dieses Buch ist mein Nachdenken darüber. Über Menschenrechte, auf die sich gerne berufen wird, weil sie einen revolutionären Charakter haben, die aber davon abhängig sind, wie Staaten sie interpretieren. Die gesetzlich verankert werden müssen, damit sie umgesetzt werden können. Darum besteht die politische Arbeit aller sozialen Bewegungen seit Jahrzehnten darin, ein menschenrechtliches Verständnis in der Gesellschaft zu verstetigen. Darum sang einst der US-Sänger James Brown über die Selbstbefreiung Schwarzer Menschen: »Say it loud – I'm black and proud.« Also darüber, wie es ist, Schwarz und stolz darauf zu sein.

Ähnlich folgen diesem selbstbestärkenden Prinzip seit Jahrzehnten die unterschiedlichen sozialen Bewegungen marginalisierter und damit auch behinderter Menschen. Heute wird in neuen Formen an ihre Errungenschaften angeknüpft: offline auf den Straßen sowie online in den sozialen Medien. Der Wissenstransfer hat sich geweitet. Er ist internationaler geworden, globaler und schon lange transnational. Insofern ist die-

ses Buch ein öffentlicher Reflexionsprozess, bei dem ich den Kampf um die Gleichberechtigung behinderter Menschen aus meiner Perspektive wahrnehmbarer machen möchte. Ich richte meine Aufmerksamkeit auf eine bestärkende Geschichte ihrer Bewegung, die seit den 70er Jahren auf unterschiedliche Weise in Deutschland ihren Weg geht. Geblieben ist ihr Wunsch nach Gleichbehandlung und Gerechtigkeit. Nach einer positiven Sicht auf das eigene Sein, das Ende der Anpassung. Das Recht darauf, selbst und mitzubestimmen: Nothing about us without us! Nichts über uns, ohne uns. Das ist das Leitmotiv. Und: We have always resisted. Wir haben uns immer gewehrt. Ungerechtigkeit verstehe ich dabei in einem gesamtgesellschaftlichen Kontext, der uns alle betrifft. Weshalb es egal ist, in welcher biografischen Position wir uns befinden, um für Gerechtigkeit einzustehen. In einer Gesellschaft der Gegenseitigkeit geht es darum, sich zu verbinden und zu verbünden, Verantwortung zu übernehmen und mehr Menschen heraus- und aufzufordern, das ebenfalls zu tun. In den aktuellen Zeiten bedeutet das auch, mutig zu sein. Es ist der unbequemere, aber ehrlichere und dazu ein heilsamer Weg. Zumal kein Mensch unbeteiligt daran sein wird, wie es mit unserer Gemeinschaft und Demokratie in Zukunft weitergehen wird.

Einleitung

So ein Buch wie dieses hätte ich selber gebraucht, als ich Mutter geworden bin. Es ist ein politisches Buch. Denn es geht viel um die Rechte von Kindern und behinderten Menschen. Und es ist persönlich. Denn es ist über mein Kind, und ich erzähle von unserem Familienleben.

Dieses ist mein zweites Buch.
Mein erstes Buch heißt: „Die Schönheit der Differenz".
Darin beschreibe ich Menschen und ihre Unterschiede.
Denn es ist schön, dass wir nicht alle gleich sind.
In diesem Buch geht es darum, wie unterschiedliche Menschen gleichberechtigt zusammenleben können.
Es geht darum, wie wir gemeinsam Inklusion schaffen können.

Inklusion ist ein Menschenrecht und gilt für alle Menschen. Inklusion heißt:

- Selbstbestimmung:
  Behinderte Menschen dürfen selbst entscheiden, wo sie wohnen oder welchen Beruf sie lernen.
- Teilhabe:
  Sie haben das Recht auf Barrierefreiheit und Assistenz, um überall teilhaben zu können.
- Gleichstellung:
  Sie dürfen mitbestimmen und ihre Meinung sagen, so wie alle anderen Menschen.

Für mich bedeutet Inklusion Zusammensein.
Aber unsere Gesellschaft ist noch lange nicht inklusiv.
Daran können wir nur gemeinsam etwas ändern.

Wieso sind wir so getrennt?

Vor einigen Jahren ist etwas Wichtiges
in meinem Leben passiert:
Ich war mit meiner Familie im Frankfurter Zoo bei einer
Veranstaltung für behinderte Kinder und ihre Familien.

Es war das erste Mal, dass ich so viele behinderte
Menschen zusammen in der Öffentlichkeit gesehen habe.
Denn sie sind oft wenig sichtbar.
Es gibt im Alltag wenig Kontakt zwischen behinderten
und nicht behinderten Menschen.
Seit diesem Erlebnis im Zoo frage ich mich:

- Warum gibt es diese Trennung von behinderten und nicht behinderten Menschen?
- Warum werden nicht alle gleich behandelt?

Ich wünsche mir für mein Kind und alle Kinder
eine Welt, in der alle zusammen sind.
Deshalb schreibe ich dieses Buch. Und ich möchte alle
einladen, zusammen über so eine Welt nachzudenken.
Ich glaube, dass erwachsene Menschen
viel von Kindern lernen können.
Denn Kinder stellen viele Fragen,
um die Welt und das Leben zu verstehen.

Auch Erwachsenen kann es helfen,
Fragen zu stellen. Zum Beispiel:

- Welchen Einfluss hat unsere Kindheit auf unser späteres Leben?
- Welche Gedanken und Vorstellungen haben wir in unseren Familien gelernt?
- Konnten wir als Kinder gut teilhaben?

Im Buch versuche ich, diese Fragen zu beantworten.

Gemeinsamkeiten und Unterschiede

Ich bin eine nicht behinderte Mutter
von einem behinderten Kind. Und ich bin auch
eine schwarze Mutter von einem schwarzen Kind.
Uns verbinden viele Dinge. Viele von meinen eigenen
Erfahrungen helfen mir, seine besser zu verstehen.

Ich bin zum Beispiel:

- eine heterosexuelle Frau
- eine Person mit chronischer Erkrankung
- das erste Kind aus meiner Familie, das studiert hat

Es war mir schon immer wichtig, mich selbst und andere
Menschen zu verstehen. Dafür habe ich viele Texte
gelesen und mit vielen Menschen gesprochen.

Vergangenheit und Zukunft

Im Zweiten Weltkrieg wurden sehr viele behinderte
und kranke Menschen ermordet.
Es hat viel zu lange gedauert, bis man in der Gesellschaft
über diese Verbrechen gesprochen hat.
Damals hatten behinderte Menschen fast keine Rechte.

Das ist heute anders.
Heute ist Inklusion ein Menschenrecht.
Aber trotzdem werden behinderte Menschen
immer noch ungerecht behandelt.

Durch Kriege oder Probleme mit dem Klima
wird das Leben für alle in Zukunft noch schwieriger.
In solchen Zeiten geht es benachteiligten Menschen
oft besonders schlecht.
Sie werden noch stärker ausgeschlossen.
Deshalb ist es jetzt besonders wichtig,
sich für Menschenrechte einzusetzen.

Behinderte Menschen kämpfen schon lange
für ihre Rechte. Sie haben schon viel erreicht.
Jetzt können und müssen wir zusammen weitermachen.
Ich hoffe, dass dieses Buch dabei hilft.

Kindheiten

Was macht eine Kindheit aus? Wer erinnert sich an die eigene? Das Aufwachsen von Kindern vollzieht sich in einem komplexen, nicht stetigen gesellschaftlichen Zusammenspiel. Es wird an Erwartungen geknüpft. Aber Kinder sind verschieden. Genau wie ihre Kindheiten es sind. Sie gelten als unschuldig und bedürftig. Es heißt, Kinder seien zu achten und müssten gefördert werden, aber gemessen wird zu oft ihre Leistung. Sind ihre Leben heute selbstständiger und angstfreier als früher? Wer nimmt Kinder so wahr, wie sie wirklich sind? Fest steht: Von ihnen hängt die Zukunft ab.

Harylin Rousso

Harylin Rousso ist fünf Jahre alt, als sie mit ihren Eltern und Geschwistern in ein neues Zuhause zieht. Auf Bildern aus dieser Zeit Anfang der 50er Jahre trägt sie einen Pixie-Haarschnitt und ein gewinnendes Lächeln. Ihre Beine und Zehen sind nach innen gerichtet. Ihre Sprache ist verständlich und klingt, wie sie sagt, je nach Perspektive betrunken oder verschlafen. Gedanken über sich selbst macht sie sich wenige als Kind. Ihre Zerebralparese ist nicht ihr Thema. Es ist das der anderen.

Am Tag ihres Einzugs werden sie und ihre Familie von sechs Nachbarskindern beobachtet, die gegenüber am Straßenrand sitzen. Eines der Mädchen beginnt zu kichern und flüstert ihrer Freundin etwas zu, als sie auf Harylins klobige, hohe Stiefel mit den schweren Spitzen deutet. Ein anderes Mädchen kommt über die Straße auf sie zu: »Ich werde deine Freundin sein, die anderen werden das aber nicht sein wollen, weil du verkrü***** bist.«

»Nein danke«, erwidert Harylin.

64 Jahre später wird sie über dieses Erlebnis, dem Mädchen mit einem Gefühl der Sicherheit gekontert zu haben, schreiben. »Ich wusste damals, dass ich ungeschickt laufe, aber so bin ich seit meiner Geburt. Meine Beine haben mich überallhin gebracht. Ich habe damit auf meine Weise Ball gespielt. Und Schokoladeneis und Cola geliebt wie all die anderen Kinder. Warum haben sie mich angestarrt?«

Nach diesem Vorfall kommt es Harylin nicht in den Sinn, ins Haus zu gehen. Wäre sie jedoch hineingegangen, hätte ihre Mutter sie umarmt und wieder hinausgeschickt. »Sie dachte, ich kann damit klarkommen, also tat ich es«, sagt Harylin. Die heute Kampfnarben vom Beobachtetwerden trägt, die sie über ihr Leben hinweg gesammelt hat.

»Was stimmt mit dir nicht, warum läufst du so?«

»Ich wurde so geboren.«

»Aber warum? Ist es ansteckend?«

»Ich war in Eile, als ich geboren wurde, aber der Arzt war nicht bereit, und die Krankenschwestern haben versucht, mich zu stoppen, und dabei mein Gehirn verletzt. Aber sie haben es nicht geschafft, und hier bin ich. Und nein, es ist nicht ansteckend.«

»Oh! Okay.«

Es sind Gespräche, die Kinder ähnlich, in anderer Form heute immer noch führen – führen müssen. Die oft anstrengend und verunsichernd sind. Harylin findet einen Weg, setzt sich durch. Auch nach ihrer Kindheit ist sie mit Kämpfen beschäftigt. Immer wieder sieht sie sich mit unwillkommenen Kommentaren konfrontiert, die ihr sagen, dass ihre Zeit noch nicht gekommen sei. Nicht ihre Zeit, um Psychologin zu werden, die sie trotzdem werden wird. Dazu ist sie Behindertenrechtsaktivistin und Künstlerin, die ein Netzwerk für behinderte Frauen und Mädchen gründet und 1995 für die vierte Internationale Frauenkonferenz der Vereinten Nationen in Peking arbeitet. Die dafür Preise erhält.

Für Harylin wird die Erzählung von ihrer Beharrlichkeit am Tag ihrer Geburt und das Bild vom Kratzen und Beißen ihrer Mutter, die sich gegen die falsche Behandlung der Pflegekräfte

wehrt, ein positiver Treiber sein. *Don't call me inspirational* – Nenn mich nicht inspirierend, wird sie mit knapp 62 Jahren ihr Buch nennen, das 2013 erscheint. In dem sie diese und andere Geschichten über sich erzählt, die ich mit meinen Worten übersetzt habe. Auszüge ihrer Geschichte sind auch im für den Oscar nominierten Dokumentarfilm *Sommer der Krüppelbewegung (Crip Camp)* zu sehen. Der vom 1971 erstmals stattgefundenen Sommercamp Jened handelt, das für viele junge Menschen über Jahre zu einem sicheren Ort wird, weil sie dort eine bestärkende und diskriminierungssensible Zeit erleben. Viele der Teilnehmenden werden die dort erfahrene Selbstbestärkung nutzen, um später politische Veränderung in den USA zu fordern und zu erreichen. Auch Harylin ist Teil dieser sozialen Bewegung, die den Status behinderter Menschen als Bürger*innen zweiter Klasse in den USA nicht länger hinnimmt. So wie es in der 70er Jahren in der Zeit der »Bürgerrechtsbewegung« auch Schwarze, queere und andere marginalisierte Menschen tun und damit auch in Deutschland zum Vorbild für die politische Bewegung behinderter Menschen werden. Der Krüppelbewegung.

Einsortieren. Wie du wirst, was du bist

Keine Erfahrung einer Behinderung
ist die Erfahrung einer Behinderung.

– Elsa Sjunneson-Henry und Dominik Parisien

Wie ist dein Kind? Welche Behinderung hat es? Wenn ich nebenbei erwähne, dass ich ein behindertes Kind habe, dann spüre ich oft Neugier. Den Wunsch meines Gegenübers zu fragen, »was es hat«. Ich spreche offen über Behinderung, da es mir um die damit zusammenhängenden sozialen und politischen Fragen geht, aber nicht um medizinische Diagnostik. Weil ich über unser alltägliches Leben so reden möchte, wie andere es auch tun. Darum verheimliche ich unser Leben nicht, aber ich hänge es auch nicht an die große Glocke. Doch fühle ich mich manchmal wie ein wandelndes Reflexionsangebot.

Behindert. Es ist ein vielbehaftetes Wort, das zugleich eine Erfahrung und ein neutrales Merkmal beschreibt. Es ist ein Wort, das keine Hierarchien zwischen den unterschiedlichen Behinderungen kennt. Es ist eines, das in abwertender Verwendung stigmatisieren soll und gleichzeitig eine Ausgrenzungserfahrung beschreibt, die auch andere marginalisierte Gruppen machen. Es ist ein politischer Begriff, wie Schwarz sein es auch

ist. »Voll b********«, rufen Kinder und manche Erwachsene. Andere schauen peinlich berührt zu Boden. Das Sprechen über Behinderung kennt kein Maß. Und als Schimpfwort funktioniert es bestens in einer Gesellschaft, die Behinderung mit Schwäche und Peinlichkeit assoziiert, schreibt Rebecca Maskos. Weshalb Erwachsene auch oft versuchen, das Wort zu vermeiden.

»Wie behindert ist mein Kind?« Ich stelle mir vor, dass sich einige Lesende spätestens jetzt diese Frage stellen. Denn auch diese kenne ich. Ich bin immer wieder herausgefordert, Dinge über uns zu erzählen. Und jetzt habe ich mich dazu entschieden, in diesem Buch über uns zu schreiben. Vorab also dazu. In meinem Alltag fühle ich schnell, ob mein Gegenüber ein echtes Interesse am Leben meines Kindes hat oder es darum geht, seinen Entwicklungsstand in Vergleich zu den eigenen Norm- und damit gepaarten Leistungsvorstellungen zu setzen. Ich spreche von »awkward« Situationen, wenn ich in meinem Gegenüber diese ambivalenten Gefühle spüre, wenn es beispielsweise unsicher ist, was es sagen soll, wenn ich über unseren Alltag spreche. Dadurch habe ich feine Antennen entwickelt, um schnell reagieren zu können. Darum gehe ich distanzlosen Fragen aus dem Weg, blocke sie ab und antworte strategisch. Ich mag keine Gespräche über medizinische Hintergründe kurz nach dem Kennenlernen, und ich entziehe mich bestimmten Gesprächen, wenn mein Kind dabei ist, zuhört oder nicht eingebunden wird. Neu ist, dass ich mir jetzt öfter als früher erlaube auszusprechen, wenn mich die Aussage meines Gegenübers irritiert. Ich sage, was ich denke. Denn ich fühle mich verantwortlich, weil ich mein Kind begleite, dessen Lebenserfahrung ich in vielen Punkten nur mitfühlen kann. Und die Autonomie meines Kindes ist für mich der Grund,

nicht gedankenlos, sondern mit Bedacht über es zu sprechen und auch hier zu schreiben.

Behinderte Menschen haben ein Recht auf Privatsphäre, denn was sagt ihre Behinderung oder chronische Erkrankung über sie aus? Die Autorin des Buches *Behinderung und Ableismus*, Andrea Schöne, schreibt: »Lernst du einen behinderten Menschen kennen, hast du sicher viele Fragen zur jeweiligen Behinderung, und das ist auch in Ordnung, da du die Behinderung nicht ignorierst. Es gibt jedoch Fragen, die unangenehm sind. Besonders im Erstkontakt oder falls du einen Menschen noch nicht kennst.« Behinderung ist also Privatsache. Darum frage ich mein Gegenüber auch zurück, warum es wichtig ist zu wissen, mit welcher Behinderung mein Kind lebt. Zu welcher Erkenntnis oder Einordnung das führt. Mich erinnert die Frage an das Prinzip einer anderen, die mir gern wieder und wieder gestellt wird: »Woher kommst du?« Mit der die Fragenden zwar meistens ihr Interesse oder ihre Neugier bekunden wollen, aber die Tragweite dieses politischen »Herkunftsdialogs« nicht verstehen, nicht nachvollziehen können oder wollen. Weil es darum geht, darüber nachzudenken, was für ein Gefühl es auslöst, mit dieser Frage immer wieder aus Deutschland ausgebürgert zu werden – als könnten Menschen wie mein Kind oder ich nicht »von hier« kommen.

»Ändere die Art und Weise, wie du diese einfache Frage stellst, und du wirst in der Lage sein, eine viel echtere Beziehung aufzubauen«, erklärte die Autorin Taiye Selasi in einem TED Talk – und sie hat recht. Es bringt uns nicht zusammen, die Identität unseres Gegenübers durch die Vorstellung einer geografischen Herkunft definieren zu wollen. Genauso wenig nutzt eine medizinische Diagnose, die viele behinderte Menschen oft nicht einmal haben. Was nicht heißt, dass es in enge-

ren Freundschaften nicht auch wichtig sein kann, die Details einer Behinderung zu teilen, damit die Lebenswelt des anderen besser nachvollzogen werden kann. Aber unter diesen Umständen ist auch die Frage eine andere. Nämlich, was ein behinderter Mensch braucht, und nicht, was die Person hat. Es gibt Wege auszudrücken, dass man sein Gegenüber und dessen Bedürfnisse wahrnimmt und ein achtsames Zusammensein ermöglichen will. Darum entscheide ich auch bewusst, was ich aus unserem Leben erzähle. Und das hat sich über die Zeit verändert. Es ist politischer geworden. Weil ich heute meine Kritik an unseren gesellschaftlichen Strukturen klar und konkret formulieren kann, und das unabhängig von unserem Privatleben.

Halten wir fest. Es geht nicht darum, Behinderung nicht zu thematisieren, sondern darum, wie wir sie thematisieren. Die Journalistin Amy Zayed schreibt, dass sie nicht viel von Taktgefühl halte, besonders, wenn es mit Rücksichtnahme, Verständnis, Empathie oder Respekt verwechselt wird. »Taktgefühl ist für mich dieses Wort, was wir gern nutzen, um unsere eigene Unsicherheit zu tarnen, weil wir nicht ehrlich sein können, oder die Angst, dass jemand das, was wir zu sagen haben, nicht verkraften kann.« Man könne niemandem »taktvoll« beibringen, dass er gefeuert sei, ohne wie ein Heuchler zu klingen. Darum gilt für Zayed: Man kann und sollte Fragen stellen, aber es muss respektvoll geschehen. »Fragt Euch als weiße Nicht-Behinderte, warum es Euch eigentlich interessiert, woher jemand kommt oder warum jemand eine Behinderung hat«, so Zayed weiter. Es geht ihr um ein Nachdenken, keine immer gültige Handlungsanweisung, weil es das beidseitige Bedürfnis gibt, über Behinderung zu sprechen, aber auch das Recht, dies selbstbestimmt zu tun. Schlussendlich geht es um Akzeptanz, wie wir sie zum Beispiel auf dem Social-Media-Kanal *Barriere-*

brecher sehen, für den sich Bianca Hammerschmidt, Sebastian Teichner, Marcel Schäfer, Helmut Wieser und Michael Stadler zusammengetan haben. In kurzen Videos stellen sie sich selbst und weitere ganz unterschiedliche Menschen vor und beantworten immer dieselbe Frage: »Was ist deine Behinderung, und was wünschst du dir von deinen Mitmenschen?«

Der Kanal, der eigentlich nur für den Landkreis Günzburg in Bayern gedacht war, erreicht seit seinem Start 2022 heute allein auf Instagram knapp 50 000 Follower und damit viel mehr Menschen als ursprünglich geplant. Unter den Posts lassen sich viele bestärkende Kommentare für dieses Konzept lesen, bei dem behinderte Menschen selbst zu Wort kommen. Jeden Donnerstag gibt es einen neuen Clip, der von den Macher*innen gefilmt, geschnitten, mit Untertiteln versehen und auf den Plattformen moderiert wird. Immer wieder geht es in den Kommentaren um Selbstbezeichnungen und Selbstverständlichkeiten im Miteinander. Wer sich durch die Videos klickt, erfährt nicht nur, wie viele verschiedene Formen von Behinderungen es gibt, sondern auch, dass unterschiedlich darüber gesprochen wird. Und in den Wünschen an nichtbehinderte Menschen zeigt sich, dass der Kontakt zu ihnen fehlt und warum das auf gesellschaftliche Zustände zurückzuführen ist, die auch vom Sprechen über und dem gesellschaftlichen Umgang mit Behinderung bestimmt sind. Sie zeigen, auf welch vielfältige Weise behinderte Menschen Abwertung und damit Ableismus im Alltag erleben, auf den ich in einem späteren Kapitel eingehen werde. Es sind Erfahrungen, mit denen ich mich viel auseinandersetze, so wie ich es auch mit Rassismus tue.

Aber zurück zur Frage nach meinem Kind. Ich erinnere mich an Situationen mit Menschen, in denen ich mich gefragt habe, ob ich mein Gegenüber mit meinem offenen Sprechen dazu

einlade, die Frage zu stellen, was es hat. Was für ein Signal setze ich, wenn ich über Behinderung wie über Schwarzsein als politische Kategorie spreche und ein Gespräch plötzlich in medizinische Fragen abdriftet, die ich nicht beantworten möchte? Ich bin mir inzwischen sicher, dass das passiert, weil nichtbehinderte und gesunde Körper die gesellschaftliche Norm darstellen, an der sich alles orientiert. Das ist es, was mich in diesem Moment vor Herausforderungen stellt. Weil ich »das Funktionieren« eines Körpers als wertfrei betrachte – wie eine Haarfarbe. Und mein Kind nicht in seiner körperlichen Funktion beschreiben möchte, sondern über seine Erlebnisse, kindlichen Aktionen, seinen Charakter oder eben die alltäglichen Herausforderungen sprechen will, die eine fehlende Inklusion an sein und unser Leben stellt. So wie ich auch übers Schwarzsein rede und es mir dabei nicht um Hautschattierungen geht, sondern um Lebenserfahrungen, die sich von denen *weißer* Menschen unterscheiden.

Und so verpacke ich meine Kritik an Kommentaren oder Vorstellungen meistens freundlich und begegne gängigen Abwehrmechanismen, indem ich sie anspreche. Ich benenne abwertende Erfahrungen, damit ich sie nicht in mir vergrabe. Und manchmal macht es mich traurig, ein anderes Mal wütend, dass so viele nichtbehinderte Menschen sich so wenig Wissen angeeignet oder einfach kein oder wenig Feingefühl haben. Dass sie, wie es der Bibliothekar und Behindertenrechtsaktivist Udo Sierck bereits in den 80er Jahren erklärte, behindert sein nicht als eine von vielen Lebensformen akzeptieren.

Darum fließt inzwischen der Wunsch, sich als Schwarzer Mensch zu schützen und nicht in eine Schublade gesteckt werden zu wollen, in mein Verständnis, über Behinderung zu sprechen, mit ein. Es gibt Parallelen. Zumal sich rassistische

und ableistische Zuschreibungen oft vermischen und ähnlich funktionieren, wie ich von Schwarzen behinderten Menschen weiß, die ich kennengelernt habe und von denen ich lernen durfte. Beide beziehen sich über das Herstellen der Differenz von Menschen auf die Logik angeblicher Fähigkeiten von Menschen, wie der Soziologe und Gründer des Netzwerks Intersectional Disability Studies Robel Afeworki Abay schreibt. Die Frage ist also, wer kann was und wer angeblich nicht und warum wird das so bewertet?

Halten wir damit als Antwort auf mögliche Fragen zu meinem Kind also fest: Es ist wie viele Kinder. Herzlich, aufgeschlossen, lustig und neugierig. Dazu ein offener Typ Mensch mit warmherzigem Einfühlungsvermögen. Mein Kind ist normschön, wird von den meisten männlich gelesen, hat glattes mittelbraunes Haar, ist behindert und light-skinned Schwarz, weshalb Menschen es fragen werden: »Woher kommst du?« Und damit ist mein Kind wie ich in seiner Summe komplex. Aber welcher Mensch ist das nicht? Und wer wünscht sich nicht, in der eigenen Gesamtheit wahrgenommen zu werden? Das ist der Grund, warum ich mir mehr Selbstverständlichkeit für unsere unterschiedlichen Leben wünsche. Dass es keine Scham für etwas gibt, das nicht beschämend ist. Denn diese verhindert, sich nahezukommen, und vergrößert die Distanz zwischen nichtbehinderten und behinderten Menschen. Sie ist der große Stillmacher, schreibt die Lyrikerin Lea Schneider. Und gleichzeitig zeigt sie uns, an welchen Stellen etwas zu ändern, neu zu denken und umzuverteilen ist. Wo uns die Worte für eine konstruktive Auseinandersetzung und ein gemeinsames Aushandeln fehlen. Sie zeigt, wie der dadurch entstandenen Ohnmacht etwas entgegensetzt werden kann. Und für mich bedeutet das, so zu handeln, wie ich es mir früher von mei-

nen Eltern gewünscht hätte, wenn sie es besser gewusst hätten. Dann stelle ich mir vor, wie mein Kind irgendwann diese Zeilen liest, und hoffe, dass es dann nickt und sagt: Ja, so war es okay, Mama.

Behindert. Was du kannst

Kennst du Kim?
Kim ist auch nichtbehindert.
Sorry, wenn ich euch verwechselt habe,
aber ihr seht euch echt ähnlich.

– Raúl Krauthausen

Was kann dein Kind (schon)? Es gibt da diese naive Vorstellung vom »perfekten Baby«, das nach Zeittabelle krabbeln, sitzen und laufen soll. Das irgendwann in der Schule gut mitkommt, gute Noten schreibt und dann selbstständig von zu Hause auszieht und im besten Fall die Karriere macht, die sich die Eltern für es wünschen. Es ist der Wettbewerb unserer Leistungsgesellschaft, der Kindern von klein auf bewertende Muster überstülpt. Was dazu führt, dass Eltern schon im Kleinkindalter ihrer Kinder dazu neigen, sie mit anderen zu vergleichen.

Was aber, wenn alles ganz anders läuft, als Eltern es geplant haben? An dieser Stelle wird es kompliziert, und das nicht nur, weil Kinder sowieso ihre eigenen Vorstellungen vom Leben haben. Sondern auch, weil der Wunsch nach einem gesunden Kind oder einem Kind ohne Behinderung zwar nachzuvollziehen ist, aber es eben nicht der Realität aller Kinder ent-

spricht, nichtbehindert oder chronisch gesund zu sein. Auch wenn Normvorstellungen uns das vorgaukeln.

Diese Tatsache gilt es zu verstehen, um nachzuvollziehen, dass es da eine verzerrte Vorstellung vom Leben gibt, die den gemeinsamen Start für nichtbehinderte Eltern mit behinderten Kindern oft erschwert. Auch für mich war es schwierig, denn obwohl ich ein Wissen über den gesellschaftlichen Umgang mit Behinderung hatte, fühlte ich mich nach der Geburt ahnungslos dieser Welt ausgeliefert. Mein erstes Kind, mein Baby, die Angst, es nicht vor dem da draußen schützen zu können. Ich hatte mich auf mein Kind im Geiste vorbereitet, war später als meine engsten Freundinnen Mutter geworden und auf mögliche Rassismuserfahrungen eingestellt. Da ahnte ich, was auf uns zukommen könnte. Schlussendlich war ich aber auf nichts vorbereitet.

Heute blicke ich zurück und denke, dass es schön war, mit meinem absoluten Wunschkind im Bauch schwanger gewesen zu sein. Als ich nichts außer Vorfreude und Übelkeit verspürte. Ich erkenne aber auch, wie naiv ich war, weil in unserer Gesellschaft Schwangerschaft und Geburten nicht ehrlich verhandelt werden. Und so fielen mein Mann und ich hinein in die Situation, mit frühen Entscheidungen für unser Kind klarkommen zu müssen. Damals hängte ich das Wochenbett an den Nagel, um die anfängliche Angst um mein Kind irgendwann später zu verarbeiten. Dieser Kontrollverlust war nicht einfach für mich, und außerdem war da dieser Druck in mir, möglichst alles schnell richtig einordnen zu können. Ich wollte emotional, privat, politisch alles durchdrungen haben, um den Menschen, die uns da draußen in Schubladen denken, nicht ausgeliefert zu sein. Es hat gedauert, mein Gefühl der Ohnmacht zu verlieren, und diese Zeit hat mich verändert. Sie hat mich kritischer werden lassen.

Ich bemerke, wie behinderte und chronisch kranke Kinder viel zu oft in einem Umfeld aufwachsen, in dem Vorstellungen von Elternschaft mit nichtbehinderten und chronisch gesunden Kindern dominieren. Es sind Vorstellungen, die in unserer Gesellschaft vorherrschen, weil sie einem Streben nach Perfektion und Effizienz entsprechen. Als ob Behinderung etwas wäre, das man vermeiden könnte, und sie nicht schon immer Teil des Kinderkriegens war. Aber Tatsache ist: Alle Kinder sind unterschiedlich. Es ist wichtig, sie zunächst in ihrem Wesen, ihrem Sein kennenzulernen und reifen zu lassen. Und ihr Potenzial fördern zu wollen und sich über ihre Erfolge zu freuen, ist dabei immer etwas Schönes. Das gilt für alle Kinder, nur eben auf unterschiedliche Weise. Es sollte keine Norm, kein oberes Ziel geben und vor allen Dingen nicht die Vorstellung, dass wer das Ziel nicht erreicht, scheitert.

Es ist das Problem einer gesellschaftlichen Bewertung von »Nichtkönnen«, das Kinder und später Erwachsene in einen Besser-und-schlechter-Vergleich setzt, um sie zu sortieren und im schlimmsten Fall im Bildungs- oder auf dem Arbeitsmarkt auszusondern. Genau dieses verbreitete, kategorisierende Denken nach Leistung erklärt, warum behinderte Eltern in der Vorstellung von vielen Menschen gar nicht vorkommen oder ihnen – ähnlich wie nichtbehinderten Eltern behinderter Kinder – wahlweise mal unendliche Kraft oder wenig Freude im Leben zugeschrieben wird. Warum es diesen gängigen Glauben gibt, dass eine Behinderung etwas Trauriges, eine Last, etwas Unschönes oder gar Schlechtes sei. Machtkritische Eltern widersprechen hier, wehren sich dagegen, sich von auf Optimierung ausgelegten Bildungsplänen und Erziehungskonzepten regieren zu lassen. Machtkritisch bedeutet, sich mit den historisch gewachsenen Ungleichverhältnissen, aber auch der

eigenen Verstrickung auszukennen. Und zu erkennen, dass die gesellschaftlichen Optimierungsversuche keinem Kind guttun, aber im Leben von marginalisierten Kindern besonders massive Folgen haben können, weil sie ihr Wachsen und Werden beeinflussen. Es ist ein Grund, warum diese Kinder nicht selten glauben, dass angeblich etwas falsch an ihnen ist oder etwas fehlt. Wobei es meist erwachsene Menschen sind, die ihnen dieses Gefühl geben. Die Literaturwissenschaftlerin und Autorin Tanja Kollodzieyski schreibt, dass das Benennen abwertender Muster behinderten Menschen oft schwerfällt, weil das Erleben solcher Muster zu allgegenwärtig und umfassend ist, um die Strukturen dahinter überhaupt zu erkennen. Sie glaubt, dass dies insbesondere auf Menschen zutrifft, die seit Beginn ihres Lebens mit einer Behinderung leben so wie mein Kind.

1992 veröffentlichten Swantje Köbsell und Theresia Degener das Buch *Hauptsache, es ist gesund? Weibliche Selbstbestimmung unter humangenetischer Kontrolle.* Es gilt als Standardwerk der feministischen behindertenpolitischen Meinungsfindung, weil sie darin versuchen, die Kritik an pränatalen Untersuchungen mit dem gemeinsamen Befreiungsanspruch von Frauen zu vereinen. Es geht ihnen um die Suche nach einer feministischen Ethik und um das Verhältnis von Individuum und Kollektiv. Darum, dass erst wenn Behinderung und Nichtbehinderung als gleichwertige neutrale Zustände gedacht würden, behinderte Menschen nicht mehr nur als »Auch-Menschen« gelten würden, sondern als vollwertige Mitglieder der Gesellschaft.

Diese Ungleichheit zu überwinden, ist demnach ein altes Anliegen und auch das meines Buches. Es möchte das gängige Denken, etwas sei normal, infrage stellen. Denn was ist dieses Normal, und wer hat es definiert? Diesen so häufig verwende-

ten wie schwierigen Begriff, den der Duden als »vorschriftsmäßig so [beschaffen, geartet] zu sein, wie es sich die allgemeine Meinung als das Übliche, Richtige vorstellt« beschreibt. Eine gesellschaftlich idealisierte Norm erklärt, was als Körper erstrebenswert ist und was behinderten Körpern fehlt. Das nichtbehinderte Normal ist also eine Wirklichkeit, die wir vermittelt bekommen haben und bei der unsere Sozialisierung eine maßgebliche Rolle gespielt hat: das Elternhaus, die Schule oder der Sportverein. »Normal ist bei uns, der funktionstüchtig ist, dem Schönheitsideal entspricht und sich unauffällig und angepasst verhält«, schrieb bereits 1982 Barbara Lister in ihrem Sammelband *Briefe an die heile Welt. Behinderte schreiben an (sogenannte) Nichtbehinderte*. Und knapp 40 Jahre später fragt Hannah Wahl in *Radikale Inklusion*, wie ein Körper im Kapitalismus aussehen soll. Und gibt die Antwort, dass er leistungsfähig und belastbar sein müsse. Weshalb es bis heute alle schwer haben, die dieser Norm nicht entsprechen. Es sind neben behinderten Menschen auch dick_fette und nichtweiße Menschen, die eine ähnliche Art der Ablehnung erfahren. Auch hier verschränken sich biografische Merkmale.

Die Journalistin Rebecca Maskos beschreibt, wie Behinderung sozial konstruiert wird, also dadurch entsteht, dass Menschen und ihre Körper kulturell und gesellschaftlich bewertet werden. Das Forschungsfeld der Disability Studies[2] differenziert diese Tatsache weiter aus und erklärt zum Beispiel den

2 Der Forschungszweig der Disability Studies stellt einen Gegenentwurf zu traditionellen Forschungsansätzen wie etwa der Sonderpädagogik oder den Rehabilitationswissenschaften dar, weil er auf Zusammenarbeit setzt, um eine gemeinsame Sicht in den Untersuchungsprozess einzubringen, damit behinderte Menschen nicht bloße Objekte der Forschung sind. Der Gegenstand der Disability Studies ist also nicht die »Behinderung an sich«, sondern die Konstruktion von Normalität aus dem Blickwinkel verschiedener Wissenschaften. Ge-

Unterschied zwischen den Begriffen Behinderung und Beeinträchtigung, die fälschlicherweise synonym verwendet werden. Weil Beeinträchtigung die körperliche Seite der Behinderung darstellt, also das verkürzte Bein, die eingeschränkte Sehkraft oder die chronische Krankheit – einen anatomischen Zustand. Während Behinderung die soziale Dimension beschreibt, also jene, die eine Beeinträchtigung überhaupt erst zum Problem macht.

In den Sozialwissenschaften wird Behinderung mit unterschiedlichen Modellen erklärt. Es gibt das soziale, das kulturelle und das menschenrechtliche Modell. Ersteres wurde in den 70er Jahren von behinderten Menschen in Großbritannien entwickelt und dort sowohl in der Behindertenbewegung als auch in den Disability Studies angewandt. Es versteht Behinderung als einen von der Gesellschaft hergestellten Prozess, der Menschen mit bestimmten Merkmalen die gesellschaftliche Teilhabe, Anerkennung und den Respekt abspricht, der nichtbehinderten Menschen zugestanden wird. Heißt: Nicht die behinderten Menschen sind das Problem, sondern die Gesellschaft, in der sie leben. Damit stellt das soziale Modell die gesellschaftlichen Barrieren in den Mittelpunkt: Ausgrenzung, strukturelle Diskriminierungen durch Gesetze und fehlende Möglichkeiten auf Teilhabe. Bei der es beispielsweise um den Zugang zu barrierefreien Verkehrsmitteln, mehr Informationen in Leichter Sprache, in Braille-

---

fragt wird, warum ist das, was als normal gilt, normal? Wer hat das bestimmt? Und weshalb bedeutet behindert zu sein auch, behindert zu werden? Der Teilbereich der Disability History wirft wiederum einen kritisch-weitenden Blick auf die Vergangenheit und fragt, wie Menschen auf Basis ihrer körperlichen, psychischen oder mentalen Merkmale durch die Zeit behandelt wurden. So soll das Spektrum der Geschichtswissenschaft erweitert und die Lesart der Vergangenheit korrigiert und feinjustiert werden.

schrift oder Untertitel im Fernsehen geht. Im Podcast *Rampe? Reicht!* erklären die Hosts SchwarzRund und simo_tier das soziale Modell und Teilhabe am Beispiel einer Küche mit einer Arbeitsplatte auf einer Höhe, die gut zum 1,78 Meter großen, nichtbehinderten Herbert passt. Teilhabe bedeutet in dieser Küche nicht, dass alle und nicht nur Herbert sie benutzen dürfen, sondern ein Bewusstsein dafür zu haben, dass diese Küche nicht für kleinere oder größere Personen oder Menschen im Rollstuhl geeignet ist, und darum beim Bau über die Höhe der Arbeitsplatte und den Platz darunter nachzudenken und sie entsprechend so zu bauen, dass es eine Küche gibt, die alle gut nutzen können.

Die Professorin für Disability Studies Swantje Köbsell beschreibt, wie die Tatsache, permanent auf Barrieren wie in diesem Küchenbeispiel aufmerksam zu machen und einen Gegenentwurf zum gängigen, defizitorientierten Behindertenbild zu präsentieren, dazu geführt hat, dass es in der Behindertenbewegung jahrelang verpönt war, im politischen Kampf um Teilhabe und Gleichberechtigung auch über persönliche Probleme oder Schmerzen zu sprechen. Wie also der Wunsch, kein Klischee zu sein, den Blick auf die eigene körperliche Erfahrung verschob. Weshalb im letzten Jahrzehnt an einer Perspektive gearbeitet wurde, die gleichzeitig die ausgrenzenden gesellschaftlichen Bedingungen für Behinderung und die individuellen Beeinträchtigungen in den Blick nimmt, ohne stigmatisierend zu sein. Zumal Beeinträchtigungen fast alle Menschen kennen oder spätestens im Alter damit leben werden. Nicht umsonst nennt die US-Behindertenrechtsbewegung nichtbehinderte Menschen auch TAB, temporarily able-bodied, also vorübergehend nichtbehindert, wie Maskos schreibt.

Und so wurde aus einer kritischen Betrachtung des sozia-

len Modells das kulturelle Modell entwickelt, das Behinderung äquivalent zu Merkmalen wie race[3] oder Geschlecht als eine soziale Konstruktion versteht und die Frage stellt, warum es überhaupt eine marginalisierte Gruppe wie die der behinderten Menschen gibt. Wie wird sie historisch, sozial und kulturell erklärt? Daran anknüpfend entwickelte sich mit der Verabschiedung der UN-Behindertenrechtskonvention 2009 noch ein weiteres Modell: das menschenrechtliche. Das beschreibt, wie der Ausschluss behinderter Menschen durch vorenthaltene Rechte passiert. Demnach stehen der Staat und die Gesellschaft in der Pflicht, Menschenrechte zu achten und Diskriminierung und strukturelle Benachteiligung zu verhindern.

Sowohl das kulturelle als auch das menschenrechtliche Modell machen sich dafür stark, dass Menschen ihre Leben unterschiedlich leben können und alle Körper mitgedacht und in ihrer Individualität und Fähigkeiten anerkannt werden. Deshalb sollte Behinderung auch nicht als eindeutige Kategorie verstanden werden, sondern als ein Oberbegriff für unterschiedliche Erfahrungen von Menschen innerhalb dieser zugeschriebenen Gruppe. So wie auch Schwarz sein für light- oder dark-skinned Personen steht. Es geht also um eine von außen konstruierte Hierarchiebildung, die sich in allen marginalisier-

---

3 Der Begriff »race« beschreibt die soziale Konstruktion und hat eine doppelte Bedeutung: Es gibt erstens keine »Rassen«, aber Menschen glauben trotzdem, dass es sie gibt, und diskriminieren deshalb *andere* wegen ihrer Unterschiede. Race ist die Kategorie, mit der Menschen zugeordnet werden, und die verschiedenen Rassismen sind die Praxen, um bestimmte Menschen zu unterdrücken. Zum Beispiel Schwarze Menschen oder muslimisch gelesene Menschen wie Frauen mit Kopftuch oder sogenannte Nordafrikaner, bei denen unklar ist, wie sich diese Zugehörigkeit eigentlich feststellen lässt, weil man diese geografische Verortung Menschen nicht ansehen kann.

ten Gruppen finden lässt. Um den Unterschied, der einen Unterschied macht. Es gibt demnach keine homogenen Gruppen, und wer sich dem Thema Behinderung widmen möchte, sollte sich auch mit den heterogenen Leben behinderter und chronisch kranker Menschen auseinandersetzen. So beeinträchtigt mich beispielsweise meine chronische Darmerkrankung im Leben, ist aber für andere nicht wahrnehmbar, weswegen sie mich auch nicht behindert. Es ist ein Beispiel dafür, warum behindert und krank zu sein, nicht das Gleiche bedeutet. Menschen können behindert sein und krank, und manche Beeinträchtigungen werden durch akute Erkrankungen ausgelöst, können aber auch temporär sein. Das Gegenteil von Behinderung ist demnach nicht »gesund«, sondern nichtbehindert. Und die Komplexität dieser Betrachtung einer gleichzeitigen Selbstbezeichnung nimmt weiter zu, wenn in die körperliche Wahrnehmung von Menschen zusätzlich ihr Geist, ihre Psyche und neurologische Merkmale einbezogen werden. Das Stichwort dazu: Neurodiversität.

Ich erinnere mich noch gut an eine Unterhaltung im Urlaub mit Freund*innen und Eltern eines autistischen Kindes, in dem wir das gesellschaftliche Wissen über einen Begriff besprachen, der jene Menschen betrifft, die neurologisch betrachtet nicht in das neurotypische Raster passen. Die darum oft als neurodivergent bezeichnet werden. Neurodiversität unterstreicht wiederum auf selbstverständliche Weise die Verschiedenheit unserer Gehirne und damit eine Vielzahl neurologischer Varianten, die uns ausmachen. Ziel dieses Begriffs ist die Weitung des Verständnisses für die unsichtbaren Bausteine unseres Wahrnehmens, Verhaltens und Erlebens. Es geht darum, diese Tatsache nicht als Krankheit oder Störung zu verstehen, sondern als alternative Möglichkeit, die Welt zu betrach-

ten und mit ihr zu interagieren. Diese Tatsache bezieht sich auf Menschen, die ein Leben mit Autismus, ADS und ADHS, Koordinations- und Entwicklungsunterschieden, Legasthenie und Dyskalkulie (Lese-, Schreib- und Rechenabweichungen), Epilepsie oder Lernschwierigkeiten führen.

Insbesondere in den sozialen Medien und einigen Büchern, die in den letzten Jahren erschienen sind, lässt sich mehr über die Wahrnehmungs- und Gefühlswelt im neurodiversen Spektrum erfahren. Das gesteigerte Interesse für dieses Thema zeigt, wie viele Menschen es gibt, die, wenn überhaupt, erst nach schwierigen und mühsamen Kindheiten im Erwachsenenalter ein Selbstverständnis für ihre Wahrnehmung und ihr Sein entwickeln. So beschreibt der Arzt und Moderator Eckart von Hirschhausen in einem persönlichen Text, wie er vor 30 Jahren als Arzt in der Kinderpsychiatrie ADHS behandelte und damals angenommen wurde, dass das »Zappelphilippsyndrom« hauptsächlich Jungs beträfe und sich schon »auswachsen« würde. Beides Trugschlüsse. Und von Hirschhausen selbst ist einer der über zwei Millionen Menschen in Deutschland, die im Alter mit ADHS leben, worüber auch prominente Autor*innen wie Samira el Ouassil oder Angelina Boerger schreiben.

Letztere erinnert sich in ihrem Bestseller *Kirmes im Kopf* an ihre Kindheit, in der ihr als unaufmerksam, hyperaktiv und impulsiv markiertes Kind wenig Geduld für verlorene Turnbeutel, vergessene Hausaufgaben, verpasste Haltestellen und Chancen, häufige Ausbildungswechsel und unüberlegte Konversationen entgegengebracht wurde. Sie reflektiert ihre Selbstzweifel von damals und erklärt, warum gerade Mädchen und Frauen so häufig undiagnostiziert bleiben. Aus intersektionaler Betrachtung lässt sich ergänzen, dass beispielsweise Schwarze

und migrantisierte Menschen seltener als autistisch entdeckt werden, wie US-Forscher*in Devon Price zeigt. Weil ein struktureller Rassismus und Sexismus in der Medizin oft verhindert, dass Menschen so wahrgenommen werden, wie sie wirklich sind.

Es ist ein Problem, das insbesondere Kinder betrifft, wenn sie in einem Umfeld aufwachsen, wo das Wissen über Neurodiversität fehlt. Was mich zur grundlegenden Frage führt, wie an einem gegenseitigen Verständnis als Basis für ein Zusammensein im späteren Erwachsenenleben gebaut werden kann. Es ergibt für mich darum Sinn, auf der Suche nach Antworten die eigene Kindheit und die anderer Menschen immer mitzudenken. Einen Blick in die Vergangenheit zu werfen, ist schließlich auch für eine Diagnose unabdingbar, wie Boerger schreibt. Es benötigt Recherchearbeit, um sich in einer Gesellschaft selbst zu finden, in der wenig Wissen über unsere Wahrnehmungen herrscht. In den USA ist die Situation ganz anders, dort findet sich eine Vielzahl Studien, Ratgeber, Vereinigungen, Forschungszentren, Arbeitsumfelder, mediale Formate oder öffentliche Orte, die für das Thema eine Selbstverständlichkeit schaffen. Wo es beispielsweise sinnesfreundliche Museen oder entsprechende Öffnungszeiten gibt, bei denen die Besuchenden bei reduzierter Beleuchtung ein speziell gestaltetes multisensorisches Erlebnis haben können. Es gilt also ein Verständnis dafür zu entwickeln, dass Autismus eine Lebensart ist, wie es der US-Aktivist Jim Sinclair bereits 1993 in seinem Essay »Don't mourn for us« formulierte. »Er ist allgegenwärtig. Er färbt jede Erfahrung, jede Empfindung, Wahrnehmung, jeden Gedanken, jedes Gefühl und jede Begegnung, jeden Aspekt der Existenz.« Und damit ist hoffentlich klar geworden, welchen Unterschied es machen würde und wie

befreiend es für Kinder wäre, wenn es nicht nur mehr Wissen über unterschiedliche Behinderungen und chronische Krankheiten geben würde, sondern auch akzeptiert würde, dass unsere Körper, Gehirne und unser Geist einfach unterschiedlich sind und funktionieren.

Ableismus. Was andere aus dir machen

Jenseits der Vorstellungen von richtig und falsch
liegt ein Ort.
Dort treffen wir uns.

– Rumi

Ich erinnere mich noch gut an die Situation, als ich den Begriff ableism zum ersten Mal hörte. Es war 2006 in einem Seminar im Rahmen einer Fachkonferenz in Leipzig, das die Journalistin Rebecca Maskos zusammen mit den Politikwissenschaftler*innen María do Mar Castro Varela und Nikita Dhawan abhielt. Eindrücklich verband sie Biografisches mit wissenschaftlichen Erkenntnissen der Disability Studies und regte mich dazu an, das erste Mal bewusster darüber nachzudenken, wie unsere Gesellschaft behinderten Menschen begegnet. Als Teilnehmende war ich aufgefordert, mir selbst Fragen im Inneren zu beantworten: Ob wir schon einmal das Gefühl gehabt hätten, nichts »damit« zu tun haben zu wollen? Maskos konfrontierte uns mit uns selbst, was zu meinem initialen Moment wurde, mich fortan neben Rassismus und Sexismus auch mit dem Thema Ableismus zu beschäftigen. Das war lange vor der Geburt meines Kindes.

Ableismus. Das »Able« steht für »fähig« und angehängt wird

im Deutschen das Suffix »ismus«, äquivalent zu den Begriffen Rassismus und Sexismus. Es ist ein Begriff, der dem Kontext der US-amerikanischen Behindertenbewegung entspringt und dem eine allgemeingültige Definition im Deutschen noch fehlt. Weitgehende Einigkeit herrscht darüber, dass er ein systemisches Unterdrückungsverhältnis beschreibt. Behinderte Menschen werden durch die Dominanzgesellschaft abgewertet, indem diese definiert, wer dazugehört und wer ausgegrenzt wird. Inhaltlich wird dabei einseitig auf körperliche und kognitive Fähigkeiten eines Menschen fokussiert und wie diese je nach Ausprägung dieser beurteilt werden.

Als literarisches Erstwerk einer aktivistisch geprägten Theorie über Ableismus und antiableistische Praxis in Deutschland gilt Mika Mursteins Gedankensammlung *I'm a queerfeminist Cyborg, that's okay* von 2018. Murstein zeigt darin unter anderem, dass Ableismus sich nicht nur in »Behindertenfeindlichkeit«, also einer Facette ableistischer Handlungen, zeigt. Er muss also nicht zwingend als »Feindlichkeit« daherkommen, sondern bezieht sich auch auf Denkweisen, Strukturen und ein gesamtes gesellschaftliches System. Und funktioniert daher ähnlich wie andere Unterdrückungsformen wie beispielsweise Rassismus, Sexismus, Klassismus, Antisemitismus. Bei allen geht es um Zuschreibungen und Etikettierungen.

Plakativ lässt sich die Varianz des Ableismus an einem Beispiel aus der letzten Folge der Sendung *Wetten, dass …?* mit Thomas Gottschalk im November 2023 zeigen, in der es wie immer auch eine Kinderwette gab. Der 14-jährige Felix Mayr aus Großweikersdorf in Österreich wettete, dass er im Handstand auf einem Skateboard fahrend 18 Kaubonbons mit seiner Helmkante in Flaschen schnicken könne. Wow, denkt das Publikum, während Gottschalk das Kind mit den Worten begrüßt:

»Du sitzt im Rollstuhl, aber bist ein aufgewecktes und lustiges Kerlchen. Am Anfang hat man gar nicht gemerkt, dass du ja den ganzen Tag an den Rollstuhl gefesselt bist. Was hast du für eine Krankheit?«

Ableistische Bewertungen und ableistische Sprache in nur wenigen Sekunden. Gesendet wird hier die Botschaft, dass ein Kind »trotz« seiner Behinderung gut drauf sein kann, zwar gefesselt, aber fast normal. Nicht nur die Autorin Laura Gehlhaar kritisierte auf Instagram, wie fatal es ist, wenn mehrere Millionen Menschen im Livefernsehen dabei zuschauen, dass Übergriffigkeit und Diskriminierung von behinderten Menschen einfach passieren können. Und wie das Publikum bei dieser Kinderwette einfach nur einen coolen Jungen hätte kennenlernen können, der sich eine kreative Wette hat einfallen lassen.

Dieses Beispiel zeigt, wie nichtbehinderte Menschen das Leben von Menschen mit Behinderung mit ihren abwertenden Vorstellungen steuern und die vielfältigen Leben behinderter Menschen reduzieren können. Und es zeigt auch, wie dies durch das Äußern von subjektiven Erfahrungen und Gefühlen oder dem Streuen von Falschinformationen in den Medien passiert. Wer kennt sich inhaltlich mit Ableismus aus, um eine kritische Rezeption zu schreiben? Es sollten und müssen nicht nur behinderte Menschen sein. Zumal sie nicht automatisch auch Expert*innen ihrer Erfahrungen sind. So wie sich Schwarze Menschen auch nicht automatisch mit den verschiedenen Dimensionen rassistischer Diskriminierung auskennen. Sie alle haben unterschiedliche Bedürfnisse oder Bedarfe und nicht automatisch ein Zugehörigkeitsgefühl zu der Gruppe, der sie zugewiesen werden. Nicht alle Menschen, die im ableistischen System benachteiligt werden, bezeichnen sich gar als behindert oder erkennen, dass sie als Behinderte wahrgenom-

men werden. Oder: »Sie wissen es, aber sie reden nicht darüber«, wie mir die Journalistin und Autorin Judyta Smykowski in einem unserer Redaktionsgespräche sagt, in dem wir über unterschiedliche Selbstverständnisse behinderter Menschen sprechen. Darüber, dass sich manche bewusst für den Begriff »behindert« als Adjektiv entscheiden, so wie ich es in diesem Buch tue – mit der Begründung, dass ihre Erlebnisse als behinderte Person einen zentralen Teil ihrer Identität ausmachen. Und andere wiederum dem »Mensch-zuerst«-Ansatz folgen, also von Menschen mit Behinderung sprechen und damit betonen, dass ihre Behinderung nur einer von vielen Aspekten ihrer Persönlichkeit ist.

Ob und wie identitätsstiftend eine Behinderung für eine Person ist, entscheidet also jede behinderte Person für sich selbst. Was im Übrigen für alle Selbstbezeichnungen und damit verbundenen Erfahrungen marginalisierter Menschen gilt. Denn die Identifikation und das Anerkennen der eigenen Lebensrealität sind individuelle, manchmal komplizierte innere Prozesse, die unterschiedlich (schnell) passieren und manchmal nur zufällig sind. Das weiß ich durch meinen eigenen Weg. Der auch der Grund ist, warum ich es nicht dem Zufall überlassen will, wie mein Kind über sich denkt und spricht. Mir ist bewusst, dass es seine eigenen Erfahrungen machen wird, so wie ich sie auch gemacht habe. Die Frage ist allerdings, wie es darauf vorbereitet sein wird. Dahingehend war es eine meiner größten Erkenntnisse, als nichtbehinderte Mutter zu begreifen, dass ich über das, was mein Kind in Teilen erleben wird, so wenig wissen werde, wie meine *weiße* Mutter darüber wissen konnte, wie es für mich als ihr Schwarzes Kind sein würde. Diese Einsicht führte mich zum Verständnis, dass es Wege gibt, sich auf die Welt eines Gegenübers

und ein Leben, das man nicht kennt, einzulassen und trotzdem eine Begleitung sein zu können. Ich nenne es ein »Mit-Gefühl« entwickeln, und damit meine ich ein »ich fühle mit dir«. Also ein Verständnis, das auf eine Verbindung zwischen uns und unserer Beziehung setzt und bedeutet, »miteinander füreinander« zu fühlen und da zu sein: das eigene Schicksal und die Perspektive der anderen Person in sich zu erkennen und mitzutragen, ein Gleichgewicht herzustellen. Einen Schulterschluss. Als Eltern »schulen« mein Mann und ich uns gegenseitig darin, weil wir wissen, dass wir alle ableistisch sozialisiert sind und abwertende Denk- und Handlungsweisen insgesamt aktiv erkannt werden müssen. Was es zum Beispiel braucht, um sich als hörender Menschen auch der Ausprägung von Audismus zu widmen, die wiederum einen spezifischen Ableismus gegenüber Tauben[4], gehörlosen und schwerhörigen Menschen beschreibt. Audismus beschreibt konkret die Diskriminierung von Gehörlosenkultur und Gebärdensprachen und erklärt, wie Taube Menschen von hörenden auf ihre vermeintliche Sprachlosigkeit reduziert werden. Es hat System, dass die Realität von neurolinguistisch unterschiedlichen, aber gleichwertigen Sprachen nicht anerkannt wird. Zumal es auf der Welt nicht nur die deutsche (DGS), sondern unterschiedliche Gebärdensprachen und Dialekte gibt – wie beispielsweise die der Schwarzen US-amerikanischen Community (BASL oder Black ASL). Und dazu noch Lormen und taktile Kommuni-

---

4 Referentin und Autorin für machtkritische Ansätze in Disability und Deaf Studies Lela Finkbeiner beschreibt Taub als eine historische, politische und soziale Identität, die als Kategorie von medizinischer Norm abweicht. Taub lässt sich nicht allein, wie so oft falsch angenommen, auf diagnostizierten medizinischen Hörstatus und die DGS-Verwendung reduzieren. Genauso wie Taub ist »hörend« kein neutrales Merkmal. Die Schreibweise in Groß ist der Versuch, Hierarchien sichtbar zu machen und infrage zu stellen.

kationssysteme kommen – alle mit einer eigenen Grammatik und Wortschatz.

Wäre mehr hörenden Menschen die Tatsache bewusst, dass Gebärdensprache(n) wie andere Lautsprachen zu lernen, den Zugang zu einer Gemeinschaft eröffnet, könnte das unser Zusammensein verändern. Weil es wichtig würde, Gebärdensprache in allen Räumen mitzudenken und in die Teilhabe aller zu investieren.

Als hörender Mensch weiß ich aus eigener Erfahrung, dass ich mich bewusst mit den Anliegen Tauber und gehörloser Menschen beschäftigen muss, um mich nicht dominanten Verhaltensmustern anzuschließen, mit denen ich sozialisiert wurde. Und es war dahingehend prägend für mich, als ich die ersten Tauben Menschen vor Jahren in der Schwarzen Community kennenlernte. Eine kleine Gruppe, die ab 2015 für einige Zeit zu den Bundestreffen der Initiative Schwarzer Menschen in Deutschland (ISD) kam, weil dort zwischen Laut- und Gebärdensprache von der Aktivistin Ginnie Bekoe gedolmetscht wurde. Damals lernte ich Vincent Hesse kennen. Und mit ihm und durch ihn begriff ich, wie meine Vorstellungen als hörender Mensch in meinem Verhalten auch unbewusst gewirkt haben. Seitdem realisiere ich in Begegnungen immer wieder, was es bedeutet, Schwarz und Taub zu sein, oder wie es der Künstler und Tänzer Dodzi Dougban in einer Schwerpunktsendung der Sendereihe *Sehen statt Hören* des Bayerischen Rundfunks ausdrückte: »Schwarze hörende Menschen haben es schon schwer, Schwarze Taube Menschen noch schwerer.«

Dougbans Eltern stammen aus Togo und haben ihn von klein auf in rhythmischer Früherziehung gefördert und bei Auftritten der eigenen Tanzgruppe eingebunden. Heute kennen viele den preisgekrönten Tänzer durch seine Fernsehauf-

tritte, die ihn zu einem Vorbild für viele gemacht haben. In der Dokumentation berichtet er über sein Aufwachsen und die Sozialisierung in einer hauptsächlich *weißen* Gebärdensprachgemeinschaft, wo er oft zur Zielscheibe von Zuschreibungen wurde, die ich auch von hörenden Menschen kenne. Denn auch in der deutschen Gebärdensprache geschieht Diskriminierung, weil es abwertende Gebärden gibt. Auch hier sind laut Hesse die gleichen kritischen Reflexionsprozesse über Begriffe und Bilder zu durchlaufen, wie für die Lautsprache gilt, was aber noch zu wenig passiert. Es ist ein Beispiel dafür, dass Vincent neben seinen Audismus- auch Rassismuserfahrungen macht, die ihn zum Bundestreffen führten, wo wir uns kennenlernten und bis heute an einem Zusammensein arbeiten.

Differenz. Was du über dich lernst

Wir kommen weit her,
liebes Kind,
und müssen weit gehen.
Keine Angst,
alle sind bei Dir,
die vor Dir waren.
Deine Mutter,
Dein Vater
und alle, die vor ihnen waren,
weit weit zurück.
Alle sind bei Dir,
keine Angst.
Wir kommen weit her
und müssen weit gehen,
liebes Kind.

– Heinrich Böll

Mein Kind weiß um seine Unterschiede zu anderen, auch wenn es keine Fachtermini dafür verwendet. Es sagt, dass alle Körper toll sind. So lautet der Titel eines Kinderbuchs von Tyler Feder, das wir immer noch gerne zusammen lesen. Das mit Adjektiven aller Art spielt, um in Reimen unsere Haut, Haare, Nasen,

Pos und Finger zu feiern – also das, was wir nach außen hin von uns zeigen.

Dieses Buch passte in die Zeit, als mein Kind sich selbst entdeckte und die äußerlichen Unterschiede zu anderen feststellte. Als es begann, Fragen zu stellen, Kommentare aufschnappte und selbst die Körper von Mitmenschen kommentierte. Als es bemerkte, oh, ich nutze meine beiden Arme unterschiedlich, ich renne langsamer als andere Kinder. Ich klettere mit Hilfestellung, und ich muss die Dinge hin und wieder zweimal sagen, um verstanden zu werden.

Manchmal muss ich schnell reagieren, wenn sich in ihm eine Beobachtung mit einer unterbewussten Wertung zu verknüpfen droht. Denn auch mein Kind beschreibt andere Menschen, um sie einzuordnen. Ich erinnere mich, wie es mit etwa fünf Jahren im Urlaub das erste Mal einen Mann mit einer Beinprothese in kurzer Hose sah, mit seinen Fingern auf ihn deutete und fragte: »Was hat er da?« Mein Mann und ich mussten ihm danach nicht nur erklären, warum ein Fingerzeig eine unschöne Sache ist, sondern auch wie eine Prothese funktioniert. Wir schauten uns damals Videos dazu an und versuchten, ihm nahezubringen, dass Menschen nicht nur wie es selbst ihre Körperteile unterschiedlich benutzen, sondern Teile unserer Körper manchmal aus Prothesen bestehen. Und dass Menschen, wie unser Kind bereits wusste, ja auch Rollstühle nutzen. Den viele von ihnen auch mit Stolz, Identität, einer Gruppenzugehörigkeit und als Teil ihres Lebens verbinden, was ihnen Selbstbestimmung und Freiheit verschafft.

Dieses Erlebnis und Erkenntnisse ähnlicher Art lehrten mich, darauf zu achten, wie mein Kind und ich über Menschen und deren Leben, über ihr Aussehen, ihren Körper und dessen Funktionen sprechen. Also, ohne zu bewerten. Es ist dein Kör-

per. Du bestimmst über ihn. Das sind Sätze, die ich vor ihm formuliere. Ich finde es schön, dass mein Kind ein Interesse für Unterschiede hat und ich ihm die verschiedenen Lebensrealitäten offen vermitteln kann. Ich wünschte mir, mehr erwachsene Menschen hätten diese Leichtigkeit und das Anliegen, ein anerkennendes Verständnis füreinander und unsere Körper zu entwickeln.

Ich weiß und beobachte, dass mein Kind seinen Körper selbst am besten kennt und ihn mehr und mehr zu spüren lernt. Schritt für Schritt versuche ich, ihm dabei Wörter mitzugeben, die es braucht, um sich besser zu verstehen und zu wissen: *Es ist Platz für mich da*, wie der Titel eines Kinder-Affirmationsbuchs mit kurzen, konkreten und liebevollen Sätzen lautet, die die Trainerin Mariela Georg als »an sich selbst gerichtete Gedanken« bezeichnet. Die Kinder verinnerlichen und zu ihrer inneren Stimme werden lassen sollen. Es ist ein Ansatz, mit dem inzwischen einige Kinderbücher arbeiten, die auch Seelenheil für mich bedeuten, weil ich als Kind mehr positive Bejahung von außen gut hätte gebrauchen können. Und so bastele auch ich in meinen Gedanken an identitätsstiftenden Prozessen, darum hören wir Kinderlieder, die positive Botschaften vermitteln, wie die eines rappenden Nashorns, das, wenn es groß ist, »glücklich werden will«. Nicht weil ein Mensch immer glücklich sein muss, sondern weil eine positive Selbstansprache innere Kraft aufbaut, um der Welt da draußen etwas entgegenzusetzen.

Natürlich will ich die Welt meines Kindes nicht verklären, aber ich weiß aus eigener Erfahrung, dass es Selbstbestärkung brauchen wird. Sich zu wappnen ist nötig, und deshalb suche ich nach Wegen, ohne dabei Angst zu schüren. Und doch ist, sich selbst bestärken zu lernen, eine intensive Aufgabe. Das ist

der Grund, warum ich schon früh begonnen habe, mit meinem Kind über Gefühle zu sprechen. Warum ich jeden Tag einmal sage, dass ich es liebe, weil ich so fühle, oder darüber rede, wenn ich traurig oder wütend bin. Warum ich mich entschuldige, wenn ich Fehler mache, und versuche, zwischen den Zeilen zu lesen und es auszuhalten, wenn mein Kind mich an meine Grenzen bringt. Es gibt so viele Emotionen, die von Kindern erst gelernt und eingeordnet werden wollen. Und über diese emotionalen Lernprozesse zu reflektieren, ist etwas, das erwachsenen Menschen oft schwerfällt oder nicht in ihnen angelegt ist. Darum lässt sich von Kindern auch so vieles lernen. Darum »darf man auch nicht verlernen, die Welt mit den Augen eines Kindes zu sehen«, wie es der Maler Henri Matisse einmal ausdrückte.

Für mich ist es ein Geschenk, im Zusammensein mit Kindern den Umgang mit Emotionen besser zu verstehen und dieses Verständnis auf unsere Gesellschaft zu übertragen. Ich verstehe es dabei als eine große Aufgabe, meinem Kind näherzubringen, dass bestimmte Merkmale aufgrund unserer Gesellschaftsgeschichte noch immer schlechter bewertet werden als andere. Und dass das nicht so sein sollte, aber dennoch passiert, weil zu vieles noch nicht aufgearbeitet ist, was erwachsene Menschen früher einmal verbockt und immer noch nicht verstanden haben. Mit diesen Worten habe ich versucht, ihm zu erklären, dass Menschen andere nicht fair behandeln und dass die Welt deshalb heute oft ungerecht ist. Aber wir uns dafür einsetzen können, diesen Zustand gemeinsam zu ändern, damit es gerechter für alle wird. Und dass das der Grund ist, warum wir zusammen mehrmals auf Demos gegen rechts gegangen sind. Wo auch mein Kind laut »Gegen den Faschismus« mitrief. Und zur Wahl des Europaparlaments tagelang

selbstbestimmt mit einem in der Klasse gebastelten Anhänger um den Hals herumlief, auf dem »Demokratie« stand, weil die wichtig ist.

Wer erinnert sich noch? An die Vergleiche und Abgleiche mit anderen Kindern als Kind? Wie fühlte sich das damals an? Welche Rolle wurde uns zuteil – bewusst oder unbewusst? Wer wurde wie bewertet, wer gar abgewertet? Letzteres passiert nämlich schnell und bleibt bei Kindern vonseiten ihrer Bezugspersonen oft unbeachtet und unbemerkt, insbesondere dann, wenn es um ihre Körper geht. Stichwort Othering. Während mein Kind größer wird, beobachte und begleite ich diesen schwer zu beschreibenden Momente der »Fremd-Machung« und des »Sich-fremd-Fühlens«. Mit diesen Begriffen sind die Grenzziehung und Abgrenzung einer einzelnen Person oder Gruppe gemeint. Die sogenannten *anderen* werden als Fremdkörper konstruiert, um gleichzeitig ein »Wir« zu schaffen, das sich von ihnen unterscheidet.

Ein Mensch ist also nicht per se *anders*, sondern wird dazu gemacht. Und es wird gesellschaftlich viel Energie darauf verwendet, Menschen in vermeintlich natürliche Gruppen zu unterteilen und diese Aufteilung in Strukturen zu untermauern. Also in gesellschaftlichen Vorstellungen, Regeln und Gesetzen, die dazu aufrufen, sich anzupassen und diejenigen, die unangepasst sind, als störend zu markieren und im schlimmsten Fall auszuschließen. So können Förderschulen, früher Sonderschulen genannt, als Orte des Otherings verstanden werden, weil sie eines der widersprüchlichsten segregierenden Systeme in Deutschland sind. Weshalb ich später genauer auf sie eingehen werde.

Wir und die anderen. Die anderen sind nicht so wie wir. Othering wird schon lange auf viele Weisen betrieben. Und

diejenigen, die nicht als fremd markiert werden, müssen sich über diesen Mechanismus keine Gedanken machen. Sie können sogar darauf pfeifen, schreibt die Sozialpädagogin und Trainerin ManuEla Ritz. Das Leben ist einfacher, wenn man privilegiert ist und über Statussymbole oder Ansehen verfügt. Und diesen Umstand nicht zu hinterfragen oder hinterfragen zu wollen, nennt Ritz Verinnerlichung, die sich auflösen lässt. Dazu ein Beispiel aus dem Jahr 1959.

Meine Mutter ist damals fünf Jahre alt. Ein Kind, das Brille trägt und dafür gehänselt wird. Das eine Mutter hat, die sich für ihr Kind schämt, weil ihres das einzige mit Brille im Dorf ist und dazu noch ein Mädchen. Die Fremdmachung hat meine Mutter geschmerzt und lange verunsichert. Auch ich habe mich in meiner Pubertät in den 90er Jahren mit meiner Brille als nicht schön empfunden, weshalb ich mich über Jahre mit Kontaktlinsen in trockenen Augen gequält habe. Und heute: Da wird das Tragen einer Brille in Deutschland weniger stigmatisiert, gilt unter vielen Erwachsenen sogar als Lifestyle. Was zeigt, dass sich negative Zuschreibungen über unsere Körper und Hilfsmittel verändern lassen. Soziologisch betrachtet ist dies ein oft genanntes und praktisches Beispiel, das zeigt, dass Behinderung eine Konstruktion ist. Dass es also faktisch zwar körperliche Beeinträchtigungen gibt, ihnen aber ein künstlicher Wert zugeschrieben wird. Einer, der bestimmte Lebensweisen abwertet und andere nicht beachtet. Und darum ist die Frage: Woran machen wir als Gesellschaft fest, wer als behindert gilt und wer nicht? Und: Ab wann bewerten wir Unterschiede, wenn wir uns vergleichen?

Ich freue mich, wenn ich auf Kinder treffe, die sich selbst im Guten miteinander abgleichen. Das braucht es, um sich selbst in dieser Welt zu verorten. Aber mit Blick auf die kind-

liche Entwicklung wäre es ein Fehler zu glauben, dass Kinder unschuldig sind oder nicht fähig, sich mit den Ungerechtigkeiten zwischen uns Menschen zu beschäftigen. Im Gegenteil: Sie spielen dabei eine aktive Rolle. Schon früh stellen Kinder Unterschiede fest, bewerten diese aber erst, wenn sie die entsprechenden »Codes« gelernt haben. Kinder wachsen unter Spannungen auf. Ihre Identitäten formen sich innerhalb jener politischen Debatten, die Erwachsene um sie herum führen. Kinder können uns in ihren Reaktionen darauf die Richtung und den Zustand unserer Gesellschaft aufzeigen, weil sie von klein auf in eine Differenzierungsarbeit verstrickt sind und mit Annahmen, Vorstellungen und Konstruktionen von Menschen und Menschsein durch ihr Umfeld konfrontiert werden. Für die Erziehungswissenschaftlerin und Professorin Maisha Maureen Auma ist soziale Ungleichheit ein Lernprodukt. Im Trainingslager Kindergarten und Schule erfolgen gruppendynamische Prozesse, im Rahmen derer sie auch ausgegrenzt werden und mit Hierarchien umgehen müssen, weil sie wahrnehmen, wer mit Macht und Prestige ausgestattet ist. Diese Strukturen übertragen sie zum Beispiel auf ihr Spiel. Für Auma sind Kinder für Hierarchiebotschaften empfänglich, was auch wichtig für ihre Entwicklung und ein Verständnis von Selbstwirksamkeit ist. Sie lernen dabei aber ein doppeltes Verständnis von Macht kennen. Die negativ ist, wenn sie andere unterdrückt. Und positiv, wenn sie sie handlungsfähig macht.

Die Einstellungsforschung zeigt, dass Kinder Vorurteile hegen, ableistisch oder rassistisch sein können, aber das nicht sein müssen. Und für diese Prozesse brauchen ihre Bezugspersonen ein Verständnis, das einen offenen und selbstverständlichen Umgang mit Unterschieden pflegt. Das schließt mit ein, dass mit Kindern auch über Ableismus, Rassismus, Queerfeindlich-

keit, Antisemitismus und andere Unterdrückungssysteme gesprochen wird. Weil der Wunsch, ihnen die Welt immer als gut zu präsentieren, zwar gut gemeint, aber wenig sinnvoll ist. Denn spätestens wenn ihnen ausgrenzendes Verhalten entgegengebracht wird oder sie es bei Freund*innen mitbekommen, wird ihnen erklärt werden müssen, wie unsere Gesellschaft funktioniert. Weil sich das Schöne an unserer Vielfalt leider nicht automatisch vermittelt. So ist die Welt leider nicht. Wünschen wir uns darum und arbeiten daran, dass Kinder eine Ansprache bekommen, die sie dabei unterstützt, Vorreiter*innen für Kindheiten zu werden, die wir vielleicht selbst nicht hatten.

Wenn Kinder in unseren gesellschaftlichen Ungleichheitsverhältnissen gut aufgestellt sein sollen, gilt es also, ihr Lernen neu zu organisieren. »Lernprozess der Vergesellschaftung« nennt Auma Konzepte, die eine diversitätsbewusste und diskriminierungskritische Erziehung erklären. Bereits seit den 60er Jahren wird über »Differenz in der frühen Kindheit« im Bereich der Kindheitsforschung als Teil der Erziehungswissenschaften geforscht. Lange standen dabei die Merkmale race, Klasse und geschlechtliche Zuschreibung im Zentrum. Später kamen soziale Ungleichheit, Kultur und Behinderung hinzu. Ein Verständnis für die Verschränkung der Erfahrungen und eine Mehrperspektive entwickelten sich dann über die akademischen Traditionen der Gender, Postcolonial, Cultural und Disability Studies, die in einem engen Verhältnis zu den sozialen Bewegungen stehen. Und in Unternehmen wird dabei unter dem Stichwort Diversity Management und Diversität in der Organisationsentwicklung beispielsweise auf innere Dimensionen wie Alter, Aussehen oder Begehren, ethnische Herkunft verwiesen oder auf äußere Dimensionen wie Einkommen, sozialer oder familiärer Status, Wohnort oder Eltern-

schaft. Also Eigenschaften, auf die wir wenig Einfluss haben, oder welche, die sich im Laufe eines Leben verändern können. Und immer kommt dazu der Einflussbereich der Gesellschaft, in die jeder Mensch eingebettet ist und in der sich im konkreten Fall das Merkmal Behinderung oft mit denen von Armut und Klasse verschränkt. Was beispielsweise erklärt, warum 28 Prozent der 26- bis 49-jährigen behinderten Menschen in Deutschland von Armut betroffen sind.

Es ist ein Beispiel dafür, wie unsere Identitäten und soziale Zugehörigkeiten in sogenannten Intersektionen, also Überschneidungen oder Wechselverhältnissen, verstanden und untersucht werden. Bereits 2014 beschrieb die Sozialwissenschaftlerin Christiane Hutson diese Tatsache im Bereich Behinderung und Schwarzsein für den deutschen Diskurs mit dem Begriff »mehrdimensionale Verletzlichkeit«, um ihren Erfahrungen Ausdruck zu verleihen. Durch ihre Arbeit gab sie damals der Schwarzen Perspektive auf Behinderung ein neues Verständnis. Es war ein wichtiger Schritt, um eindimensionale und nur aneinanderreihende Sichtweisen auf soziale Ungleichheiten hierzulande zu überwinden und den Fokus auf das gleichzeitige Zusammenwirken von Erfahrungen zu legen. Die bereits erwähnte Journalistin Amy Zayed erzählt in einem Text über die unzähligen Artikel, die über sie und ihre ägyptische Familie in der Dorfzeitung in ihrer Kindheit abgedruckt wurden. Sie beschreibt darin, wie sie die »Vorzeige-Ausländer« mit der blinden Tochter gewesen seien. Aufgewachsen in einem kleinen Dorf in der Nähe von Paderborn. Die Attraktion des Ortes. Noch mehr, da ihr Vater der Dorfapotheker war. Und dass ihre Eltern einerseits nicht die Zootiere des Dorfes hätten sein wollen und ihnen andererseits bewusst war, dass ein Einspruch ihrerseits schnell zu einer Abwehrhaltung der

Bewohner*innen geführt hätte. Zayed erinnert sich, dass sie anfangs von Lehrkräften und Mitschüler*innen ausgegrenzt wurde, weil sie Deutsch und Arabisch vermischte, eine Beurteilung über eine Lernbehinderung ausgestellt bekam und es wie so oft der Kampf ihrer Eltern war, der sie aus dieser Spirale holte.

In ihren kurzen Ausführungen lese ich die Komplexität intersektionaler Erfahrungen heraus, und wie Zayed lernen musste, ihre Erfahrungen positiv für sich umzuwidmen. Dahingehend erinnere ich mich gut daran, wie ich einmal mit einer anderen Schwarzen Mutter darüber witzelte, wie sehr wir versuchen würden, unsere Kinder in diversitätsbewussten Settings groß werden zu lassen, damit sie ein möglichst positives Selbstbild entwickeln. Wir verglichen die Kindheiten unserer Kinder mit unseren eigenen, sprachen darüber, dass wir diese Räume, die wir für sie zu gestalten versuchten, selbst so nicht gehabt hätten. Wir überlegten, ob das der Grund für unsere Resilienz sei, die uns viel von unseren Emotionen gekostet habe, und bestätigten uns darin, dass es mit Blick auf unsere Eltern nicht anders hätte gehen können. Weil es damals in den 80er und 90er Jahren zu wenig Wissen gab, die Sprache für unsere Erfahrungen erst noch gefunden werden musste und ganz andere Herausforderungen zu meistern waren. Jetzt aber, so resümierten wir, seien wir andere Eltern in anderen Zeiten, weil wir aus marginalisierter Perspektive in einer Sandwichposition zwischen den Generationen politischer Selbstbestimmung stecken. Und egal, welches Thema der Differenz und Diskriminierung es betrifft, stelle ich fest, wie wir beispielhaft für die Nachkommen der ersten Emanzipationsbewegungen im Nachkriegsdeutschland stehen, die ihr eigenes Bewusstsein vor der Kulisse eines unaufgearbeiteten Nationalsozialismus erst entwickeln muss-

ten. Ihre Kämpfe waren es, die den Weg für uns Nachkommen bereiteten, damit wir die ersten Atemzüge der Befreiung nehmen konnten. Auch mithilfe sogenannter Empowerment-Arbeit, die uns ermöglicht hat, uns nicht mehr den gängigen Abhängigkeitsverhältnissen und Zwängen beugen zu müssen, sondern uns selbst zu bestärken. Damit ebneten wir den Weg weiter und verließen den Status als kollektive *Andere*. Es ging darum, sich Zugänge zu verschaffen und neue Perspektiven auf das Leben jenseits von Normvorstellungen einzunehmen. Einen Platz als Subjekt und nicht als Objekt zu finden, wie es die Psychologin, Autorin und Künstlerin Grada Kilomba 2008 in *Plantation Memories* beschrieb, deren Texte ich in dieser Zeit las, um praktisch zu verstehen, was es bedeutete, die erlernte Ohnmacht mittels eigener Kraft zu verlassen.

Damals wie heute war es eine Zeit, in der viele Schwarze Menschen drohten auszubrennen: auf der Arbeit, in Organisationen und später dann in medialen Debatten. Denn während die Anliegen unserer Elterngeneration in öffentlichen Diskussionen noch wenig wahrgenommen wurden, spielten sie sich in unserer Generation nun erstmals im Mainstream ab. Heute werden sie von einer nachfolgenden weiter ausdifferenziert. Und so ist die Vielfalt an Identitäten Schwarzer, behinderter, queerer, jüdischer oder sozial benachteiligter Menschen, die es schon immer gab, heute weniger unsichtbar. Was viele Menschen in privilegierten Positionen überfordert, die sich nie damit beschäftigt haben. Vor allem diejenigen, die glauben, dass die Gesellschaft heute diverser sei als früher, obwohl sie es eigentlich schon immer war.

Auf diese Weise betrachte ich die Entwicklungen einer Emanzipation, die mich bestärkt und für mich das ist, was sich die Literaturwissenschaftlerin bell hooks einmal als »wider-

ständige Kultur« wünschte. Aktiv sein. Sprechen als Widerstand. Darüber schrieb hooks, und dass für Unterdrückte, Kolonisierte und Ausgebeutete die Bewegung vom Schweigen in die Rede eine Geste mutiger Aufsässigkeit sei. Sie beschrieb den Akt des Zurücksprechens, des talking back, der neues Leben schafft, Wachstum ermöglicht und dazu ermutigt, mit der eigenen Stimme gegen Diskriminierung und Formen der Unterdrückung anzukämpfen. Sie beschrieb ein Sprechen, das über den reinen Akt des Widerspruchs hinausgeht. Eines, das dazu befähigt, alternative Erzählungen zu schaffen, die die vorherrschenden Vorstellungen über Menschen infrage stellen und neue Möglichkeiten des Denkens, Handelns und Seins aufzeigen.

Ziel dieses Sprechens ist es, die eigenen Erfahrungen, Gefühle und Gedanken zu artikulieren und gleichzeitig auf die Erfahrungen anderer zu hören. Es ist für mich eines der Gegenseitigkeit und des Verbündetseins, in hooks Sinne, eines, das Liebe miteinschließt. Ein Gefühl, das sich nicht nur in Beziehungen finden lässt, sondern sich auch in Kooperationen und Kollektiven wie unserer Gesellschaft umsetzen lässt. In dieser Mischung ergibt sich eine Form des Umgangs und Darüber-Sprechens, das für mich die Idee des Gemeinsinns der Philosophie und des Lebensgefühl von Ubuntu realisiert. Weil damit der Rahmen dafür gesetzt wird, wie Menschen zusammen ein verständnisvolles und einander zugewandtes Miteinander leben können.

Wie geht Zusammensein? Die Antwort darauf ist vielschichtig. Darum war es auch ein selbstkritisches Gespräch, das die Mutter und ich über die Begleitung unserer Kinder führten. Weil sich selbst wahrzunehmen und andere zu hören, eben auch bedeutet, gegenseitige Unterschiede im Leben fest-

zustellen. So wurde uns einmal mehr klar, dass sich bereits unsere Realitäten als Schwarze Frauen unterscheiden. Weil sie dark-skinned und ich light-skinned Schwarz bin. Ihre beiden Elternteile vom afrikanischen Kontinent migriert sind, und in meinem Fall nur mein Vater. Wohingegen meine *weiße* Mutter aus einem bayerischen Dorf stammt und sie Zugänge zum deutschen System hatte. Während das Aufwachsen und Community-Erleben von ihr mit Teilen einer Kindheit in der Asylunterkunft wiederum anders geprägt waren als meines in einem Arbeiter-Angestellten-Haushalt der unteren Mittelklasse. Mit diesen Erfahrungswelten und -wissen standen wir zusammen und reflektierten unsere Leben und das unserer Kinder innerhalb einer größeren, gemeinsamen Vorstellung von Gemeinschaft, an der wir zusammen wirken wollen. Wir öffneten einander in diesem Moment unsere Herzen, um unsere Gefühle zu teilen. Was ein Prinzip des Ubuntu beschreibt. Auf diese uns damals nicht bewusste Weise standen wir zusammen als emanzipierte Frauen, Bildungsaufsteigerinnen, die nach gemeinsamen Räumen für unsere Kinder suchen. Die beide aber nicht nur Kinder of color sind oder Schwarz, sondern deren Biografien sich weiter ausbuchstabieren. Und ich dazu in unserem Leben nicht nur nach rassismuskritischen, sondern auch nach ableismuskritischen Orten suche, was die Sache nicht einfacher macht.

Aufwachsen. Welche Rechte du hast

Ihr sagt:
»Der Umgang mit Kindern
ermüdet uns.«
Ihr habt recht.
Ihr sagt:
»Denn wir müssen zu ihrer
Begriffswelt hinuntersteigen.
Hinuntersteigen, uns
herabneigen, beugen,
kleiner machen.«
Ihr irrt euch.
Nicht das ermüdet uns.
Sondern, dass wir zu ihren
Gefühlen emporklimmen
müssen. Emporklimmen,
uns ausstrecken, auf die
Zehenspitzen stellen,
hinlangen.
Um nicht zu verletzen.

– Janusz Korczak

So bin ich. Wie ich bin, bin ich richtig. Wer erinnert sich daran, sein authentisches Ich entdeckt, verstanden und gefühlt zu haben? Oder steckt noch mittendrin, in diesem Prozess? Wer verspürt ein positives Körpergefühl, eine innere Akzeptanz des eigenen Denkens, Fühlens und Verhaltens? Und wer hat diesen Zustand schon als Kind gekannt?

Dass ich richtig bin, so wie ich bin, ist ein Gefühl, das mir heute noch ab und zu abhandenkommt. Manchmal passiert es mir in einem Raum voller Menschen, dass ich mich vereinzelt fühle, obwohl ich gleichzeitig Teil der Gemeinschaft bin. Dieses Gefühl, vorsichtig sein zu müssen, irgendwie auf der Hut. Der Versuch, zu erfühlen, wie es um die Achtsamkeit füreinander bestellt ist. Ich weiß, dass dieser Zustand mit meiner Sozialisierung zu tun hat und meinen Erfahrungen, die sich in diesen Momenten von meinem Gegenüber unterscheiden. Meine Irritation merkt man mir meistens nicht an, aber noch immer suche ich einen guten Umgang mit diesem Erleben, mich nicht frei, sondern fremd zu fühlen. Es ist eine Auseinandersetzung mit meiner Position und Selbstbeziehung. Immer wieder frage ich mich darum, wie ich mein Kind dabei unterstützen kann, ein positives Selbstgefühl und eine innere Stärke im Alltag zu halten, ohne die eigenen Grenzen zu übergehen. Ich glaube, dass es das ist, wonach sich in der Tiefe des Herzens die meisten Menschen sehnen oder was sie gut gebrauchen könnten. Nicht ohne Grund gilt Mit-sich-selbst-im-Reinen-Sein ja auch als Ticket zu mehr Zufriedenheit. Die der Familientherapeut Jesper Juul als die Fähigkeit verstand, »die Person zu sein, die man wirklich ist, um auch andere in ihrer Einmaligkeit wahrnehmen zu können«.

Werde, wer du bist. Diese Sichtweise hat eine Parallele zur Theorie der »Individuation«, also dem Reifeprozess der eigenen

Persönlichkeit, wie sie der Psychoanalytiker Carl Gustav Jung definierte. Jung begriff den »Individuationsprozess« als eine Art dialogische Auseinandersetzung zwischen dem Bewusstsein und dem Unbewussten und die Beziehung zum eigenen Selbst zugleich als eine Beziehung zu unseren Mitmenschen. Zu diesem Prozess zählt ganz wesentlich die Selbstannahme, die unsere Potenziale, Möglichkeiten und Schwierigkeiten, die unsere Besonderheit weitgehend ausmacht, wie die Psychoanalytikerin Verena Kast schreibt. Zur Verdeutlichung gebraucht sie das Bild eines Samens, der zur Erde fällt und dort zu dem Baum heranwächst, der in ihm angelegt ist, was jedoch immer in Wechselwirkung mit Standort, Wetter und Klima geschieht. Und für den später als gewachsenen Baum die eigenen Verwundungen, die er durch die äußeren Einflüsse davongetragen hat, etwas Charakteristisches sind.

Wie können wir dieses Bild auf uns übertragen? Es bedeutet, dass wir nicht danach zu streben brauchen, wie andere sein zu wollen. Und dass das Annehmen der eigenen Person eine Kraft ist, die im Prozess der Selbstwerdung verwirklicht werden will. Es ist eine Aufgabe, die auch darauf abzielt, einen Menschen gemeinschaftsfähig zu machen, wie Kast erklärt, also ein soziales Bewusstsein zu entwickeln und damit Verantwortung für andere Menschen zu übernehmen. Und damit ist die Liste an Dingen, die Kinder für einen Freiraum zur Entwicklung einer authentischen Persönlichkeit brauchen, lang. Noch dazu werden die Erwachsenen, die sie begleiten, mit der Aufarbeitung dessen konfrontiert, was in ihrer Kindheit und ihrem Kindsein früher nicht wahrgenommen wurde. Darum erzählen Eltern auch immer wieder, dass sie mit ihren Kindern ihrer eigenen Vergangenheit und damit Kindheit begegnen. Das ist herausfordernd, aber auch die Chance, das eigene Verhalten zu reflek-

tieren und zu verändern. Und mehr noch. An diesem Punkt setzt die Praxis ein, mithilfe derer aufs Kollektiv bezogen gesellschaftliche Kreisläufe durchbrochen werden können. Denn so viele Menschen in unserer Gesellschaft brauchen Heilung, welche die Pädagogin und Professorin für indigene Bildung Linda Tuhiwai Smith als physischen, spirituellen, psychologischen, sozialen und kollektiven Erholungsprozess versteht. Und auch für mich hat es auf transgenerationale Weise etwas Heilsames, nun den Weg meines Kindes zu begleiten. Wie es für meine Mutter bereits heilsam war, mich zu begleiten. Und ähnlich geht es vielen Eltern, die es für ihre Kinder besser haben wollen, als sie es selbst hatten. Was meiner Meinung nach der Grund ist, warum manche von ihnen ihre Energie in die Suche nach Orten und einem Umfeld stecken, von dem sie glauben, dass ihr Kind dort in einem positiven Selbstverständnis aufwachsen kann. Denn leider ist ein sensibler Umgang mit unseren Unterschieden nicht nur in unserer Gesellschaft, sondern auch in den Institutionen der Fürsorge und Bildung, also in den Kitas, Kindergärten und Schulen, nicht selbstverständlich. Zu oft sind Bildungsorte nicht mit Wissen und den Ressourcen ausgestattet und nicht auf unsere Differenz und die Verantwortung vorbereitet, Kindern unsere Unterschiede wertneutral zu vermitteln. Das passiert, weil Pädagog*innen und Lehrende dafür nicht entsprechend ausgebildet sind. Und diese Lücke im System erklärt, warum es so viele Kinder gibt, die ihre Wege allein gehen und ihre Antworten in sich selbst finden müssen. Was wiederum Auswirkungen auf ihr Leben und ihr Sein hat, wenn sie erwachsen sind. Denken wir an all die abgehängten Kinder: die armen Kinder, diejenigen, die geflüchtet sind, und die, die mit einer Behinderung leben, die keine Lobby haben und die das staatliche System nicht auffängt –

auch wenn sie in mehrfacher Hinsicht ein Recht darauf haben. »Das Recht, so zu sein, wie sie sind«, wie es bereits 1919 der Kinderarzt, Pädagoge und Autor Janusz Korczak in seiner Magna Charta Libertatis (die große Charta der Freiheit) formulierte. Korczak hieß mit richtigem Namen Henryk Goldszmit und forderte in seinen Schriften, Kinder als vollwertige Menschen zu achten. Und das, lange bevor die internationale Gemeinschaft mit der Genfer Erklärung 1924 eine erste Deklaration über die Rechte der Kinder verabschiedete. Er übersetzte seine Vorstellung in eine »Pädagogik der Achtung, Wertschätzung und Partizipation« und folgte dabei dem Credo »Kinder werden nicht erst Menschen, sie sind es bereits«. Und plädierte dafür, sich Kindern liebevoll zuzuwenden, mit einem ehrlichen Interesse und einem Verständnis für ihren schwierigen Prozess des Wachsens und Entwickelns.

»Man muss die Kinder kennen, um bei der Gewährung ihrer Rechte möglichst wenig falsch zu machen«, schrieb er über die Grundrechte von Kindern in seinem Buch *Wie man ein Kind lieben soll*. Weshalb es das erste und unbestreitbare Recht des Kindes sei, seine Gedanken auszusprechen und aktiven Anteil an unseren Überlegungen und Urteilen über seine Person zu nehmen. Genauso wie jedes Kind das Recht habe, eigene Erfahrungen zu machen und als individueller Mensch angenommen und geachtet zu werden. Weil Kinder erst lernen, wer sie sind.

Aus diesem Grund wird das in uns vorhandene Wissen darüber, dass wir sind und wer wir sind, in der Hirnforschung auch »das Selbst« genannt. Es entsteht, wächst und ist im Laufe des Lebens Gefahren ausgesetzt. Aber wir können uns »unser Selbst« bewahren und insbesondere das der Kinder beschützen. Weil Kinder im Aufwachsen nicht nur die Welt als solche be-

obachten, sondern wie Menschen in ihrem Umfeld mit dieser umgehen und wie sie sich zueinander verhalten. Der Neurowissenschaftler und Psychotherapeut Joachim Bauer erklärt, wie Kinder durch die emotionale Resonanz ihrer Bezugspersonen spüren, dass sie existieren: Zeig mir durch die Art, wie du mit anderen umgehst und mit dir umgehen lässt, was es heißt, Mitmensch zu sein.

Dieser Ansatz erklärt, warum Korczaks Kinderrechte auch Einfluss auf die UN-Behindertenrechtskonvention hatten, die ebenfalls dazu aufruft, alle Menschen zu achten, sich für sie zu interessieren und im Wachsen und Sein zu unterstützen. Weshalb es auch in Artikel 23 der UNO-Kinderrechtskonvention explizit um den Schutz und die Fürsorge behinderter Kinder geht, die das Recht auf ein erfülltes Leben in Würde und Selbstständigkeit haben sollten. Ihre Lage gestaltet sich de facto aber durch die Diskriminierung, die sie erleben, besser oder schlechter, je nachdem, in welchem sozialen Umfeld sie sich befinden, wer sie begleitet oder ob überhaupt eine Person sie versteht und für sie da ist, wenn sie zum Beispiel in Gefahr sind. So wie es Korczak für die 200 Kinder war, mit denen er als Direktor des jüdischen Waisenhauses Dom Sierot in Warschau zusammenlebte. Die er 1942 zusammen mit der Erzieherin Stefania Wilczyńska und anderen Mitarbeitenden ins Vernichtungslager Treblinka begleitete und an deren Seite er ermordet wurde. Alle Versuche, ihn zu retten, hatte er abgelehnt, weil er die Kinder nicht allein lassen wollte.

Man sagt sie hätten gesungen, marschierten
und fassten sich an,
Hoch oben, über den Köpfen, ihre grüne Fahn,
die sie auf Sonntagsausflügen schon immer begleitet hat

fuhr nun im Güterwagen zusammengerollt aus der Stadt.
Kinder wir werden verreisen. Wir fahren aufs Land hinaus,
versprach Janusz Korczak den Waisen aus seinem Waisenhaus.
Im Warschauer Ghetto war Sommer,
die Nächte so angenehm lind,
abfahrbereit standen Züge,
zur Zeit, wenn die Schulferien sind.

So sang es 1983 der Lehrer und Liedermacher Wolfgang Protze in der ehemaligen DDR. Und ein guter Freund, der Autor Max Czollek, bekam das Lied in seiner Kindheit von seinem Vater vorgesungen. Wovon er mir erzählte, als ich ihm berichtete, dass ich Korczaks Buch im Schrank meiner Mutter gefunden hatte, die seine Pädagogik sehr schätzt. Es war ein bewegender Moment, als wir das Lied gemeinsam anhörten, weil sich darin eine Verbindung und Erkenntnis zeigte, die wir in der zwölften Folge unseres Podcasts *Trauer & Turnschuh* öffentlich machten. Dort stellten wir uns die Frage, warum wir beide die Dinge tun, die wir tun.

Max erklärte, es für diejenigen zu tun, die vor ihm gehen und für ihr Jüdischsein sterben mussten. Und ich tue es für diejenigen, die noch kommen werden, auch für mein Kind. Oder – wie Korczak es schrieb: Weil auch ich möchte, »daß die Kinder besser werden als wir es sind«.

Darum gilt es für mich, Kinder nicht nur als zukünftige Erwachsene zu betrachten, sondern sie von Beginn an als vollwertige Mitglieder der Gesellschaft anzuerkennen. Denn nur wenn ihre Rechte gewahrt werden, ist eine Gesellschaft auch wirklich kinderfreundlich. Es ist der sozialwissenschaftliche Appell: Kinder nicht als Werdende, sondern mehr als Seiende zu verstehen. Was eine adultismuskritische Haltung beschreibt,

bei der wie beim Wort Ableismus nicht das Merkmal der Diskriminierten, sondern die Personengruppe im Vordergrund steht, die für die Ungleichbehandlung von Kindern verantwortlich ist. In diesem Fall adults, also Erwachsene. Und auch hier weist das Suffix »ismus« auf das strukturelle Problem abwertender Muster hin. Wie beispielsweise der gängige Glaube, dass ältere Menschen aufgrund ihres Alters angeblich intelligenter oder kompetenter seien als Kinder oder dass man sich über die Meinungen jugendlicher Menschen einfach hinwegsetzen könne, wie die Sozialpädagogin ManuEla Ritz schreibt.

Adultismus steckt in alltäglichen Sätzen, die Kinder klein machen und ausschließen: »Du bist zu jung, um das zu verstehen« oder »Warte, bis du älter wirst«. Er zeigt sich in Traditionen, Regeln, Gesetzen und ist in Institutionen festgeschrieben. Er macht Kinder zu passiven Empfänger*innen pädagogischer Maßnahmen, und im Unterschied zu anderen Unterdrückungssystemen erfahren ihn fast alle jungen Menschen in den meisten Gegenden der Welt. Darum stellt sich für mich auch die Frage nach einem intergenerationellen Diskurs, wenn es um unserer Zusammensein geht. Besonders mit Blick auf die Bewegungen der Emanzipation oder der Klimagerechtigkeit. Die so gesehen mit ihrem Appell ebenfalls an Korczaks Grundrechten für Kinder als Grundlage einer gerechten, demokratischen Erziehung und Bildung für eine gleichberechtigte Zukunft aller anknüpfen. Denn klar ist: Es muss sich etwas verändern, damit über Gerechtigkeit und Gleichbehandlung reden nicht zur Floskel verkommt. Wir sollten uns mit Kindern darum auf Entdeckungsreise begeben, ihnen bei ihrer Entwicklung beistehen und sie unterstützen, die zu werden, die sie sind. Damit sie später erwachsene Menschen sind, die ihre Rechte kennen und weniger Zweifel im Leben haben.

Behinderungen sind unterschiedlich

Behinderung und Krankheit sind nicht dasselbe.
Viele behinderte Menschen sind gesund.
Und viele nicht behinderte Menschen sind krank.

Behinderte Menschen machen ganz unterschiedliche Erfahrungen. Sie haben nicht alle das gleiche Leben.
Es gibt sehr viele verschiedene Behinderungen.
Wie sehr die Behinderung im Alltag beeinträchtigt, ist für jede Person anders.

Viele Eltern denken, dass das Leben von ihrem Kind nach einem festen Plan verläuft. Sie denken zum Beispiel:

- Mein Kind lernt krabbeln und laufen.
- Es macht einen Schulabschluss.
- Später hat es eine schöne Wohnung und einen guten Beruf.

Aber jedes Kind entwickelt sich unterschiedlich.
Und behinderte und chronisch kranke Kinder stoßen auf viele Barrieren. Sie können zum Beispiel nicht an jeder Schule einen Abschluss machen.

Behinderter Mensch oder Mensch mit Behinderung

Jeder Mensch darf selbst entscheiden,
welche Bezeichnung er für sich benutzen möchte.
Auch behinderte Menschen benutzen für sich selbst verschiedene Bezeichnungen.

Manche sagen zum Beispiel lieber behinderter Mensch.
Und manche sagen lieber Mensch mit Behinderung.

Fragen und Neugier

Viele Menschen sind neugierig.
Sie wollen wissen, welche Behinderung mein Kind hat.
Sie fragen zum Beispiel:

- Sieht man die Behinderung?
- Was kann dein Kind leisten?

Ich möchte selber entscheiden, welche Fragen
ich über mein Kind beantworte.
Viele Fragen beantworte ich nicht.
Es ist wichtig, über Behinderung zu reden.
Aber ich finde es viel wichtiger, über Barrieren zu reden.

Wie reagiere ich auf Beleidigungen?

In unserer Gesellschaft werden viele Menschen
beleidigt und ausgeschlossen. Zum Beispiel:

- schwarze Menschen
- dicke Menschen
- behinderte Menschen

Wenn jemand etwas Beleidigendes sagt,
dann spreche ich das an. Ich sage meistens freundlich,
warum ich das nicht okay finde.

Manchmal bin ich auch traurig oder wütend.

Denn viele nicht behinderte Menschen wissen nur wenig über die Situation von behinderten Menschen.

Wir und viele andere Familien mit behinderten Kindern haben ein schönes Leben. Wir schämen uns nicht für unser Leben. Ich wünsche mir, dass nicht behinderte Menschen das verstehen.

Was ist eigentlich „normal"?

Viele Menschen stellen Fragen zum Thema Normalität.
Zum Beispiel:

- Woher kommt es, dass manche Menschen in der Gesellschaft als normal gelten und andere nicht?
- Wer hat sich das ausgedacht?

Und es gibt viele Menschen, die über Behinderung und Normalität nachdenken. Sie sagen:

- Die Behinderung ist nicht das Problem.
  Das Problem sind die Barrieren.
- Behinderung ist nur ein Teil von einem Menschen, so wie der Hautton oder das Geschlecht.
- Alle Menschen sind unterschiedlich.
  Niemand ist besser oder schlechter.
- Niemand darf wegen einer Behinderung benachteiligt werden.

Auch ich frage in diesem Buch:
Was bedeutet das Wort „normal" eigentlich?

Wir sind alle normal

Alle möchten als ganzer Mensch gesehen werden.
Denn jeder Mensch ist anders.
Menschen sind mehr als nur einzelne Eigenschaften.
Sie sind mehr als nur ihre Körper.
Aber bei behinderten Menschen wird sehr oft
nur ihre Behinderung gesehen.

Für Kinder ist es besonders schwer,
sich dagegen zu wehren.
Deshalb sollen wir sie dabei begleiten. Denn jeder
Körper ist besonders und hat eigene Fähigkeiten.
Darum habe ich einen Wunsch:
Wir akzeptieren uns alle so, wie wir sind.
Dann muss niemand versuchen, jemand anderes zu sein.

Diskriminierung von behinderten Menschen

Es gibt viele unterschiedliche Arten von Diskriminierung.
Diskriminierung heißt:
Jemand wird ungerecht behandelt.
Eine Form von Diskriminierung ist Ableismus.
Das heißt: Diskriminierung von behinderten Menschen.
Ableismus heißt auch:
Behinderte Menschen werden ausgeschlossen.
Manchmal wird ihnen auch Gewalt angetan.

In unserer Gesellschaft denken viele, dass
behinderte Menschen nicht die gleichen Rechte haben.

Dadurch gibt es viele unterschiedliche Barrieren
und Nachteile für behinderte Menschen.
Zum Beispiel werden taube und schwerhörige Menschen
oft diskriminiert. Das nennt man Audismus.
Das heißt zum Beispiel:

- Taube Menschen müssen in der Schule Lautsprache lernen.
- Es gibt keine Gebärdensprache oder Untertitel im Fernsehen.
- Hörende Menschen denken, Lautsprache ist besser als Gebärdensprache.

Aber es gibt sehr viele verschiedene Sprachformen.
Und jede Sprache ist gleich viel wert!

Menschen ausschließen ist ungerecht

Jeder Mensch ist verschieden, und das ist schön.
Aber in unserer Gesellschaft werden viele Menschen
„anders" oder „fremd" genannt. Zum Beispiel:

- behinderte Menschen
- schwarze Menschen
- jüdische Menschen

Für die betroffenen Menschen ist es wichtig zu verstehen, dass das ungerecht ist. Und ich wünsche mir, dass auch mein Kind das versteht.
Nur so kann es sich dagegen wehren.

Miteinander reden

Kinder lernen früh, dass es Unterschiede zwischen Menschen gibt. Sie spüren, wenn sie selbst oder andere Menschen ausgeschlossen werden.
Aber sie haben noch keine Vorurteile.
Diese lernen sie erst von den Erwachsenen.
Wir sollten mit ihnen darüber sprechen,
was sie über andere Menschen denken.
Denn wir alle müssen lernen, uns gegenseitig zuzuhören
und Probleme gemeinsam zu lösen.

Zum Glück gibt es heute viele Möglichkeiten,
wie Menschen sich kennenlernen können.
Durch die sozialen Medien ist das einfacher
und für manche Menschen barrierefreier als früher.
So können sich auch behinderte Menschen besser
austauschen und zusammen für ihre Rechte einsetzen.

Mein Kind und ich

Ich frage mich: Wie kann ich mein Kind gut
auf die Schwierigkeiten im Leben vorbereiten?
Denn das Leben von Eltern und Kindern
ist oft sehr unterschiedlich.

Ich selber habe als schwarzes Kind Erfahrungen gemacht,
die meine weiße Mutter nicht gemacht hat.
Und mein behindertes Kind macht Erfahrungen,
die ich als nicht behinderte Mutter nicht mache.

Aber ich habe erkannt, dass ich mein Kind trotzdem gut begleiten kann. Denn wir haben eine gute Beziehung, und ich interessiere mich für seine Erfahrungen. Ich kann mit ihm mit-fühlen. Ich sage ihm zum Beispiel:

- Dein Körper ist gut, genau so, wie er ist.
- Es ist wichtig, dich selbst zu kennen.
- Es ist wichtig, deinen Körper kennenzulernen.

Denn häufig werden Kinder miteinander verglichen. Und es werden schlechte Dinge über ihren Körper gesagt. Und oft merken Erwachsene nicht, dass das für ihre Kinder sehr verletzend ist.

Kinder haben Rechte

Viele Kinder haben keine Unterstützung. Zum Beispiel:

- arme Kinder
- geflüchtete Kinder
- behinderte Kinder

Manchmal können diese Kinder nicht von ihren Familien unterstützt werden. Dann haben sie niemanden, mit dem sie über ihre Fragen und Gedanken sprechen können. Der Staat kümmert sich auch nicht genug um sie.

Viele Erwachsene behandeln Kinder ungerecht.
Sie nehmen Kinder nicht ernst.
Das nennt man auch Adultismus.
Sie sagen zum Beispiel:

- Du bist zu jung, um das zu verstehen.
- Deine Meinung ist nicht so wichtig.
- Ich entscheide, was richtig für dich ist.

Das ist ungerecht für Kinder,
weil sie nicht mitreden dürfen.

Fast alle Kinder auf der Welt erfahren Adultismus.
Aber auch Kinder haben Rechte!
Sie haben zum Beispiel das Recht auf:

- Freizeit und Spielen
- Bildung
- eine eigene Meinung

Es ist wichtig, dass wir die Bedürfnisse und Rechte von Kindern beachten. Und es ist auch wichtig, dass Kinder ihre Rechte kennen und verstehen. Dann können sie sich später für eine gerechte Gesellschaft einsetzen.

Inselhopping

Eine Wortneuschöpfung aus Insel und dem englischen hopping, das für hüpfen steht. Der Besuch mehrerer dieser Inseln auf einer Reise. Es gibt sie an vielen Orten dieser Welt. Auf jeder leben die Menschen unterschiedlich. Inseln sind groß, klein, bewohnt, unbewohnt, schön und/ oder karg. In sich abgeschlossen zeigen sie auf engem Raum, was gesamtgesellschaftlich geschieht. Inseln sind imaginäres Spielfeld des Sozialen, ein philosophischer und literarischer Schauplatz gesellschaftlicher Utopien. Sie sind Projektionsfläche für Sehnsüchte und Isolation. Und manchmal zeigt sich, dass sich die Bewohnenden benachbarter Inseln nicht mögen, nicht einmal kennen. Was ihnen fehlt, ist Verbindung.

Vincent Hesse

Vincent Hesse erinnert sich noch an seine Kindergartenzeit. An das Kind mit Down-Syndrom, mit dem er im Kindergarten spielte und nonverbal mit Handzeichen kommunizierte. Damals ist er drei Jahre alt, und ihm ist nicht bewusst, dass er sich von den hörenden Kindern unterscheidet. Was sich ändert, als er ein Jahr später in einen Kindergarten für gehörlose Kinder kommt und mit ihnen zu kommunizieren beginnt.

Vincent ist Taub, seit er 16 Monate alt ist. Seine *weiße* deutsche Mutter ist in Vincents Kindheit seine Hauptbezugsperson. Den ghanaischen Vater sieht er, wenn auch selten, was aber wichtig für ihn ist, um seine Identität zu verstehen. Weshalb er sich heute als Schwarz-Taub oder afrodeutscher Gebärdensprachler bezeichnet.

Es ist ein schriftliches Interview, das ich mit Hesse für dieses Buch geführt habe, in dem ich ihn nach seiner Kindheit und dem Aufwachsen, dem Schulsystem und den Menschen frage, die ihn begleitet haben. Und in dem ich erfahre, dass seine Eltern zunächst keine Möglichkeit hatten, die deutsche Gebärdensprache (DGS) zu lernen. Denn Vincent wurde 1984 geboren, und als er aufwächst, ist die DGS staatlich noch nicht anerkannt. Was erst 2002 passiert, als er 17 Jahre alt ist.

»Das war aus heutiger Sicht für meine Entwicklung zu spät«, schreibt Hesse.

Seine Schulzeit ist nicht einfach. Auch weil im Unterricht

die Verwendung von DGS verboten ist und er und seine Mitschüler*innen sich dem Sprachzwang, dem Oralismus, in den Unterrichtsfächern unterordnen und zusätzlich eine Artikulationsstunde besuchen müssen, die von Lehrer*innen ohne logopädische oder sprachtherapeutische Ausbildung abgehalten wird. Seine Familie wiederum hat keinen Zugang zu Informationen über die Erziehung mit DGS und wenig Auswahl, was seine Beschulung angeht. Bereits in der Grundschule muss Hesse darum als Internatskind von seinem Zuhause in Hessen in eine Stadt in Rheinland-Pfalz pendeln.

»Aus meiner Kindheitserfahrung habe ich sprachliche Mangel. Ich erinnere mich, dass es für mich nicht einfach war, als ich jeden Sonntag mit dem Internatsbus nach Rheinland-Pfalz fahren musste. Wenn ich nach Hause zurückkehrte und Zeit brauchte, um mich von meiner Trauer zu erholen«, schreibt mir Hesse.

Aufgrund der Sprachbarriere zwischen Lautsprache und Gebärdensprache ist es für ihn nicht leicht, seiner Mutter seine Gefühle reibungslos auszudrücken. Ihre Beziehung verbessert sich, als Hesses Mutter 1994 einen Gebärdensprachkurs in Berlin besucht. Bis heute nimmt sie immer wieder an Kursen teil.

»Sie hat erkannt, warum ich mich als Schwarz-Tauber Internatsschüler nicht wohlfühlte, und zog deshalb mit mir von Rheinland-Pfalz nach Westberlin zur zweiten Grundschule«, schreibt Hesse.

Der in seiner Schulzeit Rassismus durch Blicke, Gesten und in der Gebärdensprache erlebt. Und lange versucht, diese Abwertung mit Stärke zu kompensieren. »Gegen die ›Bauchhiebe‹«, sagt er in einer Dokumentation des Bayerischen Rundfunks. In der er auch erklärt, dass der Gebärdenname, der ihm damals gegeben wurde, dem lautsprachlichen N-Wort ent-

sprach. Und ihm damals das Bewusstsein für Rassismus in der DGS gefehlt habe.

Heute arbeitet Vincent als Peer-Berater in München für die Ergänzende unabhängige Teilhabeberatung (EUTB) im Landesverband Bayern der Gehörlosen. Er ist Mitgründer der Selbstvertretungsorganisation PTSGD, was für Proaktive Taub-Schwarze Gemeinschaft in Deutschland steht. Zu seinen wichtigsten Vertrauten zählt er seine Familie: seine Taube Frau Julia und ihre drei gemeinsamen, hörenden Kinder, die zu Hause in DGS kommunizieren. Seine Kinder beherrschen sowohl die deutsche Gebärden- als auch die Lautsprache, die sie unter anderem mit ihren hörenden Großeltern sprechen.

Vincent und seine Frau zeigen ihren Kindern die vielfältigen Gemeinschaften innerhalb der Tauben-, Schwarzen-, Gebärdensprach- und sogenannten K/CODA-Community (Kids/Children of Deaf Adults) und wie man mit Anti-Schwarzem Rassismus umgeht. Er wünscht ihnen Balance.

»Ich bringe meinen Kindern bei, wie wichtig es ist, liebenswürdige Menschen zu sein. Wir sollten uns bewusst sein, dass wir nicht nur für uns selbst, sondern auch für kommende Generationen handeln«, schreibt Hesse.

Er versteht sich als Teil der Schwarzen und der Gebärdensprachgemeinschaft, die Taubsein als Lebensgefühl feiere, so wie der britische Aktivist, Autor und Wissenschaftler Paddy Ladd den englischen Begriff »Deafhood« einst prägte.

»Er betrachtet gehörlose Menschen als Angehörige einer kulturellen Gruppe, deren Abwesenheit die Welt ärmer an Vielfalt machen würde. Die gehörlosen Menschen besinnen sich auf ihre gemeinsamen Werte. Sie möchten ihre Geschichten weitertragen und ihre Tauben Kinder dazu befähigen, selbstbewusste Mitglieder ihrer Gemeinschaft zu werden«, schreibt Hesse.

Darum wünscht er sich auch von der Gebärdengemeinschaft, sich der Geschichte und somit auch der NS-Vergangenheit bewusst zu werden. Und sich damit auseinanderzusetzen, dass Menschen wie er in Deutschland eine doppelte Diskriminierung erleben: die durch die hörende Mehrheitsgesellschaft und die durch die *weiße* Dominanzgesellschaft. In seinem Netzwerk setzt er sich darum für die Anerkennung vielfältiger Identitäten und Gebärdensprache ein und möchte nicht, dass Letztere lediglich als »Showelement« betrachtet wird.

Hesse glaubt nicht, dass Inklusion für die Gebärdensprachgemeinschaft von heute auf morgen machbar ist, und ist sich darüber bewusst, dass es auch Barrieren zwischen blinden und Tauben Menschen gibt, was er aus der Familie seiner Frau kennt, deren Bruder blind ist. Doch plädiert er dafür, sich auf die Stärken eines Menschen zu konzentrieren und sich zu fragen, wie wir kommunizieren können. Weshalb es für ihn bei der Umsetzung von Inklusion auch darum geht, Brücken zueinander zu bauen.

Getrennte Welten

Du bist Spiegelbild meiner Seele.
Das Kind unserer Geschichte.
Liebe,
Dank
aus dem tiefen, inneren Herzen spüren
und
Lachen.
Wir erzählen Träume, die uns erfüllen.
Die leisen Orte,
Regenbogen vor der Tür.
Miteinander selbst sein.

Ich habe diese Zeilen 2022 für mein Kind geschrieben. Ich habe die Wörter aus Zeitungen und Zeitschriften ausgeschnitten und sie auf ein weißes Tonpapier geklebt, das nun in seinem Zimmer hängt. Es sollte eine Erinnerung werden an die Zeit auf einer unserer »Inseln«. Genauer gesagt an einen unserer »Turnurlaube«, wie wir die Aufenthalte in einer Reha-Einrichtung nennen, die wir bis zu seinem Schulanfang einmal im Jahr besuchten.

Diese Inselzeit war ein fester Bestandteil unseres Lebens damals, bei der ich die unterschiedlichsten Kinder und ihre Eltern oder Bezugspersonen kennengelernt und viel über das Leben und Ableismus gelernt habe. Ich erinnere mich, wie wir dort im

Mai des besagten Jahres bei Sonnenschein im großen Garten auf der Wiese zusammensaßen und ich dachte: Warum kennen diesen Ort und das Leben, das wir führen, so viele Menschen nicht? Warum bedeutet diese Insel für meine Familie eine erholsame Pause, während andere sie als Schrecken empfinden, wenn ich ihnen von unserer wertvollen gemeinsamen Zeit erzähle, um der Normalität unseres Alltags Ausdruck zu verleihen? Es war der Moment, als die Idee zu diesem Buch entstand.

Ich habe das Wort Inselhopping für unser Leben umdefiniert. Es geht mir dabei nicht um ein wortwörtliches Reisen, sondern darum, dass wir als Familie an verschiedenen Orten in verschiedenen Welten unterwegs sind, die viele nichtbehinderte Menschen nicht kennen. Auch mir waren die meisten fremd, bis ich sie mit meinem Kind erlebte. Die Welt der Krankenhäuser, Rehas, Therapieorte und exklusiven Räume, in denen sich Menschen im besten Fall darum kümmern, dass sich gekümmert wird.

Die Welt dieser Inseln ist komplex. Und die Inseln werfen Fragen auf, weil sie für viele Menschen auch Isolation bedeuten. Was heißt es für eine Gesellschaft, wenn ihre Mitglieder auf Inseln aufgeteilt leben? Wenn sie von Ort zu Ort springen, weil ihre Welten nicht verbunden und sie dadurch gezwungen sind, sich immer wieder zu erklären?

Was die Inseln selbst angeht, gibt es gute wie schlechte Orte. Solche, die wir gerne so schnell wie möglich wieder verlassen wollten, und andere, die wir freiwillig immer wieder besucht haben. Mit manchen Menschen, die wir dort getroffen haben, haben wir den Kontakt gehalten und Freundschaften geknüpft. Auf einer Insel zu sein, bedeutet für mich darum auch, dass dort Menschen unser Leben teilen und Verständnis haben.

Dass ich mich dort so wohlfühlen kann wie in meinem Wohnzimmer. Ein weiteres Wort, mit dem ich meine Lebenssituationen beschreibe. Weil dieses »Wohnzimmer« den Raum erklärt, in dem ich es mir über die vergangenen 20 Jahre schön eingerichtet habe und mich sicher fühle. Es ist ein bestärkender, freundschaftlicher Ort, an dem sich Menschen tummeln, deren Biografien und Lebensweisen sich von meiner zwar unterscheiden, die aber ihr Herz und ihre Rücksichtnahme für andere eint. In meinem Wohnzimmer bin ich mit Menschen zusammen, die wissen, wie ein wohlwollender und achtsamer Umgang miteinander bei aller Differenz funktioniert. Nach der Geburt meines Kindes waren diese Menschen darin mein Glück, weil ich ihnen in Fragen der Haltung nicht viel erklären musste. Was eine Erfahrung ist, die viele Eltern behinderter Kinder so nicht machen, wie ich immer wieder feststellen muss. Auch darum bin ich froh und dankbar, dass so viele der mir nahen Menschen mit mir gewachsen sind, ganz organisch, ohne zu bewerten. Sie haben kein Mitleid, sondern fühlen ein fürsorgliches Miteinander. Sie haben das, was ich zu Anfang dieses Buches als Mit-Gefühl definiert habe. Also eine Achtsamkeit, die im gemeinsamen und offenen Umgang miteinander gelernt werden kann. Von der ich glaube, dass sie auch im Kollektiv unserer Gesellschaft möglich ist und sich daraus eine Kultur entwickeln lässt.

Mit dieser Erkenntnis wurde mir im Frühling 2022 klar, wie viel Zeit und Energie ich seit der Geburt meines Kindes 2016 aufgebracht und verbraucht habe, um den Kontakt zwischen meinen Welten nicht abbrechen zu lassen. Wie sehr ich darum gekämpft habe, in Verbindung zu bleiben, und mich deshalb mit dem Begriff Inselhopping identifiziere. Schließlich gibt es neben den Inseln und meinem Wohnzimmer auch

noch das Alltagsleben da draußen. Eine Welt, in der ich als Journalistin arbeite und viel Zeit mit Menschen in ganz unterschiedlichen Settings verbringe, die meistens wenig von meinen Reisegewohnheiten wissen. Weshalb Hopping für mich auch bedeutet, viel mit meinem Körper, aber auch mit meinem Kopf und meiner Psyche unterwegs zu sein. Es braucht Ausdauer und Kraft, all die Erfahrungen zu verarbeiten, mit denen ich bei anderen manches Mal für Irritation sorge, wenn ich von ihnen erzähle. Oder weil ich ableistische Kommentare anspreche und es nicht damit rechnet, dass das von mir kommt. Und ich mich in dieser Position oft nicht kämpferisch stark, sondern ziemlich allein fühle.

Als mein Kind geboren wurde, geschah vieles im Umgang mit meinem Umfeld unterbewusst. Ich kann mich an einiges auch nicht mehr erinnern, weiß aber, dass ich versucht habe, mich bestimmten Gesprächen zu entziehen. Acht Jahre später verstehe ich, warum ich in unseren ersten gemeinsamen Jahren so vehement versucht habe, mich gegen das Gefühl des *Andersseins* und Ausschluss zu wehren, weil ich insgeheim wusste, dass er uns als Familie passieren kann. Denn ich habe über die Jahre auch Familien kennengelernt, die den Kontakt zu ihrem früheren Umfeld oder befreundeten Familien mit nichtbehinderten oder chronisch gesunden Kindern verloren oder abgebrochen haben, weil ihre unterschiedlichen Leben plötzlich zum Hindernis wurden. Weil Gespräche und ein Verständnis füreinander fehlten. Weil bei vielen nichtbehinderten Menschen kein Platz ist oder kein Wille da war, sich mit den negativen gesellschaftlichen Zuschreibungen und Erfahrungen behinderter Menschen auseinanderzusetzen. Ich habe mit vielen nichtbehinderten Müttern Gespräche darüber geführt, dass sie sich zurückgezogen haben, weil gegafft, getuschelt oder

ableistisch geredet wurde und ihnen die Mittel fehlten, um das mit ihren Kindern auszuhalten. Und so schmerzt mich noch heute die Erinnerung an die Erzählung einer Mutter, wie ihr damals achtjähriges Kind von erwachsenen Menschen auf der Straße wiederholt beschimpft wurde. Ein Kind, das deshalb zur Therapie musste, um seinen Selbstwert zu stärken.

Es gibt viele Menschen mit »sichtbaren« Behinderungen, die diskriminierendem und feindlichem Verhalten in der Öffentlichkeit ausgesetzt sind. Und »sichtbar« ist als Fremdzuschreibung dahingehend missverständlich und problematisch – wie mir @Ashducation, der politische Lektor dieses Buches, erklärte, weil die meisten Krankheiten und sehr viele Behinderungen, wenn man sie als Einschränkungen, Wahrnehmungen oder Symptome begreift, ja nur für Außenstehende nicht sichtbar sind. Hilfsmittel und Verhaltensweisen von Menschen dagegen schon. Vieles, was also über behinderte Menschen gedacht wird, basiert auf Vermutungen. Wen ich als möglicherweise behindert wahrnehme, hat also vor allem damit zu tun, was ich selbst über unterschiedliche Lebensrealitäten von Menschen mit Behinderung und über Ableismus weiß.

»Dass ich eine behinderte Person nicht als behindert erkenne, macht diese Person nicht ›unsichtbar behindert‹, sondern mich zu einem Menschen, der sie falsch eingeordnet hat«, sagt @Ashducation. Weil viele mit »unsichtbar behindert«, wenn auch auf subtile Weise, meinen: Die Person hat keinen Körper, den ich auf den ersten Blick als nicht der Norm entsprechend wahrnehme. Und das kann wiederum nicht nur zu einer bewertenden Hierarchisierung unterschiedlicher Behinderung führen, sondern auch dazu, dass behinderte Menschen um die Anerkennung ihrer Erfahrungen kämpfen müssen. Und darum, in ihren Bedürfnissen wahrgenommen zu wer-

den. Auf diese Weise werden behinderte Menschen zu Objekten gemacht, weshalb es wenig verwunderlich ist, dass manche Menschen ihre Behinderung aus Angst vor Stigmatisierung verstecken.

Es sind Mikroaggressionen, die durch Ausgrenzung passieren. Ein Leben in getrennten Welten, in denen ebendiese Ausgrenzung auch Isolation bedeutet und manchmal Gewalt. Eine, die überwiegend als weiblich kategorisierte Personen betrifft. Worüber das journalistische Projekt #ableismustötet vor einigen Jahren recherchierte. Insgesamt zeigten dessen Ergebnisse eine Kontinuität von Gewalt auf, die durch die Trennung von behinderten und nichtbehinderten Menschen gestützt wird. Weil Gewalt früher und zu Zeiten des Nationalsozialismus an behinderten Menschen selbstverständlich war und heute unter anderem als eine Folge ihrer Isolation gilt. Weil beispielsweise Pflegeeinrichtungen geschlossene Systeme und damit Orte sind, an denen Gefahren drohen, weil es dort oft an Privatsphäre und Prüfung fehlt.

Viele behinderte und politisch bewegte Menschen nutzen darum die Schreibweise BeHinderung oder Be_Hinderung mit großem H. Sie machen damit auf ihren systemischen Ausschluss aufmerksam. Eine Exklusion, die der Soziologe Niklas Luhmann mit dem Modell von »Funktionssystemen« erklärt. Womit er gesellschaftliche Bereiche meint, in denen definierte Regeln in der Politik, im Recht, im Wirtschafts-, Wissenschafts- und Gesundheitsbereich, in der Erziehung, der Kunst oder Religion gelten. Um in diese Bereiche miteinbezogen zu werden, also inkludiert zu sein, müssen Menschen an diesen Systemen teilnehmen. Exkludiert ist, wer davon ausgeschlossen wird. Für Luhmann sind Inklusion und Exklusion darum ein zusammengehöriges Gegensatzpaar: Konzepte wie

Diversität, Gleichstellung, Teilhabe und Zugehörigkeit beziehen Menschen ein. Und Diskriminierung, homogene Vorstellungen von Menschen und das Beibehalten von Machtstrukturen schließen sie aus. Beide Pole existieren gleichzeitig, und die systemtheoretische Formel »Unterschied, der einen Unterschied macht« lässt sich auf menschliche Privilegien und persönliche Positionen beziehen. Sie erklärt im Sinne Luhmanns die Teilnahmebedingungen in unserer Gesellschaft und damit konkret, warum beispielsweise *weiß*, nichtbehindert oder cisgeschlechtlich zu sein, bedeutet, inkludiert zu werden, und Schwarz, behindert oder trans zu sein, zum Ausschluss führen kann.

Tagtäglich wird in unserer Gesellschaft akzeptiert, dass Menschen aufgrund ihrer Merkmale und Gruppenzuordnung ein- und/oder ausgeschlossen werden. Und die gegensätzliche Konstellation von In- und Exklusion erklärt für Luhmann, warum sich Gesellschaften immer auch durch Abgrenzung von anderen bilden. So wie unsere Funktionssysteme bestimmen, wo sich jeder Mensch in der Gesellschaft befindet. Wer also die Privilegien und damit die Vorteile und wer die Nachteile hat. Konkret lässt sich das an den Beispielen Schule, Behördenarbeit oder Arbeitsmarkt und dessen Regeln und Gesetzen festmachen. Also an den zuständigen Menschen in den Institutionen, die wiederum andere Menschen sortieren oder separieren. Sie schaffen die sogenannte Struktur, die immer wieder kritisiert wird, weil dabei nur bestimmte Menschen Vorteile haben. Diskriminierung erklärt also Exklusion, und wie über die Merkmale Leistungsfähigkeit, Begabung oder Herkunft entschieden wird, wer als wichtig für die genannten Funktionssysteme gilt.

Es hilft mir, unsere Gesellschaft theoretisch in diesen Funktionssystemen zu denken, weil das eine übergeordnete Perspek-

tive auf das System der Ungerechtigkeit schafft, das Menschen kategorisiert, statt sie in unterschiedlichen Lebenserfahrungen gleichzeitig wahrzunehmen. So erklärt das Modell auch, warum Identität und Inklusion in einem Spannungsverhältnis stehen. Schließlich sind es nicht die Unterschiede von Menschen an sich, die ein Problem darstellen, sondern dass diese zum Ausschluss führen. Und was wir aktuell beobachten, ist genau das. Ein abwertendes Bild bestimmter Gruppen, Anti-Politiken (anti-woke, anti-gender) und die Abwehr von Diversität, die diesen Ausschluss verfestigt.

Die Frage ist also: Wohin schlägt dieses gesellschaftliche Pendel aus? In jedem Fall braucht es mehr Menschen in privilegierten Positionen, die diese Mechanismen verstehen und Verantwortung dafür übernehmen, dass sich etwas verändert. Die begreifen, dass es sich beispielsweise nicht um Einzelfälle von Diskriminierung handelt, sondern dass wir es mit einem systemischen Problem zu tun haben. Und dass dieses lösbar ist, wenn sich mehr Menschen für Inklusion interessieren und aussprechen. Das aber gelingt nur im Bündnis mit marginalisierten Menschen gut und nachhaltig. Denn eines steht fest: Unsere gängigen Funktionssysteme im luhmannschen Sinne so zu verändern, dass kein Mensch mehr exkludiert wird, kann nur zusammen gelingen.

Nix inklusive

Diversity is being invited to the party.
Inclusion is being asked to dance.

– Vernā Myers

Schauen wir uns um. Wann und wo treffen behinderte und nichtbehinderte Menschen im Alltag aufeinander? Wo nehmen wir Kinder mit Behinderungen zum Beispiel auf Spielplätzen wahr? Wie viele davon sind überhaupt inklusiv, also barrierefrei oder zumindest barrierearm mit Spielgerätschaften für alle? Es gibt kein gemeinsames Spiel auf Spielplätzen, weil viele behinderte Kinder gar nicht erst dorthin kommen. Sie kommen nicht, weil es beispielsweise keine großen, breiten Sitzschaukeln für ein besseres Gleichgewicht gibt, unterschiedliche Zugänge wie Treppen oder Rampen zu den Geräten fehlen oder die Beschaffenheit der Böden sie ausschließt. Statt befahrbarer Zuwege mit Flächen aus stoßdämpfendem Gummi oder Korkmischungen gibt es Sand, Kies oder Hackschnitzel.

In Deutschland ist nur jeder fünfte Spielplatz teilweise barrierefrei, wie eine Studie der Aktion Mensch zum Weltspieltag vom Mai 2023 zeigt. Oder anders gesagt: 80 Prozent sind es nicht. Untersucht wurden 1000 Spielplätze deutschlandweit, und am schlimmsten ist die Situation in Brandenburg

und Schleswig-Holstein. Das liegt daran, dass inklusive Spielplätze zu bauen ein Kann und kein Muss in Deutschland ist, wie es in den geltenden Richtlinien heißt. Der Bau von inklusiven und barrierefreien Spielplätzen wird zwar unterstützt, die Entscheidung aber bleibt freiwillig. Ohne ein Gesetz zur verpflichtenden Umsetzung haben diese Rahmenbedingungen keine Durchschlagskraft. Welchen Unterschied solche gesetzlichen Verpflichtungen aber machen würden, zeigt sich in den USA, wo inklusive Spielplätze rechtlich seit 2012 vorgeschrieben sind. Wie sehr haben wir sie als Familie bei einem Aufenthalt dort gefeiert. Voller Freude habe ich sogar Fotos von den Spielgeräten gemacht und sie an Freundinnen geschickt.

Aus den Augen, aus dem Sinn sind behinderte Kinder auf Spielplätzen in Deutschland. Es ist ein kleines, simples Beispiel für parallele Alltagswelten. Und behinderte Kinder werden an so vielen weiteren Stellen unserer Gesellschaft nicht mitgedacht. Es fehlt der Kontakt, und ableistische Fantasien können damit ungestört bestehen bleiben. Gleichzeitig nutzt es auch wenig, wenn man zusammen ist, aber nicht ins Gespräch über die Missstände kommt. Worüber ich zum ersten Mal nach einem gemeinsamen Abend in einer inklusiven Betreuungseinrichtung meines Kindes nachgedacht habe. Als mir klar wurde, dass viele der Erwachsenen, auch die der behinderten Kinder, weder Worte für ihre Leben noch Ideen hatten, was konkret ein inklusives Miteinander bedeutet – abgesehen davon, zusammen an einem Ort und offen füreinander zu sein. Was natürlich schon viel wert ist, dennoch frage ich mich, wie es sein kann, dass unterschiedliche Kinder in der Kita oder in der Schule zusammenkommen und es darüber kein Sprechen gibt. Denn wie lässt es sich auflösen, dass nicht mehr nach Worten gerungen werden muss, wenn es um das

Beschreiben der Unterschiede von Kindern geht? Wenn beispielsweise immer wieder von »besonderen« Kindern und Bedürfnissen oder »Handicaps« gesprochen wird? Was die Sache nicht besser macht. Weil fraglich ist, was mit diesem »besonders« ausgedrückt werden soll. Weil damit verschleiert wird, was benannt werden kann und sollte. Zumal: Wenn schon »besonders«, dann sind das alle Kinder und nicht nur die mit einer Behinderung.

Es war für mich eine wichtige Erkenntnis, dass viele Eltern und Bezugspersonen von Kindern glauben, sie müssten nicht über Behinderung und Nichtbehinderung sprechen. So wie es auch bei anderen Themen der Ausgrenzung passiert, wenn es beispielsweise um Rassismus oder Sexismus geht. Es ist, als verdrängten viele Erwachsene diese gesellschaftliche Tatsache. Das aber hat zur Folge, dass Kinder oft ein Miteinander erleben, von dem ihre Eltern wiederum keine oder wenig Ahnung haben. Um das zu prüfen, habe ich wiederholt nichtbehinderte Eltern von nichtbehinderten Kindern gefragt, ob sie wüssten, wie die Kinder im Unterricht miteinander umgehen. Ob bei Elternabenden über Inklusion gesprochen werde. Die Antwort war meistens Nein. Und genannte Gründe waren Trubel, Stress oder Überforderung in einem getakteten Lernalltag. Manche Eltern kamen aber auch zu der Erkenntnis, dass sie sich das noch nie gefragt hatten.

Es sind verpasste Chancen, die dazu führen, dass sich Vorurteile hartnäckig halten oder im schlechteren Fall noch weiter ausgebaut werden. Denn wer sich nicht kennt und nichts voneinander weiß, kann auch Inklusion viel leichter für gescheitert erklären und davon absehen, sich damit zu beschäftigen, ob sie wirklich umgesetzt wird. So oft schon haben mir Eltern erzählt, dass ihre Schule inklusiv arbeitet, aber als ich nach den

Details fragte, blieb wenig davon übrig. Denn es ist keine echte Inklusion, wenn behinderte Kinder in einer Regelschule aufgenommen werden, aber dann – etwas zynisch formuliert – im Klassenraum wie bestellt und nicht abgeholt herumsitzen und ihr eigenes Ding machen müssen, weil die Ressourcen fehlen. Wenn nur wenig Zeit für sie da ist und auch das Anliegen fehlt, alle Kinder in Kontakt miteinander zu bringen. Weil es bei Inklusion schließlich auch um Teambuilding im Zusammensein und gegenseitige Achtsamkeit geht.

In unserer Gesellschaft finden sich viele solcher verpasster Chancen, an einer Gesellschaft der Gegenseitigkeit zu bauen. Und in Bezug auf das Beispiel inklusiver Einrichtungen möchte ich betonen: Inklusion endet nicht mit der Abholung des Kindes dort. Noch dazu betrifft sie nicht nur die Eltern der behinderten Kinder. Wozu der 1976 geborene Geschäftsführer des Blinden- und Sehbehindertenvereins Hamburg Heiko Kunert ein gutes Beispiel liefert. Er beschreibt, wie er mit sieben Jahren kurz nach seiner Erblindung einen kompletten Bruch im Freundeskreis erlebte, weil kein Erwachsener Strategien dafür entwickelte, wie es für die Kinder gemeinsam weitergehen könnte. Er erinnert sich, wie ein Nachbarsjunge ihn ein letztes Mal besuchte, um ihm zu sagen: »Schade, dass wir jetzt nicht mehr miteinander spielen können, weil du kannst ja nicht mehr gucken.« Und wie er die gesamte Grundschulzeit hindurch nur noch mit blinden und sehbehinderten Kindern befreundet gewesen sei, die er auf der »Sonderschule« kennengelernt habe. Und dass der Schulweg dorthin für ihn bedeutete, täglich vier Stunden im Bus zu sitzen, was kein Erwachsener damals hinterfragt habe.

»Da gab es keinen, der sich mit Autoritäten auseinandergesetzt hätte, damit ich inklusiv aufwachse«, schreibt er im Rat-

geber- und Sammelband *Bist du behindert, oder was? Kinder inklusiv und ableismuskritisch begleiten* von Rebecca Maskos und Mareice Kaiser und fordert darin, dass es auch jenseits des Unterrichts ein selbstverständliches Miteinander geben muss. Kinder seien ohnehin meist in der Lage, dies von allein herzustellen. Wenn dem aber nicht so sei, müsse es ein Setting geben, das sie dabei unterstütze. Professionelle Lehrkräfte sollten nicht sagen: »Wenn dich keiner führen will, dann führe ich dich halt.« Vielmehr müssten unterschiedliche Bedürfnisse in der Klassengemeinschaft zum Thema gemacht werden. Lehrkräfte sollten eine Antenne dafür haben, wann ein Kind ausgeschlossen werde oder sich selbst zu sehr von den anderen separiere.

Ich verstehe es als unsichtbare Trennlinien, die durch fehlende Verbindungen entstehen, selbst dann, wenn Kinder Räume wie den einer Klasse teilen. Dies erklärt auch, warum viele Eltern behinderter Kinder davon berichten, dass ihnen, nachdem ihre Kinder von einem Spiel mit nichtbehinderten Kindern ausgeschlossen oder nicht zum Geburtstag oder auf ein Nachmittagstreffen eingeladen wurden, als Begründung genannt wurde, dass es wohl an der Behinderung liege. Als sei es akzeptabel, dass nichtbehinderte Kinder nicht mit behinderten Kindern spielen, und damit unnötig, darüber nachzudenken, warum eine Behinderung angeblich ein Problem für ein gemeinsames Spiel oder Interaktion miteinander darstellt.

»Wenn ein behindertes und ein nichtbehindertes Kind zusammen spielen, dann ist das kein inklusives Spielen, sondern Freundschaft«, schreibt die Journalistin Andrea Schöne. Ich mag diesen Satz, weil er ein so simples Verständnis spiegelt, das vielen nichtbehinderten Menschen fehlt. Und ich finde es traurig, dass so viele Erwachsene die Gelegenheit mit ihren Kindern

nicht nutzen, ihre oft falschen Vorstellungen zu reflektieren. Aber wenn Eltern ihren Kindern zuhören und Gespräche anstoßen, lassen sich gemeinsam neue Perspektiven entwickeln. Dann ergeben sich für die Kinder nicht nur neue Zugänge, sondern auch ihr Verständnis von Differenz, Selbst- und Fremdwahrnehmung verändert sich. Schließlich wachsen Kinder auf und emanzipieren sich dabei, meistens auch von ihren Eltern. Diese wiederum würden ihre Kinder besser verstehen, wenn sie diesen Prozess bewusst begleiteten. Was für mich auch ein generalisiertes Missverständnis über die seit Generationen geführten Diskussionen und Streitereien am bildlich gesprochenen »Abendbrottisch« lösen würde, wenn Eltern die vermeintlich »neumodischen« gesellschaftlichen Ansichten ihrer Kinder nicht mehr verstehen. Es sind Diskussionen, die ich als ein spezifisches Phänomen im Nachkriegsdeutschland deute. Insbesondere wenn es dabei um menschenrechtliche Fragen, den Willen zur Aufarbeitung der nationalsozialistischen Vergangenheit und einen Erfahrungsaustausch geht. Dieser wurde gesellschaftlich versäumt, ist aber für eine Inklusion aller dringend nötig. Weil für ein ehrliches Gespräch an ebendiesem Abendbrottisch verstanden werden müsste, dass wir verschieden sind und welche Folgen das für die Leben der unterschiedlichen Menschen bis heute hat. Das wäre ein erster kleiner, aber bedeutsamer Schritt. Deshalb ruft Inklusion auch alle zum Handeln auf. Weil es mit ihr funktioniert, dass niemand mehr diskriminiert wird. Dabei geht es nicht nur um die Rechte behinderter Menschen, sondern um eine intersektionale Betrachtung, die alle Menschen miteinbezieht, die ungleich behandelt werden. Der Global Education Monitoring Report der UNESCO bringt es auf den Punkt: »All means all.« Und mit Blick auf Kindheiten bedeutet das, dass es nicht nur für nicht-

behinderte Kinder wichtig ist, einen anerkennenden Umgang mit behinderten Kindern zu erlangen, sondern dass genauso behinderte Kinder vom Kontakt mit nichtbehinderten profitieren. Denn in einer echten Gemeinschaft der Gegenseitigkeit, die aufeinander achtet, sich sorgt und eine Beziehung zueinander pflegt, gibt es keine Hierarchie. Weil es Freundschaft ist, wenn ein behindertes und ein nichtbehindertes Kind zusammen spielen. Ich sagte ja, ich mag diesen Satz.

Von Gehirnen und Leistung

Wir haben diese außerordentliche Vorstellungskraft.
Jede Form menschlicher Kultur ist die Folge
dieser einzigartigen Fähigkeit.
Doch ich glaube, dass wir diese Fähigkeit systematisch
in unseren Kindern zerstören.

– Sir Ken Robinsons

Welche Zeit in unserem Leben hat unser Verständnis von Zusammensein am meisten geprägt? Ich würde sagen: die Schulzeit. Kinder verbringen dort eine lange und prägende Zeit, die das Potenzial hat, unsere Gesellschaft zu verändern. Und erwachsene Menschen könnten in Erinnerung an ihre eigene Zeit dort verstehen, was zu tun wäre, wenn ein Zusammensein ein ernst gemeintes Ziel wäre.

Schon viel wurde darüber diskutiert, wie Kinder in unserem Schulsystem ausgesondert, also exkludiert werden. Dabei kursiert der veralte Begriff der »Sonderschule«, dessen aussortierende Botschaft auch für den neutraleren Begriff der »Förderschule« gilt. Schließlich geht es in beiden Fällen um die verbreitete, oft unterbewusste Vorstellung, dass Menschen mit Behinderungen oder Krankheiten irgendwo versorgt und verwahrt werden sollen, damit sie nichtbehinderte Menschen

nicht stören. Gleichzeitig herrscht in den Förderschulen selbst oft eine Hierarchie zwischen den als funktionstüchtig geltenden Körpern und den »klugen« Köpfen. Eine Bewertung, die von vielen Lehrkräften und Erzieher*innen seit Ende der 80er Jahre mitbefeuert wird, indem sie mit Vorliebe diejenigen fördern, bei denen die Erfolge rasch sichtbar wurden, wie Behindertenrechtsaktivist der ersten Stunde Udo Sierck erklärt.

So lässt sich in allen Schulformen ein Machtgefälle beobachten, denn insgesamt wurde das Schulwesen bereits seit dem Zeitalter der Industrialisierung durch ein Sortieren nach dem Prinzip der Leistungshomogenität und -auslese hierarchisch strukturiert. Damals ging es darum, Menschen zu funktionierenden Teilen einer arbeitsteiligen Produktionsgesellschaft auszubilden, die man in großer Zahl für manuelle Arbeiten und nur zu einem kleinen Teil für die Verwaltung und Führungspositionen im Land brauchte. Dieser Entwurf hat sich tief in unserem staatlichen Bildungssystem verankert, das – grob gesagt – in Akademiker*innen und Nichtakademiker*innen, Arbeiter*innen und Intellektuelle unterteilt. Doch nur einige profitieren von diesem System, in dem Leistung das dominierende Bildungsziel ist. Das zeigt sich beispielhaft in der PISA-Studie, wie 2014 der Regisseur Erwin Wagenhofer in seinem Film *Alphabet* befand.

Wagenhofer begibt sich darin auf eine Reise durch verschiedene Milieus und trifft unter anderem die Finalist*innen des Wettbewerbs CEO of the Future, die einen Verzicht auf Freizeit zugunsten ihres Aufstiegs hinnehmen. »Geld zu verdienen, wird in 2030 noch wichtiger sein, als es jetzt schon ist«, so die Gewinnerin des Wettbewerbs, während sich zeitgleich ein anderer Protagonist des Films, der die Schule mit einem Hauptschulabschluss verlassen hat, mithilfe schlecht bezahl-

ter Aushilfsjobs durchs Leben schlägt und sich periodisch wiederkehrenden Demütigungen auf dem Arbeitsamt aussetzen muss. Dokumentiert wird im Film auch die Geschichte von Pablo Pineda Ferrer, dem ersten Europäer mit Down-Syndrom, der einen Uniabschluss machte und als Lehrer und Schauspieler arbeitet. Auch – wie es der Film zeigt – weil in Spanien seit 1986 keine Sonderschulen mehr existieren.

Es ist ein Problem, dass so viele Förderschüler*innen in Deutschland die Schule ohne qualifizierenden Schulabschluss verlassen, weil dort meistens keine oder höheren Abschlüsse wie das Abitur vorgesehen sind. Das heißt: Viele behinderte Kindern können ihre Potenziale gar nicht erst zeigen. Was auf eine gravierende, ableistische Zuschreibung hinweist. Nämlich, dass sie angeblich weniger Leistung erbringen. Und schlimmer noch. Nach der Schule müssen sie mit dem Stigma »Sonderschüler« kämpfen, weil ihre Laufbahn an der Förderschule oft negative Folgen für ihr weiteres Leben hat.

Dieser Umstand erklärt, warum Ferrer mit Blick auf sein Leben auch von Glück spricht. Das Glück, unterstützt worden zu sein. Aber zugleich muss er bis heute gegen all jene kämpfen, die jemanden wie ihm solch einen Erfolg nicht gönnen. Er kritisiert, dass unsere Gesellschaft zu sehr auf standardisierte und messbare Fähigkeiten setzt, anstatt eine Erziehung anzustreben, die auf die freie Entfaltung des Individuums abzielt. Der Hirnforscher Gerald Hüther bringt es in Wagenhofers Film auf den Punkt, als er die Schwäche unseres Schulsystems damit beschreibt, dass mit Blick in unsere Köpfe bestimmte geforderte Leistungskriterien nicht zu schaffen sind, weil wir unterschiedlich ausgestattet sind. Ohnehin sollte ein akademischer Abschluss auch nicht für alle das Ziel sein.

So wäre es für Kinder und Jugendliche wünschenswert, dass

Schule nicht nur ein Ort ist, an dem nach Leistung bewertet wird, an dem Menschen gegeneinander ausgespielt werden und an dem Konkurrenz auch Ungleichheitsverhältnisse fördert, wie es der politische Referent des Migrationsrates Berlin, Ed Greve, beschreibt. Denn jedes Kind kommt mit einem individuellen Gehirn zur Welt, in dem sich bestimmte neuronale Strukturen herausgeformt haben. Und mit diesen Anlagen wachsen wir in eine Gesellschaft hinein, in der die Normvorstellung herrscht, dass das analytische, kognitive Denken am bedeutsamsten und wertvollsten ist. Dabei ist dieses Denken nur eines von vielen Begabungen, mit denen wir auf die Welt kommen. Kinder haben unterschiedliche Vorlieben und Talente, die plakativ gesprochen auch handwerkliche umfassen können, oder eine besonders ausgeprägte Körperbeherrschung oder die Fähigkeit zu sozialer Interaktion oder ein Talent für Gestaltung. Es gibt Kinder, die besonders sensibel sind und ein feines Gespür für ihre Umwelt haben. Aber weil das laut Hüther in unserem gegenwärtigen Begabungsbegriff keine Rolle spielt, kommen auch nur diejenigen Kinder gut durch, die in kurzer Zeit in der Lage sind, sich das in der Schule angebotene Wissen anzueignen und in Prüfungssituation wiederzugeben. Es ist das genaue Gegenteil von einer Bildung, die Kinder ihren Stärken entsprechend fördert und fordert und sie dabei unterstützt, das zu werden, was sie sind und wie sie sein wollen. Und da dieses Begabungskonzept kognitiver Leistung schon so lange angewendet wird und auch die meisten Eltern, Erzieher*innen und Lehrkräfte dieses Auswahlverfahren durchlaufen mussten, ist den wenigsten klar, wie einengend es ist. Das aber ist der Grund, warum Kritik daran geübt wird, »Leistung« als Maxime der Wettbewerbsgesellschaft und weltweit zum unerbittlichen Maß aller Dinge zu erheben. Weil schon zu viele Menschen

ausgeschlossen und in eine sogenannte Schonraumfalle gedrängt wurden, wie die Sondersysteme und damit isolierten Inseln genannt werden. Und das auch, weil es Orte sind, die man, wenn man erst einmal dort ist, nur schwer wieder verlassen kann. Weshalb es auch nur vermeintliche »Schutzräume« sind, die vordergründig alles bieten, was behinderte Menschen brauchen, aber eine echte Inklusion verhindern.

Das beschreibt auch die technische Mitarbeiterin an einer Gemeinschaftsschule und Autorin Patricia Netti in ihrem Buch *Ich mache mir einfach mehr Gedanken über die Gesellschaft als über mich.* Geschrieben hat sie es zusammen mit ihren Freund*innen, der Lehrerin Ines Boban und dem Erziehungswissenschaftler Andreas Hinz. Netti wurde 1987 mit dem Down-Syndrom geboren und ist in einer Zeit aufgewachsen, als die UN-Behindertenrechtskonvention noch lange nicht in Kraft getreten war und Eltern noch mehr als heute der Treiber für die Inklusion ihrer Kinder sein mussten. Die Einschulung war damals wie heute ein Schlüsseldatum, so auch in Nettis Leben. Die sich an zwei Lehrer einer Förderschule erinnert, die sie auf ihre Leistung testen wollten. Tests, bei denen sie nicht mitmachen will. Anschließend habe der Schulleiter ihrem Vater und der Mutter in ihrem Beisein aufgezählt, was Menschen wie sie alles nicht können. Dass man Netti nicht allein lassen dürfe, dass sie niemals lesen und schreiben lerne würde.

Netti beweist später das Gegenteil. Und ihr Vater lässt sich damals von den Äußerungen dieser Lehrer nicht beeinflussen. Seine Tochter wird nur ein Jahr auf diese Förderschule gehen, die Netti nie mochte. Auch später noch wird sie sich an die morgendlichen Bauchschmerzen erinnern. Ihre Eltern melden sie in der Schule in der Nachbarschaft an, auf die auch ihre Brüder gehen. Was der Moment gewesen sei, an dem ihr Vater

begriffen habe, in was für einem Land er lebe. Denn für ihn – aufgewachsen im italienischen Bari – sei es selbstverständlich gewesen, dass alle Kinder eines Stadtteils gemeinsam zur Schule gehen. »Integrazione. Tutti diversi – tutti uguali«, wird er im Buch zitiert. Also ein Zusammensein, das er als nichtbehinderter Schuljunge erlebt habe, als er mit einem Kind mit Down-Syndrom in die Klasse gegangen sei. Aber es nun bei seiner Tochter in Baden-Württemberg selbstverständlich scheint, sie mit dieser Diagnose auf eine Sonderschule zu schicken.

Über diese Einstellung berichten Eltern behinderter Kinder allerorts immer wieder. Von der schmerzlichen Erfahrung, dass insbesondere die Kinder mit Lernschwierigkeiten in Deutschland nicht in die gesellschaftlich normierte Vorstellung von Bildungsfähigkeit passen. Deshalb werden sie »abgeschult«, landen im untersten Glied des Schulsystems, wo sie entsprechend kategorisiert, zugeordnet und von den sogenannten Regelschüler*innen getrennt werden, wie diejenigen ohne Unterstützungsbedarf offiziell heißen. Wo sie im sonderpädagogischen Kontext in Förderschwerpunkten wie Lernen, emotionale und soziale Entwicklung, Sprachheilförderung, körperliche, motorische und geistige Entwicklung, Sehen und Hören eingeteilt werden. In manchen Bundesländern, wie beispielsweise Hamburg, gibt es noch weitere Förderschwerpunkte wie beispielsweise Autismus.

Nach der Definition der Kultusministerkonferenz von 1994 ist ein sonderpädagogischer Förderbedarf bei Kindern und Jugendlichen dann anzunehmen, wenn »sie in ihren Bildungs-, Entwicklungs- und Lernmöglichkeiten so beeinträchtigt sind, dass sie im Unterricht der allgemeinen Schule ohne sonderpädagogische Unterstützung nicht hinreichend gefördert werden können«. Aber was bedeutet diese tautologische Definition

konkret, aus der sich meistens keine validen, verlässlichen und objektiven Kriterien ableiten lassen?

Der Begriff Förderbedarf und die mit ihm verbundenen Verfahren, Praktiken und Implikationen wurden und werden aus unterschiedlichen Gründen darum schon lange kritisiert. 2011 wurde er um »Empfehlungen zu inklusiver Bildung« ergänzt, damit ein Kind mit Förderbedarf nicht automatisch an eine Förderschule verwiesen wird. Trotzdem bleibt der Weg in die Regelschule kompliziert, weil die diagnostischen Gutachten nicht bundeseinheitlich geregelt sind. Sie hängen von Förderpädagog*innen und den zuständigen Grund- und Förderschulen und deren Verfahren ab. Von ihnen wird der Bedarf eines Kindes festgelegt, was nicht immer funktioniert oder überhaupt sinnvoll ist. Weil es sowieso schwer ist, die einzelnen schulischen Entwicklungsstände von Kindern immer trennscharf zu unterscheiden. Zumal ja auch alle Kinder in der Schule gefördert werden.

Doch liegt das Problem auch darin, dass bei der Begutachtung eines Kindes nicht dessen Lernprozess im zeitlichen Verlauf im Vordergrund steht. Und es dazu oft schwerfällt, einen exakten Förderschwerpunkt bei einem Kind auszumachen. Weshalb Förderschulen auch Orte sind, an denen sich Schüler*innen mit unterschiedlichsten Beeinträchtigungen tummeln. Dazu kommt, dass das Testsystem oft willkürlich ist und Eltern einseitig beraten werden. Was Raum bietet, Kinder schneller abzustempeln oder falsche Förderschwerpunkte zu vergeben, wie Dorothea Terpitz, Vorsitzende der Beratungsstelle *Gemeinsam leben Hessen*, dem Hessischen Rundfunk erklärt. In einem Beitrag, in dem die Erziehungswissenschaftlerin Vera Moser die Testverfahren insgesamt kritisiert, weil sie inhaltlich zu weit weg vom Unterricht seien und Inklusion

als Individualrecht des Kindes dabei nicht als Aufgabe des Bildungssystems verstanden werde.

Es gibt demnach viele Gründe, die zu einem sogenannten Etiketten-Ressourcen-Dilemma führen, weil Kinder ohne eine konkrete Feststellung eines Förderbedarfs wiederum nicht unterstützt werden oder einen entsprechenden Nachteilsausgleich bekommen. Was ein weiteres Problem ist, weil dieser ein wesentlicher Bestandteil ist, den Kindern Bedingungen zu schaffen, unter denen ihre individuellen Kompetenzen gefördert und ihre Leistung auf faire Weise überhaupt mit anderen verglichen werden kann. Weil beispielsweise eine Leistung, die mit Maßnahmen eines Nachteilsausgleichs erbracht wurde, eine gleichwertige, zielgleiche Leistung eines Kindes ohne diesen Status darstellt.

Erinnern wir uns an dieser Stelle noch einmal an unsere eigene Kindheit: Wer waren wir im System? Wer ist gut durchgekommen oder hat wiederum die Schulzeit verdrängt, sich als erwachsener Mensch vielleicht von den Zwängen dieser Zeit sogar befreien müssen? Gab es in der eigenen Schulzeit Platz für unangepasstes Verhalten? Wer hat möglicherweise nicht ins vorgegebene Schema gepasst?

Die Künstlerin, Autorin und Poetin Stefanie-Lahya Aukongo erinnert sich im bereits erwähnten Ratgeber von Rebecca Maskos und Mareice Kaiser *Bist du behindert, oder was?*, dass es für sie als Kind keinen Raum für ihre Talente gegeben habe. Sie erzählt, wie sie, ein Schwarzes, traumatisiertes, kriegsgeflüchtetes Kind, zunächst kaum habe laufen und sprechen können und wie ihre Familie darum gekämpft habe, dass sie nicht in einer Förderschule beschult werde. Aukongo erinnert sich, wie isoliert und fordernd die Schulzeit als fast einziges behindertes Kind in einer nicht barrierefreien Einrichtung für sie gewesen

ist. Und wie sie erst nach einer Ausbildung zur Bürokauffrau gelernt habe, das Talent ihrer Kreativität auszuschöpfen und ihre Selbstbestärkung in der Kunst zu finden.

Auch Patricia Netti kann aufgrund des einen Jahres, das sie an der Förderschule verbracht hat, heute erahnen, was für ein Leben sie geführt hätte, wäre sie an dieser Schule geblieben. Ihre Ko-Autor*innen Boban und Hinz resümieren, dass ihre Sicht auf die Welt heute sicher eine andere wäre. Auch der Aktivist Raúl Krauthausen berichtet dahingehend von Momenten, die er gemeinsam mit nichtbehinderten Kindern vor über 30 Jahren an einer inklusiv ausgerichteten Schule erlebt hat. Wie es nur ein Zufall gewesen sei, dass sie sich im Einzugsgebiet seines Wohnortes befunden habe. Eine Vorreiterschule mit zwei Lehrkräften pro Klasse, aber baulich kaum barrierefrei, nur mit einen gemächlich vorankommenden Treppenlift ausgestattet, weshalb die Kinder ihn und seinen Rollstuhl manchmal die Treppe hochgetragen hätten. Dennoch habe er damals das Gefühl gehabt, dass seine Schule eine für alle gewesen sei. Über sie erzählt auch der Film *Kinder der Utopie*.

»Wenn Kinder entdecken dürfen, was sie können, dann werden Kinder«, schreibt der Bildungsexperte Sir Ken Robinsons und sieht diese Erkenntnis als Voraussetzung für ein zeitgemäßes Bildungssystem, in dem »Fehler« nicht stigmatisiert würden. Technokratische Lernziele hingegen oder der Zwang, Wissensinhalte fehlerfrei wiederzugeben, lässt jede Kreativität in einem Kind verkümmern. Dabei ist es gerade jene Kreativität, die ihnen hilft, ohne Angst vor dem Scheitern zu wachsen und selbstbewusst zu werden. Was erklärt, warum es vielen Kindern heute nicht gut geht in der Schule und eine zu frühe Selektion nach der Grundschule auch negative Folgen für sie haben kann. Viele Kinder schlössen die Schule nicht ab, und ihre Ta-

lente blieben unentdeckt, wie Gehirnforscher Hüther erklärt. Er beschreibt, wie viele Eltern angesichts der zunehmenden Leistungsanforderungen aus Angst, dass ihre Kinder diesen nicht genügen könnten, ungewollt zu ihren »Antreibern« werden. Aber: Angst essen Seele auf, und aus neurobiologischer Sicht ist das einzig wirksame Gegenmittel dazu Vertrauen. Vertrauen in die eigenen Fähigkeiten und damit auch in die der Kinder. Denen nahegebracht werden sollte, Vertrauen in das eigene Sein zu entwickeln und dass das, was man tut, auch Sinn machen und in einen größeren Kontext eingebettet sein sollte.

Schule könnte das alles vermitteln: ein Lernen mit Freude und ein Streben nach ebenjener Sinnhaftigkeit im Tun als wichtige Vertrauensressource, die uns nach Hüther verloren gegangen sei. Insbesondere das Vertrauen in die gegenseitige Unterstützung innerhalb einer sozialen Gemeinschaft. Und gleichzeitig gibt es sie auch oder noch, diese »anderen Orten«, die mit dem gängigen System der Segregation brechen. Die zeigen, dass es eine Rolle spielt, wenn man sich für Kinder einsetzt und sich für individuelle Wege starkmacht, wenn man an ihre Potenziale glaubt, fernab von gängigen Leistungsprinzipien, und stattdessen Bildung vom Menschen her denkt. Wenn es also nicht nur darum geht, dass alle mitspielen und dabei sind, sondern auch darum, die Spielregeln für alle zu ändern, damit etwas Neues und Gemeinsames entstehen kann.

Kulturwissenschaftler*in SchwarzRund und Künstler_ simo_ tier fordern dazu in ihrem Podcast *Rampe? Reicht!* die Zuhörenden auf, sich einen Kreis vorzustellen. Außerhalb dieses Kreises steht eine Person, die nicht in diesen Kreis reinpasst. Und Inklusion sagt: Alle im Kreis sind gleich oder ein bisschen unterschiedlich und sollten sich darum so verändern, dass die Person, die noch außerhalb des Kreises steht, auch

teilhaben kann. Aber da dieses Modell praktisch nicht umgesetzt und stattdessen immer wieder als gescheitert erklärt wird, drehen sie die Perspektive um und gehen davon aus, dass alle, auch diejenigen, die schon im Kreis sind, aufgrund der dort herrschenden Normen ein ziemlich »ungeiles Leben« führen. Woraus sie den Schluss ziehen, dass sich im besten Fall alle aus dem Kreis herausbewegen sollten, um etwas ganz anderes zu machen. Dieses Bild, etwas Neues, Gemeinsames zu tun, macht für mich den Bereich der Bildung zu einem zentralen Ort und Element dieser gesellschaftlichen Veränderung. Wir brauchen einen neuen Kreis für eine echte Inklusion, um den Kontakt für Kinder zu schaffen, den sie als Erwachsene nicht mehr verlieren, um zusammen zu sein.

Von der frühen Segregation

Die meisten Kinder sind fantastische, kritische Denker, bevor wir sie zum Schweigen bringen.

– bell hooks

Mein Mann und ich zählen zu Eltern mit hohen Bildungsabschlüssen. Also zu denen, die ihr Kind entsprechend besser fördern können, weil sie in der Sprache des Systems kommunizieren können. Wir sind Bildungsaufsteigende, die das Aufwachsen ihres Kindes betrachten und wissen, dass die Behauptung, Leistung sei der einzige Messwert von Talent, ein Mythos ist. Weil neben dem sozialen Status auch Zeit eine Rolle spielt und entsprechend sensibilisierte Lehrkräfte nötig sind, die ein Kind in seinen Begabungen erkennen.

Im Vergleich zu der Zeit meiner Großeltern in Deutschland ist Schule heute kein Ort des autoritären Drills mehr. Die Lehrinhalte haben sich verändert, aber immer noch bestimmen normierte Standards den Unterricht. Der australische Pädagoge für Disability Studies Roger Slee drückte seine Kritik an diesem System einmal mit dem Bild von Lehrkräften aus, die vor Tafeln stehen, während die Kinder sich in diversen Wäschekörben befinden. Nach Erziehungswissenschaftler Andreas Hinz verglich Slee damit das Denken über Kinder

mit dem über schmutzige Wäsche, für die es unterschiedliche Waschgänge gibt: 90 Grad für die, die nicht nur weiß, sondern auch rein wird. 60, 45 oder 30 Grad für die Wäsche, bei der vorsichtiger gewaschen werden und mancher Fleck als bleibend akzeptiert werden muss. Und dazu die aufwendige Handwäsche oder diejenige, die in die Reinigung gegeben wird.

Das Gymnasium stellt in diesem Bild einen Waschgang bei 90 Grad dar. Die erstrebenswerte Norm, bei der alles sauber wird. Es ist der Ort, wo die vermeintlich Begabtesten zusammenkommen und lernen, während die anderen Kinder schon ab der fünften Klasse auf alternative Schulen geschickt werden. Nachvollziehbar also, dass viele Eltern sich für ihr Kind eine Gymnasialbildung wünschen. Wer will schon, dass das eigene Kind später einmal ausgeschlossen wird und weniger Chancen im Leben hat?

Laut Chancenmonitor 2023 liegt die Wahrscheinlichkeit, ein Gymnasium zu besuchen, bei einem Kind mit einem alleinerziehenden Elternteil ohne Abitur aus dem untersten Einkommensviertel mit Migrationsgeschichte bei 21 Prozent. Und im Gegensatz dazu bei 80 Prozent, wenn beide, gemeinsam erziehende Elternteile Abitur haben, aus dem obersten Einkommensviertel stammen und keine Migrationsgeschichte haben. Generell bekommen Kinder aus einkommensschwachen Haushalten seltener eine Empfehlung fürs Gymnasium, weil die Latte für sie höher liegt. Sie müssen laut IGLU-Studie 2023 beispielsweise deutlich besser lesen können als Kinder von finanzstarken Eltern oder solchen mit Uniabschluss, weil Lehrkräfte sie unterbewusst falsch einschätzen. Talente von Kindern aus Akademikerhaushalten werden etwa aufgrund der eigenen akademischen Prägung vom Lehrpersonal eher erkannt. Und teilweise entscheiden sich Lehrkräfte auch bewusst

gegen eine Gymnasialempfehlung, weil sie befürchten, dass Heranwachsende aus ärmeren Haushalten auf einem Gymnasium schlechter klarkommen.

Das heißt: Wenn ein Kind sich im Hinblick auf die Leistungseinschätzung in einem Grenzbereich bewegt, können leistungsfremde Aspekte eine Rolle spielen, wie der Sozialwissenschaftler Aladin El-Mafaalani die Möglichkeiten der Ungleichbehandlung erklärt. Dazu kommt, dass sich wohlhabende Menschen auch dann oft für ein Gymnasium entscheiden, wenn ihr Kind nicht so leistungsstark ist. Weil dieses als Ort gilt, an dem Inklusion, Zuwanderung und Lehrer*innenmangel noch eine vergleichsweise kleine Rolle spielen. Ärmere Menschen schicken ihr Kind wiederum nicht selten entgegen einer Gymnasialempfehlung auf eine andere Schulform. Womit sich zeigt, dass hinter der Selektion mehr als die Frage nach Leistung und Ressourcen steckt. Aber was dagegen tun? Was wäre die Lösung? Das Gymnasium abschaffen?

Diese Forderung gilt politisch als Tabubruch, als realitätsfern, nicht mehrheitsfähig und für manche als typisch links. Zudem ist der Anteil der Gymnasiast*innen in Deutschland so hoch, dass die Politik es nicht wagt, sich beispielsweise für die Gesamtschule als Regelschule einzusetzen. Aber wie wäre es, diesen Gedanken einmal durchzuspielen und zu beweisen, dass es nicht nur in der Theorie gut wäre, Leistungsdruck und Elitenbildung zu verhindern? Genau das passiert nämlich in unserem segregierenden Schulsystem, das Kinder hierarchisch einordnet. Und privilegierte Kinder produziert, die später als Erwachsene in ihrer dadurch entstehenden privilegierten Bildungsoase diese Ordnung reproduzieren und sich bewusst oder gewollt von sozioökonomisch benachteiligten Familien abgrenzen. Dieser Effekt ist schädlich für den gesell-

schaftlichen Zusammenhalt und führt zum Gegenteil einer Gesellschaft der Gegenseitigkeit. Zumal wissenschaftliche Befunde zeigen, dass alle Kinder von einem gemeinsamen Lernen profitieren und die Lernerfolge Einzelner nicht darunter leiden. Verschiedene nationale wie internationale Studien und Bildungsexpert*innen weisen darauf hin, dass der Leistungsunterschied zwischen Kindern gut ausgebildeter Eltern und Kindern aus bildungsferneren Schichten in Ländern mit einem funktionierenden System frühkindlicher Bildung und einer später einsetzenden Selektion in unterschiedliche Schultypen deutlich geringer ist – ohne dass dort das Leistungsniveau niedriger wäre. Finnland beispielsweise galt dahingehend viele Jahre als Vorreiterland, weil es sich bereits in den 70er Jahren vom dreigliedrigen Schulsystem verabschiedet und trotzdem gut abgeschnitten hat. Zudem lässt sich auf wissenschaftlicher Basis zeigen, dass Schüler*innen ohne Förderbedarf keine schlechteren Schulleistungen zeigen, wenn sie inklusiv beschult werden – auch unter schwierigen Rahmenbedingungen, wie das Autor*innenkollektiv der Pädagogikprofessor*innen David Scheer, Menno Baumann, Conny Melzer und Markus Gebhardt erklärt.

»Ein Kind muss zur Schule passen, nicht umgekehrt«, schreibt Silke Fokken, Autorin des Buches *Krisenkinder. Wie die Pandemie Kinder und Jugendliche verändert hat und was sie jetzt brauchen.* Und diese Kritik macht nicht nur das Prozedere der Einsortierung von Kindern in Förderschwerpunkte als »Integrations-/Inklusionskinder« fragwürdig, sondern stellt die dabei verteilten Etiketten selbst infrage, weil damit Kinder für die Schule passend gemacht werden müssen, anstatt sie danach zu beurteilen, wie sie wirklich sind und was sie brauchen. Und das bedeutet nicht, dass wir nicht mehr herausfinden sollten,

inwiefern Kinder Unterstützung bedürfen, sondern dass bestimmte in den Schulgesetzen der Länder festgelegte Abläufe, standardisierte Test- und Beobachtungsverfahren und Aktendokumentation, die im Rahmen der sogenannten Leistungs- und Entwicklungsdiagnostik passieren, kritisch geprüft werden sollten. Weil sie weder auf jedes Kind passen noch zeitgemäß sind und sich Eltern darum auf viele Ärgernisse und Hürden im Einschulungsprozess einstellen müssen. Dazu kommt, dass das Schulsystem und die Frage von Inklusion in jedem Bundesland anders kompliziert geregelt, schwer zu durchschauen oder kaum zu verstehen ist.

Über all das haben mein Mann und ich viele Gespräche mit Expert*innen und anderen Eltern geführt. Wir haben kritisch die Etikettierung in den Förderbereichen Lernen, emotionale und soziale Entwicklung, Sprachheilförderung, körperliche, motorische und geistige Entwicklung, Sehen und Hören hinterfragt. Ich wollte vermeiden, dass mein Kind in einer Schublade landet, in die es nicht passt. Gleichzeitig steckten wir in dem Widerspruch fest, dass es Kategorien für behinderte Kinder braucht, damit es im System gut für sie weitergeht. Deshalb habe ich mich, lange bevor mein Kind schulpflichtig wurde, darauf vorbereitet, was strukturell auf uns zukommen wird. Ich habe auf meine Intuition gehört, als Menschen mein Kind nach Aktenlage einschätzen wollten, ohne es zu kennen. Und ich habe mich informiert, welches Verfahren für unser Kind am ehesten taugt, um mitentscheiden zu können, was begutachtet wird und wie. Zumal sich auch die Zuschreibungsmodi für Kinder immer wieder verändern.

So galt zum Beispiel der Förderschwerpunkt Lernen lange als gängiges Etikett für behinderte Kinder, obwohl dafür keine valide wissenschaftliche Definition zugrunde liegt. Vielmehr

weist er nach der Historikerin für Heil-, Sonder- und Schulpädagogik Dagmar Hänsel geschichtlich gesehen auf die pseudowissenschaftliche Konstruktion der »Hilfsschulbedürftigkeit« im Nationalsozialismus hin, die in der Nachkriegszeit an die gesellschaftlichen Verhältnisse angepasst und unter dem Förderschwerpunkt Lernen neu formuliert wurde. Aus dieser ungenauen Definition ergaben sich für Jahrzehnte große Ermessensspielräume bei der Einordnung von Kindern. Weshalb heute in vielen Bundesländern auf den Förderschwerpunkt Lernen verzichtet beziehungsweise dieser erst ab der dritten Klasse genutzt wird, wenn man das Lernpotenzial von Kindern eher einschätzen kann.

Doch was beim ersten Lesen dieser Entscheidung vielleicht vernünftig klingt, weil quasi mehr Kinder bis zur dritten Klasse wie alle anderen gelten, hat im System negative Folgen für manche von ihnen. Weil an den Feststellungsbescheid eines Förderbedarfs wie bereits erklärt Mittel und fachliche Ressourcen für ein Kind gekoppelt sind, die manchen Kindern nun fehlen. Was sich beispielsweise in Hessen zeigt, wo das Kultusministerium 2021 die Änderung beschlossen hat, dass ab Klasse eins (bis drei) in der Hauptsache nur mehrfach beeinträchtigte Kinder (also in mehreren Kategorien etikettierte) eine entsprechende Förderbedarfsfeststellung erhalten. Das stellt ein Problem für diejenigen dar, die zur Einschulung nur in einem der genannten Bereiche wie Sprache oder sozial emotionale Entwicklung unterstützt werden müssten. Wer also seinem Kind eine entsprechende Unterstützung wünscht (zumal wie bereits beschrieben nicht alle Kinder überhaupt eine feste Diagnose haben), braucht mehr als nur ein Etikett, was vor allem bei neurodiversen Kindern ein Problem darstellt. Es ist ein Dilemma, das nur eine gut ausgestattete Inklusion ausglei-

chen könnte, weil dadurch in einem Klassenraum alle Kinder von einem Mehr an Ressourcen, die zur Verfügung stehen, profitieren. Doch in der jetzigen Situation haben viele Kinder das Nachsehen.

Diese Situation erklärt, warum es für viele Eltern eine absurde Situation ist, sein Kind derart kategorisieren zu müssen. Auf eine Weise, die vielen nicht passt, weil sie wissen, dass ihr Kind von Geburt an seinen Weg auf die eigene Weise gegangen ist. Auch mir ist bewusst, dass unser Kind diesen Weg bisher nur deshalb so gut gehen konnte, weil es sich frei entfalten durfte. Darum war und ist es unser größter Wunsch, Orte für unser Kind zu finden, wo das möglich ist. Damit sind wir nicht allein. Es gibt viele Eltern, die sich das Gleiche wünschen, aber nicht immer ausreichend Ressourcen, die Zeit oder das Geld haben, um sich dafür einzusetzen oder zu kämpfen. Wieder andere Eltern wissen gar nicht, was die Kategorisierung ihres Kindes überhaupt für Folgen haben kann. Weil das Problem ja nicht darin liegt, dass die Kinder Unterstützung brauchen, sondern unter welchen Bedingungen sie diese bekommen, an welche Einstufung sie geknüpft sind und wie das unter Umständen einen negativen Einfluss auf ihren zukünftigen Weg nimmt.

So zog beispielsweise 2018 der Fall des Schülers Nenad M. mediale Aufmerksamkeit auf sich, dessen Eltern aus Serbien stammen und der im Alter von acht Jahren nach nur fünf Monaten in der Schule begutachtet und auf eine Förderschule verwiesen wurde. Dort wurde er elf Jahre bis zu seinem 18. Lebensjahr im Förderbereich geistige Entwicklung eingestuft und konnte erst durch die Unterstützung des Kölner Elternvereins mittendrin nachweisen, dass er entgegen seinem Potenzial und Willen eine Förderschule besuchen musste. Und

weil dieser Fehler eigentlich bei der Überprüfung seines Förderbedarfs in Bayern hätte auffallen müssen, aber stattdessen weitere Jahre fortgeschrieben wurde, stellte das Gericht nach seiner Klage eine Amtspflichtverletzung fest und gab Nenad M. recht. Die Begründung: »fehlerhafte Beschulung«, weil ihm die Chancen auf eine frühzeitige Ausbildung und Verdienstmöglichkeit verbaut worden seien.

Damit gab Nenad M. dem Fehler im System ein Gesicht. Der *Süddeutschen Zeitung* erklärte er damals: »Auf meiner Schule waren viele nur, weil sie sich vorher auf ihrer Regelschule nicht benommen haben. Weil sie aggressiv waren, hat man sie einfach in die geistige Entwicklungsschule gesteckt.« Auch ich erinnere mich an den Besuch einer Förderschule mit dem Schwerpunkt Lernen im Rahmen meiner Schulrecherche in Frankfurt am Main. Die Schüler*innenschaft auf dem Hof bestand zu einem großen Anteil aus migrantisierten Schüler*innen. Eingeprägt hat sich mir das Gespräch mit der Direktorin, die mir zwischen den Zeilen erklärte, inwiefern ihre Schule auch als Aufbewahrungsanstalt für (bildungs-) benachteiligte und migrantisierte Schüler*innen verstanden werden könne, die oft an Förderschulen verwiesen werden. Was auch eine Studie zur Umsetzung der schulischen Inklusion von 2021 auf Basis der Mikrozensusdaten für die Jahre nach der Ratifizierung der UN-Behindertenrechtskonvention 2009 belegt. Sie zeigt, dass Kinder von Eltern mit niedrigen Bildungsabschlüssen ein 6,6-mal so hohe Wahrscheinlichkeit haben, eine Förderschule zu besuchen, wie Kinder von Eltern mit hohen Bildungsabschlüssen.

Es gibt noch weitere Erhebungen, die einen sozial selektierenden Besuch der Förderschule belegen, also dass an der Kritik einer sogenannten Schule für Arme auch die Ratifizierung

der Behindertenrechtskonvention wenig geändert hat. Vielmehr wird durch die Erhebungen deutlich, wie Bildungsbenachteiligung noch verstärkt wird und wie aus intersektionaler Betrachtung viele Menschen aufgrund ihrer mehrdimensionalen Biografien systemisch ausgeschlossen werden. So wie es das Beispiel von Nenad zeigt, dessen Fall auf unterschiedlichen Ebenen mit institutioneller Bildungsdiskriminierung zu tun hat, für die es ein intersektionales Verständnis braucht. Weil auch der Faktor »Mehrsprachigkeit« bei der Begutachtung von Kindern eine Rolle spielt, bei der die verbreitete Annahme herrscht, dass fehlende Deutschkenntnisse auch Ausdruck fehlender kognitiver Leistung seien. So wurde auch Nenad M. nach nur kurzer Zeit im deutschen Schulsystem begutachtet und entsprechend »abgeschult«. Was die Rechtsanwältin Sibylle Schwarz in einer Sichtung der Gerichtsentscheidung rekonstruierte. Darin erklärt sie, dass sich dem Begutachtungsverfahren nicht entnehmen ließe, ob Nenad M. während seiner Beschulung jemals von anderen Personen außer der einen Förderschullehrkraft begutachtet worden sei. Weshalb davon auszugehen ist, dass eine einzelne Person über Nenad M.s Schicksal entschieden hatte, als er gerade einmal acht Jahre alt war.

Wie können wir es schaffen, dass Schule das ausgleicht, was durch ein strukturell ungerechtes System verursacht wird und in vielen Familien nicht aufgefangen werden kann?, fragt El-Mafaalani. Weil es ihm konkret darum geht, dass auch für Kinder aus ökonomisch benachteiligten Familien, in denen sich die Eltern oft nicht gut gegen die Schulüberweisungen zur Wehr setzen können oder an Orten leben, wo inklusive Schulplätze fehlen, Lösungen gefunden werden müssen. Deshalb zeigt der Fall von Nenad M. auch nicht nur auf skanda-

löse Weise das Versagen einer Förderschule, sondern offenbart zudem die Schwächen des amtlichen Etikettierens, also wie die schulische Feststellungspraxis das gesamte Leben eines Menschen prägen kann.

Schule ist machtvoll. Eine Macht, die zunächst weder positiv noch negativ besetzt, sondern schlicht präsent ist. Aber marginalisierte Kinder sind dabei dem besonderen Risiko ausgesetzt, in ihren Positionen nicht wahrgenommen zu werden. Auch der Kinderrechteausschuss kritisiert die trotz aller Bemühungen in der Schule vorhandenen Missstände wie Hierarchien, Diskriminierungen oder das Missachten von Bedürfnissen beziehungsweise der Individualität der Kinder. Zeitgleich werden Teilhabe und weitere damit zusammenhängende Prozesse im aktuellen Bildungsdiskurs schon lange als wesentlich erachtet und diskutiert, weil es auch schulpolitisch viele Konflikte gibt, die auf dem Rücken der Kinder ausgefochten werden. Und es, was den Bereich der Inklusion an Regelschulen und das gleichzeitige Bestehen von Förderschulen angeht, auch Interessenkonflikte gibt. Weil Letztere beispielsweise im Bereich geistige Entwicklung ihre »starken« Schüler*innen oft nicht gerne verlieren wollen und eine Regelschule sich wiederum »pflegeleichte Förderfälle« wünscht, wie der Lehrer und Autor des Buchs *Inklusion: Ganz oder gar nicht*, Tillmann Nöldeke, erklärt.

Er ist nicht allein mit seiner Kritik daran, dass Kinder an Förderschulen ohne qualifizierende Abschlüsse im Laufe ihrer Schullaufbahn nicht einfach in die Regelschule wechseln können. Und dazu kommt, dass über Jahre das Problem einer sogenannten Etikettierungsschwemme hinzukam. Es ist ein Schlagwort, das erklären soll, wie auf politischer Ebene die Inklusion an Regelschulen als erfolgreich erklärt wird, aber eigentlich eine Mogelpackung ist. Weil Schüler*innen mit Förderbedarf

dort zwar zahlentechnisch häufiger aufgenommen wurden, was die staatliche Inklusionsquote steigert, aber ihr Anteil an den Förderschulen nicht im selben Maß abgenommen hat. Grund dafür ist, dass viele behinderte Kinder weiterhin im Regelsystem keinen Platz finden und dass die Kinder mit Förderbedarf, die sogenannten Inklusionskinder, an den Regelschulen heute diejenigen sind, die früher als leistungsschwächer mitliefen.

Auf diese Weise ließen sich über Jahre die staatlichen Ziele der Inklusion erfüllen, obwohl zwischen 2009 und 2021 die Zahl der Kinder an Förderschulen, also die Exklusionsquote, gerade mal um etwa 55 000 Kinder und damit nur um 0,5 Prozent abgenommen hat. Nach 2021 stieg die Zahl der Kinder an Förderschulen sogar wieder an. Das erklärt die paradoxe Situation, dass mit einem angeblichen Erfolg der Inklusion der Ausschluss von behinderten Kindern weiterhin stattfand und der von der UN-Konvention vorgeschriebene Rückbau des Förderschulsystems nicht erfolgt ist.

Als Legitimation dieses Status quo wird dabei auf das sogenannte Elternwahlrecht verwiesen, also dass Eltern sich die Schule für ihr behindertes Kind angeblich aussuchen könnten. Das allerdings ist ein Recht, das bewusst nicht in die Behindertenrechtskonvention aufgenommen wurde, um ein Fortbestehen von Sonderstrukturen nicht zu begünstigen. Denn genau das passiert, wie bereits 2021 eine Studie zur Umsetzung schulischer Inklusion festgestellt hat und ein aktuelles Beispiel aus Frankfurt am Main zeigt, wo sich aufgrund der schlechten Inklusionsbedingungen viele Eltern von Erstklässler*innen mit Kindern aus dem Förderbereich geistige Entwicklung (GE) gegen die vermeintliche »Inklusion« und für die Förderschule entschieden haben. Der dortige Rücklauf ist dieses Jahr aber so hoch, dass knapp 50 Eltern nicht einmal dort einen Platz

finden konnten und nun auf andere Schulen verteilt werden sollen.

Es ist eine paradoxe wie traurige Situation. Sie zeigt, wie sehr es an Vorkehrungen für ein barrierefreies und inklusives Lernumfeld mangelt und dass die Devise für behinderte Kinder an Regelschulen über Jahre war: Sei dabei, aber erwarte nicht viel. Zudem zählt die Praxis von Do-it-yourself in Zeiten von Lernlücken, Lehrkräftemangel und Sanierungsstau inzwischen zum Standardrepertoire. Weshalb insbesondere Eltern behinderter Kinder ihr Elternwahlrecht quasi nicht nutzen können, es vielmehr ein Trug ist.

Mehr Inklusion auf dem Papier bedeutet also nicht weniger Exklusion in der Realität, und Tatsache ist: Für viele behinderte Kinder ist die Situation heute schlechter als zuvor. Das sind die Erfahrungen, die Eltern behinderter Kinder machen, die, wie das Frankfurter Beispiel zeigt, keine passende inklusive Schule finden und auch darum ins Fördersystem wollen, weil sie glauben, dass es ihrem Kind dort besser geht. Oder weil sie dorthin zurückgedrängt wurden, auch wenn sie sich etwas anderes gewünscht haben. Das aber führt absurderweise viele zum Schluss, dass es die Förderschule weiterhin braucht. Oder befördert sogar den Ruf nach einer neuen Förderschule wie in Frankfurt, statt eine tiefgreifende Diskussion darüber zu führen, warum eine Inklusion an den Schulen nicht wirklich umgesetzt wird beziehungsweise für alle Kinder funktioniert. Was im Ergebnis die bereits erwähnte Studie zur Umsetzung schulischer Inklusion von 2021 zeigt. Nämlich, dass ein Abbau des Förderschulsystems in vielen Bundesländern gar nicht das Ziel ist, sondern in manchen Bundesländern die Reformschritte sogar bewusst rückgängig gemacht wurden.

Drei Bundesländer hatten dabei den Anstieg der bundes-

weiten Exklusionsquote explizit mit zu verantworten: Bayern, Baden-Württemberg und Rheinland-Pfalz. Weil es dort, wo noch stärker auf das gegliederte Schulsystem gesetzt wird, laut Studie die Inklusion am schwersten hat. Es ist also die starre Schulstruktur, durch die motivierte, inklusionsorientierte Lehrkräfte schnell an ihre Grenzen stoßen, wenn sie Inklusion gegen die institutionellen Logiken des Systems umsetzen wollen. Was bei allen Beteiligten zu Frustration führt, die teilweise zu Unrecht dem Konzept der Inklusion angelastet werden.

Fazit: Im deutschen Schulsystem ist einfach vieles schwer zu verstehen. Aber es müsste von Eltern durchdrungen werden, um bei dieser großen Entscheidung für ihr Kind entsprechend intervenieren zu können. Zudem müssten die Fallstricke des Elternwahlrechts durchschaut werden. Weil die Wahl zu haben voraussetzt, dass es eine gleichwertige Ausstattung an der allgemeinen (Regel-)Schule mit einer Inklusion in »hochwertiger Form« im Vergleich zur Förderschule gibt. Dem aber ist nicht so. Darum habe ich bei vielen Eltern miterlebt, dass sie keine geeignete Schule gefunden haben und ihnen am Ende für ihr Kind nur die Förderschule blieb, obwohl sie es anders wollten. Wir selbst haben bis zum Ende gezittert, ob sich unser Wunsch nach einem Platz auf einer Schule mit einer funktionierenden Inklusion erfüllt. Es ist eine Privatschule. Diese Erfahrung hat mir gezeigt, dass der Glaube, frei wählen zu können, ein Grund dafür ist, warum der Widerstand gegen den Erhalt von Regel- und Förderschule öffentlich so gering ist. Denn bis die Eltern das Problem erfasst haben, ist es oft schon zu spät. Auf diese Weise hält das Elternwahlrecht das System der Förderschule indirekt mit aufrecht. Was noch gestützt wird, wenn Eltern mit einer expliziten Empfehlung für die Förderschule aus einem Feststellungsverfahren mit ihren Kindern gehen. Damit wird

das Recht auf inklusive Bildung geradezu konterkariert, weil die Eltern unmittelbar beeinflusst werden. Auch das kritisiert die bereits erwähnte Studie, die moniert, dass meistens Förderschulen für die Diagnostik verantwortlich sind und darum unter Verdacht stehen, in Teilen von Systeminteressen beeinflusst zu sein. Weil im Vergleich jene Länder, die ihre sonderpädagogische Diagnostik von unabhängigen Organisationen vornehmen lassen, sinkende Exklusionsquoten aufweisen.

Was also sollen Eltern tun? Wie wählen sie aus? Was passiert, wenn sie selbst glauben, dass der separierte Schutzraum der Förderschule besser für ihr Kind ist? Wenn sie den Mangel im regulären System erkennen oder wie dargelegt einfach keine andere Wahl haben, weil die laut Wohnort zuständige Grundschule weder inklusiv noch barrierefrei ist und dazu die entsprechende offene Haltung dafür fehlt, was das direkte Aus für ihr Kind bedeuten würde. Denn ja, auch das gibt es. Regelschulen, die behinderte Kinder einfach nicht aufnehmen wollen, auch wenn sie gesetzlich dazu verpflichtet sind. Schulen, die Wege finden, möglichst unattraktiv für behinderte Kinder und ihre Eltern zu sein. Auch deshalb haben Eltern so oft keine Wahl. Besonders, wenn sie sich für ihr Kind einen Ort wünschen, an dem es wirklich willkommen ist.

Deutschland hat ein schlechtes Zeugnis

Für Optimismus gibt es keinen überzeugenden Grund.
Aber Pessimismus können wir uns nicht leisten.

– Aladin El-Mafaalani

Unser Bildungssystem funktioniert schlecht. So schlecht, dass selbst der für seine positive Ansprache bekannte Soziologe Aladin El-Mafaalani, wenn es um das Thema Bildungsgerechtigkeit geht, nur noch wenig hoffnungsvolle Worte findet. Deutschland ist zu spät dran mit einer Bildungsoffensive, und schon jetzt zeigt sich, dass bestimmte Defizite nicht mehr aufgefangen werden können. Und gesellschaftlich wurde stillschweigend akzeptiert, dass immer mehr Kinder nicht »mitgenommen werden«. Wie das Beispiel Dortmund zeigt, wo 2023 knapp 400 Schulplätze fehlten und Kinder unbeschult blieben, besonders diejenigen aus sozial benachteiligten Stadtteilen.

Dazu kommt der Fachkräftemangel in allen pädagogischen Berufsfeldern. Und der fehlende Ausbau eines Ganztagsangebots an Grundschulen mit zielgerichteten, flächendeckenden Förderkonzepten. Laut El-Mafaalani gibt es kein gutes weiterführendes Schulsystem, weshalb bei allen Indikatoren, die darauf hindeuten, wie die Zukunftsperspektive junger Menschen aussieht, die Kurve steil nach unten geht. Hinzu

kommen die Folgen der Coronapandemie, die so viele Kinder zusätzlich abgehängt hat. Darunter zahlreiche behinderte und chronisch kranke Kinder, weil sie ein erhöhtes Risiko für einen schweren Verlauf bei einer Infektion trugen. Ihre Bildung wurde ausgesetzt. Sie lebten isoliert, ganze Familien wurden zu sogenannten Schattenfamilien und wenig mitgedacht, als es um politische Fragen von Betreuung oder Beschulung ging. Und je ärmer und je bildungsferner die Familien waren, desto massiver waren die Auswirkungen. Der Entwicklungspsychologe Klaus Sarimski glaubt, dass viele Familien in dieser Zeit an die Anfangsphase des Lebens mit ihren behinderten Kindern erinnert wurden, in der die Sorge vor einer gesellschaftlichen Ablehnung oft groß ist. Dieses Gefühl, alleingelassen zu werden und auf sich gestellt zu sein, stellte sich in der Pandemie für viele Menschen (wieder) ein. Es war der Beginn rauer Zeiten für viele behinderte Menschen, um deren Bedürfnisse sich schon zuvor wenig gekümmert worden war.

Die fehlende Fürsorge für unsere Kinder betrifft uns alle, und wir müssen uns auf die negativen Folgen, die sich jetzt schon bemerkbar machen, einstellen, wenn wir nicht noch mehr von ihnen in unserem jetzigen System verlieren wollen. Darum ist das marode Bildungssystem für El-Mafaalani auch das größte innenpolitische Problem Deutschlands. Weil wir im Krisenmodus bleiben werden, wie er für das kommende Jahrzehnt prognostiziert. Immer deutlichere Worte findet er dafür, dass sich die Bildungsungerechtigkeit und damit soziale Ungleichheit in den kommenden Jahren noch verschlimmern werden. Auch von den Vereinten Nationen wurde Deutschland 2023 ein schlechtes Zeugnis ausgestellt. Die Staatenprüfung zog eine Rüge nach sich, weil die UN-Behindertenrechtskonvention in Schulen nicht den menschenrechtlichen Vorgaben entspre-

chend umgesetzt wird. Oder anders gesagt: Das Konzept einer inklusiven Schule wurde gar nicht erst abschließend entwickelt, wie die deutsche Monitoring-Stelle UN-BRK kritisiert.

Der in englischer Sprache erschienene Abschlussbericht hat es in sich. Auf den 16 Seiten findet sich eine lange Mängelliste sowie die Forderung, dass eine wirksame Steuerung auf Ebene der Länder und Kommunen umgesetzt werden muss. Gefordert wird ein umfassender Gesamtplan für den schnelleren Übergang des Förderschulsystems zu einem inklusiven Schulsystem, der schon längst hätte passiert sein sollen. Kritisiert wird, dass es an Weiterbildungsmöglichkeiten für Lehrkräfte mangelt und pädagogisches Personal für eine inklusive Bildung und Bewusstseinsbildung gegen falsche Vorstellungen von Inklusion fehlt. Außerdem brauche es eine bessere Datenbasis zur Inklusionsentwicklung, was insbesondere für die Gruppe der Kinder mit Fluchterfahrung gilt. Und insgesamt wird im Abschlussbericht immer wieder der Grundsatz betont, behinderte Menschen und ihre Selbstorganisationen in die Entscheidungen mit einzubinden, damit eine Veränderung überhaupt gelingen kann.

Es ist die alte Leier, auch nach der zweiten Staatenprüfung Deutschlands, die seit 2018 lief und deren Abschlussbericht im vergangenen Jahr öffentlich wenig Beachtung fand. Grund dafür ist sicher auch, dass die Pressemitteilung des Bundesministeriums für Arbeit und Soziales gegenteilig klingt. Darin liest sich die Rüge schon fast wie eine positive Botschaft: »Deutschland ist auf einem guten Weg« und habe schon viele Schritte hin zu einer inklusiven Gesellschaft gemacht. Sogar von einer »Vorreiterrolle bei Menschenrechten und Diversität« ist die Rede. Und eine solche Einschätzung ist wirklich erstaunlich, zumal es im UN-Bericht auch in anderen Fällen, besonders mit

Blick auf die Sondereinrichtungen in den Bereichen Wohnen und Arbeit, schlechte Noten gab. Alles Themen, die öffentlich und medial viel zu wenig hinterfragt werden.

Vor 15 Jahren wurde die UN-Behindertenrechtskonvention von Deutschland gezeichnet, und die Diskussion um inklusive Bildung ist hierzulande nahezu völlig abgeebbt. Kaum noch Veranstaltungen. Das Thema ist »durch« und wurde von anderen Themen unserer krisenreichen Zeit verdrängt. Mal ehrlich: Wer interessiert sich für Inklusion? Die schulpolitisch sowieso als heißes Eisen gilt, besonders im Wahlkampf. Dann wird gerne beteuert, mehr für die Bildung der Kinder tun zu wollen. Gleiche Bildungschancen für alle: Juhu! Dabei berührt die Inklusion unweigerlich einen Kernkonflikt der deutschen Schulpolitik. Schließlich ist sie nicht ohne Einsatz umsetzbar, sondern erfordert gemeinsame Arbeit und noch zu schaffende Voraussetzungen. Und weil die Auflagen dafür nicht erfüllt wurden, hat Deutschland auch ein schlechtes Zeugnis bekommen. Was zu erwarten war, weil die Inklusionsentwicklung der Länder und Kommunen zeigt, dass es auch kein gemeinsames Verständnis dafür gibt: keine Zielvorgaben, Grenzwerte oder Leitplanken für eine Weiterentwicklung von Inklusion. Stattdessen haben die einzelnen Länder seit 2009 ganz unterschiedlich auf die Umsetzung der Konvention reagiert. Es herrscht Ratlosigkeit in einem überforderten Schulwesen. Und es gibt in Deutschland keinen einheitlichen Weg. Ich kenne Familien, die darum ihr Zuhause verlassen haben und in andere Bundesländer oder Städte gezogen sind, weil dort die Schulen besser auf den Bedarf des eigenen Kindes ausgerichtet waren. Eltern müssen also selbst die Lage prüfen und versuchen, die Versorgungslücken zu schließen. Das erklärt, warum ein Abschaffen von Förderschulen oder des gegliederten Schulsystems

gar nicht in Erwägung gezogen wird. Zumal es so viele Regelschulen gibt, die nicht darauf eingestellt sind, Schüler*innen kompensatorisch zu fördern, selbst dann, wenn sie mit einem inklusiven Unterricht werben. Darum wird auch von »Pseudo-Inklusion« und »Zweckentfremdung der Behindertenrechtskonvention« gesprochen, wie Hans Wocken erklärt. Weil im vergangenen Jahrzehnt nicht viel mehr als eine Schmalspur-Inklusion passiert ist und in den Ländern, aber auch bundespolitisch viel Zeit verspielt wurde, um die gesamtgesellschaftlichen Kosten eines defizitären Systems zu minimieren, in dem für Kinder das soziale Leben in unserer Gesellschaft maßgeblich geprägt wird. Es ist ein Scheitern mit Ansage, während die Kultusministerkonferenz keinerlei Handlungsbedarf sieht, sondern sich im Gegenteil daran erfreut, dass wie bereits erwähnt die Zahl der Inklusionsquote an Regelschulen steige, wie unter anderem auch eine Recherche der ARD-Sendung *Monitor* zeigt.

Halten wir also fest: Die Inklusion ist nicht gescheitert. Sie wurde nicht flächendeckend umgesetzt. Darum ist die Frage auch nicht, ob sie funktioniert, sondern warum das nicht passiert ist. Ein Grund dafür ist, dass sie in der Umsetzung in Deutschland fälschlicherweise als Integration interpretiert wird, was begrifflich auch in der deutschen Übersetzung der Behindertenrechtskonvention festgeschrieben wurde, die Deutschland, Liechtenstein, Österreich und die Schweiz fast ohne Beteiligung behinderter Menschen und ihrer Verbände abgestimmt hatten. Und weil alle Bemühungen von kritischer Seite gescheitert waren, die konzeptuellen Fehler in der Übersetzung zu korrigieren, wurde eine »Schattenübersetzung« verfasst, die der englischen Ursprungsfassung inhaltlich entsprechen sollte, wie der Menschenrechtsverein Netzwerk Artikel 3

erklärt. Darin sind die Änderungsvorschläge für die deutsche Übersetzung kenntlich gemacht und als falsch erachtete Teile durchgestrichen. Der Vergleich zeigt, dass es dabei nicht um inhaltliche Wortklauberei geht, sondern insbesondere im Fall von Integration und Inklusion ein grundlegendes Missverständnis gibt. Weil sich in einem integrativen Schulkonzept behinderte Kinder anpassen, während Inklusion ein System schaffen will, in dem alle gleichberechtigt teilhaben können. Erinnert sei an das Bild vom Kreis, in dem alle stattfinden sollten.

So plant, wer inklusiv denkt, ohne den Gedanken von Mehr- und Minderheiten, und Unterschiede sind vielmehr Teil des Selbstverständnisses. Das heißt, niemand muss sich anpassen, niemand wird ausgeschlossen oder diskriminiert. »Differenz ist die Norm«, schreibt Rebecca Maskos. Dann erst geht es darum, was ein Kind braucht, und darum Wege zu finden, damit diese Bedarfe erfüllt werden. (Bildungs-)politisch wurde dieser Weg aber noch nicht gegangen. Stattdessen wurde eine Worthülse quasi durch eine andere ersetzt und »integrative Maßnahmen« zu »inklusiven Maßnahmen« umgedeutet. Diese Umdeutung bezeichnet die Journalistin Hannah Wahl als einen Sabotageakt, weil dadurch Veränderungen blockiert würden und die wichtige Frage »Wie schaffen wir Inklusion und eine gerechte Gesellschaft für alle?« durch die falsche Frage »Wie viel Inklusion müssen wir leisten?« ersetzt wurde.

Darum fordert Wahl auch eine »radikale Inklusion«, die dafür einsteht, allen Menschen die gleichen Chancen und ein selbstbestimmtes Leben zuteilwerden zu lassen – unabhängig von ihrer Behinderung, ihrer Migrationsgeschichte, Klassenherkunft, ihrem Geschlecht, ihrer sexuellen Orientierung, ihrer Religion oder ihrem Glauben. Radikale Inklusion bedeu-

tet für sie, das Patriarchat zu bekämpfen, wie auch die ökonomische Ausbeutung, Altersdiskriminierung und den Erhalt von Parallelwelten. Damit eröffnet Wahl einen politischen Diskurs, der intersektionale Perspektiven miteinbezieht. Weil Inklusion und ein Fairnessgedanke darin untrennbar miteinander verbunden sind und gerechte und transparente Umverteilung die Grundlage eines gesellschaftlichen Wandels sind. Wer dafür bezahlt, kann nach Wahl nur mit der Forderung hinsichtlich einer anderen Ungerechtigkeit beantwortet werden. Nämlich die nach einer gerechteren Vermögensverteilung zwischen armen und reichen Menschen.

Für diesen Weg braucht es neue gesellschaftliche Denkmuster, ein kritisches Ich, aber vor allem politische und bürokratische Strukturen. Denn es geht nicht nur darum, Menschen gleich behandeln zu wollen. Das ist zu wenig nach Jahrzehnten, in denen staatliche Leuchtturmschulen und engagierte Lehrkräfte mit ihren persönlichen Mitteln an inklusiven Strukturen gebaut oder Menschen mit privaten Schulen versucht haben, den Mangel aufzufangen. Deren integrative, später inklusive Pädagogik und Bildung von engagierten Eltern seit den 80er Jahren erkämpft und von einer Pioniergeneration von Lehrkräften mit großem persönlichem Einsatz verwirklicht wurde. Betrachtet man heute viele dieser privaten Schulen der ersten Stunde privilegienkritisch, dann kann man nämlich feststellen, dass sie oft von einem hohen Anteil von Kindern aus bürgerlichen oder bildungsnahen Schichten oder Bildungsaufsteiger*innen-Familien besucht werden. Und auf eine dieser Schule geht auch mein Kind. Ich bin dankbar dafür, dass es so ist und wir einen der wenigen Plätze dort bekommen haben. Zugleich macht es mich nachdenklich, weil es mir unser Privileg immer wieder vor Augen führt.

Bildung anders denken

Uns zu vergegenwärtigen,
wie unwahrscheinlich eine selbstverständliche Inklusion
von behinderten Menschen ist,
hilft,
das Ausmaß der notwendigen Anstrengungen zu ermessen
und mit ständigen Rückschlägen zu rechnen.

– Rolf Haubl

Wir brauchen jetzt einen nächsten Schritt, eine nächste Phase. Nach der Analyse, wo es hakt, braucht es konstruktive Ansätze. Einen Plan für die Reform eines Bildungssystems, der solide gemacht ist und bescheiden genug bleibt, um auch wirklich erfüllt werden zu können. Denn ja, wir sollten realistisch und müssen pragmatisch sein. Ein erster Schritt wäre, wieder häufiger öffentlich über Inklusion zu sprechen und sich dafür einzusetzen, dass Orte Kindern signalisieren: So wie du bist, bist du richtig und hier erwünscht. Wir sollten darüber sprechen, wie wir den Abbau und das Abschaffen von Förderschulen organisieren können, und nicht, wie wir sie weiter ausbauen und damit eine Vergoldung der Käfige befördern, die sie darstellen.

Damit sich ein inklusives Lernen als Standard durchsetzt, müssen sich mehr Menschen dafür begeistern – vor allem die-

jenigen, die bildungspolitisch das Sagen haben. Dazu braucht es intensivere Beziehungen, mehr Vorstellungskraft, pädagogische Freiheit und gelungene Vorbilder, denen nicht nur Schulen, sondern auch wir als Gesellschaft nacheifern wollen. Und es gibt die gelingenden Beispiele, die uns zeigen, dass es dazu zwar einen langen Atem braucht, aber dadurch gesellschaftlicher Zusammenhalt gefördert wird. Umso größer ist der Appell, diesen Weg jetzt endlich anzugehen.

Nehmen wir die Beispiele Norwegen, Kanada oder Italien. In Italien wurde 1977 im Zuge einer progressiven Bildungsreform nahezu sämtliche Sonderschulen und Sonderklassen – bis auf Einrichtungen für blinde und Taube Menschen – abgeschafft. Heute werden dort über 99 Prozent der italienischen Kinder gemeinsam beschult. Ein jahrzehntelanges Learning by Doing bedeutete, auszuloten, zu erproben und anzupassen. Das ist in Deutschland nicht passiert. Und wenngleich es auch in Italien Probleme in den inklusiven Strukturen gibt, weil auch dort beispielsweise Fachkräfte fehlen, hat dieser Standard doch etwas am Umgang miteinander in der italienischen Gesellschaft verändert. Weil so viele Schüler*innen ein Zusammensein erlebt haben.

Auch in Deutschland gibt es Schulen, die Inklusion umsetzen. Es sind Orte, die Kinder gerne besuchen und um die sie trauern, wenn sie sie verlassen. Als positives staatliches Vorreiterland in Deutschland galt nach 2009 beispielsweise Schleswig-Holstein, weil dort früh in der Öffentlichkeit und bei der Ausbildung zu pädagogischen Berufen Akzeptanz für die Idee der Inklusion geschaffen wurde. Entsprechende Inhalte, die für den inklusiven Unterricht qualifizieren, wurden in die Lehrkräfteausbildung aufgenommen. Es gab eine Beratungsstelle für Schulen, Eltern und Lehrende, während die

neu etablierte Form der Gemeinschaftsschule die Umsetzung der Inklusion erleichterte, auf Leistungsauslese verzichtete und die Unterschiede von Lerngruppen anerkannt wurden. Zudem konnten Widerstände innerhalb schulpolitischer Interessen minimiert werden, weil durch veränderte Rahmenbedingungen keine Förderschullehrkraft berufliche Nachteile befürchten musste. Was zum Beispiel die Arbeitsbedingungen in kleineren Klassen, Bezahlung auf dem Niveau von Gymnasiallehrkräften oder die Verantwortung betraf, den Förderbedarf eines Kindes zu bewerten und dafür die Expertise zugesprochen zu bekommen. Außerdem wurden Ideen entwickelt, wie die Kosten der Inklusion begrenzt bleiben können. Denn Ziel war, die sonderpädagogische Förderung schrittweise, aber vollständig in die Regelschulen zu überführen, anstatt dauerhaft zwei parallele Systeme zu finanzieren, was teuer ist. Weil es bildungsökonomisch wenig Sinn macht, das Geld nach dem Gießkannenprinzip an Schulen zu verteilen, sondern es günstiger ist, das Bildungssystem explizit auf Inklusion hin zu fördern, um Chancengleichheit herzustellen. Und angesichts des Lehrkräftemangels ist es sowieso verantwortungslos, an einem Verfahren festzuhalten, das dringend benötigte Lehrkräfte an ein ineffizientes Förderschulsystem bindet. Zumal im Zuge der Sonderschulexpansion eine Infrastruktur von bundesweit Tausenden Sonderschulen entstanden sind, die für eine inklusive Bildung umgewidmet werden müssten.

Und so stelle ich mir für die Zukunft eine flächendeckende »Schule für alle« vor, die Kindern Spaß macht, mit nachvollziehbaren Regeln und »mentorischen Lehrkräften«, die sowohl die Individuen in ihrer Schulklasse als auch Teambuilding im Blick haben. Denn natürlich soll ein individuelles Fördern das gemeinsame Lernen nicht ersetzen. Es geht darum, sich im

Unterricht zu ergänzen und Kinder gegenseitige Verantwortung übernehmen zu lassen, wie es die Lehrerin Ines Boban und der Erziehungswissenschaftler Andreas Hinz beschreiben. Die beiden sind nur zwei von vielen Bildungsexpert*innen, die die konkrete Umsetzung von inklusiver Schule erforschen und planen. Und die Gewerkschaft Erziehung und Wissenschaft (GEW) ist Gründungsmitglied des Bündnisses *Eine für alle – Die inklusive Schule für die Demokratie*, das mehrere Verbände vor einigen Jahren ins Leben gerufen haben. Mit der Vision, dass alle Kinder ohne soziale Auslese und Diskriminierung während ihrer Pflichtschulzeit gemeinsam in einer inklusiven Schule lernen, weil nicht darüber hinweggetäuscht werden könne, dass das selektive Schulsystem demokratische und menschenrechtliche Defizite habe und neu ausgerichtet werden müsse, wie es auf der Homepage des Bündnisses heißt.

Diese Position wird in der sogenannten Frankfurter Erklärung, die unter anderem von der GEW und dem Interessenverband Hessischer Schulleiterinnen und Schulleiter (IHS) von 2016 formuliert wurde, bekräftigt und wird in einer Schriftenreihe inhaltlich unterfüttert. Diskutiert wird darin, wie sich ein überholtes Schulsystem in ein zukunftsfähiges transformieren lässt, ohne »allzu viele Kollateralschäden zu verursachen«, wie es im Text »1920–2020 – Schulreform in Deutschland – eine (un-)endliche Geschichte« heißt. Geschrieben von Marianne Demmer, Lehrerin und ehemalige geschäftsführende Vorständin der GEW, die wie viele andere Pädagog*innen dazu rät, in eine intensive Lehrer*innenbildung einer »Pädagogik der Vielfalt« zu investieren. Wozu es klare Zielvorgaben seitens der Politik bräuchte und einen überprüfbaren und umsetzbaren Fahrplan, um Chancengleichheit herzustellen. Es bedarf dazu auch Möglichkeiten für Menschen, die in den Bildungs-

institutionen arbeiten, ihre persönliche Haltung zur Inklusion zu hinterfragen. Schließlich gibt es Beharrungskräfte, und es gilt, einen Umgang mit dem Gefühl der Überforderung zu finden, damit nicht mehr mit Abwehr auf sie reagiert wird. Es muss sich ein interdisziplinäres Verständnis für die Inklusion entwickeln, die nicht als »Auch-Integration« von behinderten Menschen verstanden wird, weil das die Weichen für die Ablehnung stellt, die behinderte Menschen erleben, wie es die Erziehungswissenschaftlerin Jutta Schöler erklärt.

Darum sollten Menschen, die mit Kindern arbeiten, sich mit dem Thema Behinderung und anderen Differenzmerkmalen auskennen und verstehen, warum Kinder nicht darauf reduziert werden sollten. »Doing Difference« ist beispielsweise ein Ansatz, der differenzsensible Praxen in die Struktur tragen soll und eine Kultur der Anerkennung lebt. Weshalb die Schulung von pädagogischen Kräften auch beinhalten muss, sich kritisch mit Kategorien auseinanderzusetzen, die Kinder in Schubladen pressen. Was beispielsweise die bereits erwähnten Bezeichnungen »Regelkinder« (für Kinder ohne Förderbedarf) und »Integrationskinder«, sogenannte I-Kinder, infrage stellt, weil schon allein dadurch eine Form der gedanklichen Trennung stattfindet, die der Inklusion widerspricht. Darum nannte ein guter Freund mein Kind auch einmal S-Kind, als ich ihm das »I« seiner Einstufung erklärte. Er meinte damit »Superkind«, so wie das alle Kinder sind.

Es braucht mehr differenzsensibles Wissen in der Didaktik, um Lehrkräfte auf die Herausforderungen in einer prekären Schulstruktur und eine diverse Schüler*innenschaft vorzubereiten. Zumal nicht wenige von ihnen beklagen, der Situation im Klassenraum nicht (mehr) gewachsen zu sein. Dazu kommt eine bereits erwähnte Elternschaft, die in ihrer Sorge aufgefan-

gen werden muss, dass ihre Kinder in einer Schule für alle nicht genügend gefördert und gefordert werden.

Es braucht also allem voran Akzeptanzarbeit, damit eine Offenheit dafür entsteht, dass Vorstellungen und Ansätze sich ändern können. Um über andere Schulkonzepte nachzudenken, Veränderungen zu diskutieren und endlich einzuleiten. Weil sich etwas verändern muss, auch wenn nicht alles falsch ist, aber so vieles einfach besser gemacht werden kann. Das sollte die Devise für eine zeitgemäße Didaktik sein, und die Konzepte sind da. Deren Umsetzung wünschen sich viele verantwortungsbewusste und engagierte Lehrkräfte, die es glücklicherweise gibt. Aber wie lange noch wollen, können und werden sie sich an diesem Trennungssystem beteiligen? Ich kenne einige, die sich die Bildungsarbeit auf Dauer nicht mehr vorstellen können. Die sich andere Berufe gesucht haben oder den staatlichen Dienst verlassen haben, um private Schulen (mit-)aufzubauen. Darum plädiere nicht nur ich dafür, das dreigliederige Schulsystem und die Vorstellung homogener Lerngruppen ernsthaft zu hinterfragen und die Bildungswissenschaft der Sonderpädagogik zu verändern, weil sie kaum Kompetenzen für einen inklusiven Unterricht vermittelt. Auch viele der sonderpädagogischen Vorstellungen vom richtigen Umgang mit behinderten Schüler*innen gilt es kritisch zu beleuchten. Dabei sollte das übergeordnete Ziel werden, möglichst viele Kinder zu unterschiedlichen Abschlüssen zu bringen, die sie individuell weiterbringen.

Ich glaube, dass nur die inklusive Schule es schaffen wird, Gemeinsamkeiten und Gemeinschaft von unterschiedlichen Kindern zu nutzen und neue Lernkonzepte umzusetzen. Und einem Rhythmus aus gemeinschaftlichen Aktivitäten und individuellem Lernen zu folgen, bei dem bildlich gespro-

chen, alle Kinder abgeholt werden können. In dieser meiner Wunschschule sind beispielsweise multiprofessionelle Teams in einer Klasse Standard, damit sie sich flexibler nach den Bedürfnissen der Kinder ausrichten können. Weil dabei zeitgleich unterschiedliche Lehrkräfte und Pädagog*innen mit entsprechenden Kompetenzen wirken, und vielleicht ist noch eine bundesfreiwilligendienstleistende Person im Einsatz, die zusammen als Team für alle Kinder da sind, um sie in ihren Potenzialen zu erkennen und mit ihnen zu arbeiten. Es ist das, was mein Kind in seiner Klasse erlebt. Es ist eine Zusammensetzung, für die auch El-Mafaalani wirbt, beginnend bei einer von ihm geforderten Schulentwicklung an Grundschulen in sozial benachteiligten Stadtteilen, weil die Menschen dort aufgrund von wachsender Armut und Erfahrungen mit Einwanderungsgeschichte oder Behinderung am stärksten betroffen sind.

Wie schön wäre das. Ein Bildungsort für alle. Es ist ein Wunsch, über den auch Tina Sander vom Kölner Verein mittendrin in ihrem Text »Die inklusive Schule« nachdenkt. In dem sie sich eine Stadtteilschule wünscht, die kein Kind ausschließt, und es nicht länger heißt: »Du bist zu behindert für unsere Schule. Du musst woanders als die Nachbarskinder zur Schule gehen.« Es ist eine Schule, die dic Herausforderung annimmt, dass ihre Kinder mit unterschiedlichen Voraussetzungen leben, nicht nur im Hinblick auf das Merkmal Behinderung. Sie heißt Kinder willkommen, die Deutsch oder eine andere Erstsprache sprechen, Kinder aus armen und Kinder aus reichen Familien. Denn die inklusive Schule weiß, dass die Bewältigung und das Annehmen dieser Vielfalt Aufgaben mit sich bringen, die nie erledigt sein werden. Darum fragt sie auch nicht: Was für eine Schule braucht das Kind? Sondern immer

wieder aufs Neue: Wie schaffen wir das gemeinsam? Weil das, was ein Kind braucht, so vieles sein kann.

An dieser Schule für alle ist klar, dass die erste und wichtigste Aufgabe ist, für jede neue Klasse einen Raum zu schaffen, in dem sich alle Kinder angenommen und sicher fühlen. Dieser muss gemeinsam über einen längeren Zeitraum erarbeitet werden. Deshalb sollte die inklusive Schule auch mindestens bis zur zehnten Klasse oder länger bestehen, ohne Wechsel. Auf diese beständige Weise ist es möglich, Kinder neben ihren Potenzialen auch nach ihren Interessen zu fördern, sodass ein Teil von ihnen im Anschluss wenn gewünscht in eine gymnasiale Oberstufe wechseln kann. Und es gibt noch viel mehr Vorschläge, die konkret machen, dass Inklusion nur dann eine bessere Bildung für alle ermöglicht, wenn wir die Schulen für diese Aufgabe gut ausstatten, die Mitarbeitenden darauf vorbereiten und vor allem veraltete Vorstellungen eines »Lernens im Gleichschritt« verlernen. Und dabei gilt es auch, die Kinder miteinzubinden, die in ihrem Verhalten als »zu auffällig« gelten, um inkludiert oder gar beschult zu werden. Ihre Unterstützung lässt sich, wie viele Beispiele zeigen, gemeinsam mit den Eltern durch flexible Regelungen wie Eingliederungshilfen, Begleitung und individuelle Konzepte und vor allem Offenheit erarbeiten. Schließlich geht es darum, die Aufgaben auf mehrere Schultern zu verteilen.

»It takes a village to raise a child«, besagt ein Sprichwort aus verschiedenen afrikanischen Kontexten. Das ausdrückt, dass es eine Gemeinschaft braucht, um für Kinder zu sorgen und positiv mit ihnen zu interagieren, damit sie sicher aufwachsen können. Wer nicht von der Mutter unterrichtet wird, wird mit der Welt unterrichtet, lautet in etwa ein Ausspruch im Swahili, der an das Sprichwort anknüpft. Und eine Gemeinschaft und

Zusammenarbeit betont, die einen westlichen Individualismus herausfordert, wie der Afrikanist Lawrence Mbogoni erklärt. Es geht damit auch um eine kollektive soziale Verantwortung und gegenseitige Unterstützung, bei der unser eigenes Wohlbefinden vom Wohlergehen der Kinder abhängt. Für einen gelingenden inklusiven Weg braucht es für mich genau dieses Verständnis und damit einen Perspektivwechsel, der den Fokus immer auf die Stärkung von Gemeinschaften richtet. Es bedarf dazu motivierender Ideen, mit denen Menschen ihre Komfortzone verlassen können, um an einer Gesellschaft der Gegenseitigkeit zu bauen, in der wir zusammenkommen und -bleiben.

... und Arbeit auch

Diversity is a fact.
Equity is a choice.
Inclusion is an action.
Belonging is an outcome.

– Arthur Chan

Um wessen Nutzen geht es? Das ist die Frage einer jungen, Schwarzen Frau, die mit ihrem Rollstuhl seitlich aus dem auf einem Poster abgedruckten Bild herausfährt. Verärgert schaut Désirée, deren Vorname am rechten unteren Rand abgedruckt ist, in die Kamera. Die Geschichte hinter dem Bild ist online nachzulesen. Sie handelt von ihrer Suche nach einem Bildungsweg, der Désirées Fähigkeiten und Wünschen entspricht und dabei Unterstützung und Nachteilsausgleiche berücksichtigt. Und davon, wie sie stattdessen vom Jobcenter nahegelegt bekommt, entgegen ihren Vorstellungen eine Büroausbildung im Berufsbildungswerk für behinderte Menschen zu machen.

Désirée heißt mit vollem Namen Désirée Pekaou und kommt wie ich aus Frankfurt am Main. Wir treffen uns durch Zufall abends nach einer Veranstaltung, bei der ich sie als die Frau vom Poster wiedererkenne und anspreche, weil wir eine gemeinsame Bekannte haben. Da weiß ich bereits von ihr, dass

sie dem Druck des Amtes damals nachgeben musste, nachdem ihre Vorschläge nicht nur übergangen wurden, sondern ihr von Behördenseite auch klargemacht wurde, dass sie in keinem anderen Vorhaben unterstützt werden würde. Ihre Geschichte zum Bild endet damit, dass sie es schlussendlich auf eigene Faust schafft, ein Studium der Sozialen Arbeit anzutreten, das sie sich wünscht.

Désirée Pekaou steht beispielhaft für andere behinderte Menschen, die zu einer Ausbildung genötigt wurden, die nicht zu ihren persönlichen Neigungen, Stärken und Behinderungen passt. Die im Anschluss an die Ausbildung am Arbeitsplatz unglücklich sind oder keine Stelle finden. Darum stellt Pekaou auf dem Poster die Frage, um wessen Nutzen es geht oder ob spezielle Angebote für behinderte Menschen in erster Linie nichtbehinderten Menschen nutzen sollen.

Mit ihrer Geschichte ist sie Teil einer Plakatserie über Vielfalt, Inklusion und Respekt der Psychologin und Kulturschaffenden Kassandra Ruhm. Die vermitteln will, was passiert, wenn behinderte Menschen in Entscheidungen über sie nicht miteinbezogen werden. Was in allen möglichen Bereichen passiert, in denen ihre Leben besprochen und darüber entschieden wird. Zum Beispiel wenn auf einer Tagung zu behinderungsspezifischen Themen außer einem »Quotenbehinderten« alle anderen Fachpersonen nichtbehindert sind, schreibt Ruhm. Oder Menschen oft nur bezahlt mit behinderten Menschen zu tun hätten, »aber ganz normal zusammen Kaffee zu trinken und sich vielleicht anzufreunden, wenn kein Publikum zusieht, dazu komme es nicht«.

Dieses Phänomen lässt sich auch mit Blick auf die Werkstätten für behinderte Menschen (WfbM) beobachten. Es sind Orte, die inzwischen professionalisiert eine breite Palette

hochwertiger und teilweise fair gehandelter Produkte wie Tee, Kaffee und Schokolade anbieten. Große Unternehmen, auch aus sozialen Bereichen, und zahlreiche Onlineshops für nachhaltige Produkte verkaufen die Werkstattfertigungen und schmücken sich damit, weil sie mit behinderten Menschen zusammenarbeiten. Zusammengenommen macht WfbM jährlich in Deutschland einen Umsatz von etwa acht Milliarden Euro, schreibt Autor Raúl Krauthausen. Tendenz steigend.

Ausführlich schildert er in seinem Buch *Wer Inklusion will, findet einen Weg. Wer sie nicht will, findet Ausreden* die Situation für die rund 320 000 Mitarbeitenden in Werkstätten und deren ökonomischen und werbetechnischen Effekt. Wirtschaftlich interessant ist dabei der verringerte Mehrwertsteuersatz von sieben Prozent, den Werkstätten auf ihre Produkte und Dienstleistungen ausweisen dürfen. Stichwort: kostengünstige Produktion und dazu Dumpinglöhne, weil die Werkstattbeschäftigten bis zu 35 Stunden pro Woche arbeiten, aber keinen Anspruch auf einen Mindestlohn haben, weil sie nicht auf dem ersten, sondern dem zweiten Arbeitsmarkt beschäftigt sind.

So lag das durchschnittliche monatliche Entgelt für Werkstattbeschäftigte 2019 bei etwa 240 Euro im Westen und 189 Euro im Osten Deutschlands, also bei weniger als zwei Euro die Stunde. Und diese niedrige Summe wird damit begründet, dass die Arbeit in einer Werkstatt eine Eingliederungs- und Entwicklungsmaßnahme sei, die die Mitarbeitenden eigentlich in den ersten Arbeitsmarkt vermitteln soll. Aber was gut klingt, sieht in der Realität anders aus. Denn wie die Schule wird auch die Werkstatt zu einer »Schonraumfalle«, weil auch dort behinderte Menschen isoliert »unter sich« sind und von nichtbehinderten Menschen betreut und gefördert werden, was das

Gegenteil von Inklusion ist. Zudem hat, wer in einer Werkstatt arbeitet, kaum Chancen auf einen erfolgreichen Übergang auf den ersten Arbeitsmarkt, weil ein effektiver politischer Plan dazu fehlt.

So wurden 2019 gerade einmal 0,35 Prozent der Mitarbeitenden auf den allgemeinen Arbeitsmarkt vermittelt. Und die durchschnittliche Vermittlungsquote in ein reguläres Beschäftigungsverhältnis liegt seit Jahren bei rund einem Prozent, wie es in einer Antwort der damaligen Bundesregierung auf eine Kleine Anfrage vonseiten der Grünen heißt. Die Werkstatt ist in diesem Sinne eine Einbahnstraße, weshalb sie auch im UN-Staatenbericht gerügt und besonders der hohe Grad der Trennung kritisiert wurde. Ein Skandal, wenn man die jährlich etwa fünf Milliarden Euro Zuschuss aus öffentlichen Geldern bedenkt, die in das System der Werkstätten gezahlt werden und die stattdessen in den Aufbau inklusiver Strukturen investiert werden könnten. Und dass so viele behinderte junge Menschen nach der Schule geradezu in die Werkstätten gedrängt werden, weil das Stigma »Sonderschüler« und der Förderschulstatus ihnen kaum andere Wege offenlassen.

Krauthausen erinnert sich daran, wie seine Mutter ihm schon in der Schulzeit eingebläut hat, sich beim Ausflug ins Berufsinformationszentrum bloß kein Praktikum in einer Werkstatt andrehen zu lassen, unter dem er sich damals nur sehr begrenzt etwas vorstellen konnte. Ähnlich geht es einem Großteil der Menschen in Deutschland bis heute, vermutet er, weil die Werkstätten öffentlich positiv dargestellt werden und nichtbehinderten Menschen ein wohliges Bauchgefühl vermitteln sollen: »Vielleicht denken sie sogar, dass sie mit dem Produktkauf die Inklusion behinderter Menschen unterstützen«, schreibt Krauthausen. Nur dass gerechte Arbeit anders aus-

sieht, auch wenn es Beschäftigte gibt, die dort gerne arbeiten, sich wohlfühlen im Team und natürlich auch nicht allen Leitungen böse Absichten unterstellt werden sollten.

Es geht vielmehr um eine strukturelle Kritik, die seit Jahren an Werkstätten geübt wird: in Texten, aus rechtswissenschaftlicher Perspektive oder in Befragungen von Leitungen und Beschäftigten, von Angehörigen und Gleichstellungsbeauftragten. Nicht ohne Grund wurde im 290-seitigen Abschlussbericht des Bundesministeriums für Arbeit und Soziales 2023 zur Frage der Entlohnung in Werkstätten die Diskussion um eine Reform des Systems wiedereröffnet. Vier Jahre hatten zwei Forschungsinstitute gemeinsam mit knapp der Hälfte der Werkstattleitungen in Deutschland geprüft, wie die Übergänge auf den allgemeinen Arbeitsmarkt und das Entgeltsystem verbessert werden können.

In meinem Redaktionsgespräch mit Judyta Smykowski bespreche ich den Vorwurf eines bewusst aufrechterhaltenen Unrechts, weil die meistens nichtbehinderten Leitungen der Werkstätten kein Interesse an einer Veränderung hätten, wie ihnen von unterschiedlichen Seiten unterstellt wird. Weshalb es bildlich gesprochen ein »Zündeln an den Strukturen« braucht, wie es indirekt der gleichnamige Roman von Ottmar Miles-Paul und Katrin Grund beschreibt. Der von einer fiktiven Brandstiftung in einer Werkstatt handelt und der Frage nachgeht: Was wäre, wenn es keine Werkstätten für behinderte Menschen mehr gäbe? Deren Umbau und Stärkung von Alternativen bereits 2021 im EU-Parlament mit einem Beschluss zum »Bericht zur Gleichbehandlung in Beschäftigung und Beruf in den Mitgliedsstaaten unter Berücksichtigung der UN-BRK« angenommen wurde. Für diesen hatte die behinderte Grünen-Abgeordnete im Europaparlament Katrin Langen-

siepen lange gekämpft und einen Mindestlohn gefordert, der in Artikel 27 der UN-Behindertenrechtskonvention verbrieft ist.

Jahrzehntelang haben dahingehend auch die Werkstatträte Deutschlands, eine gewählte Selbstvertretung der Beschäftigten, ihre Wünsche und Forderungen formuliert. Zum Beispiel die Einführung eines fairen Basisgeldes, Arbeitnehmer*innenrechte und ein Streikrecht oder die Auslagerung der beruflichen Ausbildung von behinderten Menschen in ein externes, inklusives Kompetenzzentrum, damit sie allen Menschen zugutekommt, die auf ihrem bisherigen Bildungsweg benachteiligt wurden oder individuelle Lernformen brauchen. Diesen Vorschlägen folgend, braucht es am Ende einer Ausbildung natürlich dann auch mehr Arbeitsangebote, offenere Wege, mehr Durchlässigkeit, mehr Wahlmöglichkeiten und mehr Begleitung und Assistenz in Unternehmen, um den Übergang für ein gemeinsames Arbeiten zu gestalten. Insgesamt sollte aber vor allem der Grundsatz gelten, behinderte Menschen in die Überlegungen und Entscheidungen miteinzubeziehen, damit Maßnahmen nicht nur Schönfärberei sind. Zumal Deutschland in der Pflicht steht, die gleichberechtigte Teilhabe von behinderten Menschen im Bereich der Erwerbsarbeit zu ermöglichen. Aber ihre Erwerbsquote laut Bericht der Arbeitsagentur zur Arbeitsmarktsituation schwerbehinderter Menschen 2022 niedriger und die Arbeitslosenquote höher lag.

Behinderte Menschen sind demnach länger arbeitslos und beziehen öfter Lohnersatzleistungen als nichtbehinderte. 2022 galten im Durchschnitt 164 000 schwerbehinderte Menschen als arbeitslos, und Studien, die nicht nur behinderte Menschen mit einem Schwerbehindertenausweis einbeziehen, kommen auf noch größere Differenzen zwischen behinderten und nichtbehinderten Arbeitnehmenden als die Zahlen der Arbeits-

agentur. Wobei als Ursache verschiedene Gründe diskutiert werden. Zentral sind die sogenannten Kausalitäts- und Selektivitätshypothesen, die unterschiedliche Wirkungen betrachten. Erstere argumentiert, dass behinderte Menschen überproportional unter den als arbeitslos Gemeldeten vertreten sind, weil sich durch die Belastungen und Verschlechterungen ihrer materiellen Lebensverhältnisse, die mit der Arbeitslosigkeit verbunden sind, auch die körperliche und mentale Situation verschlechtert. Die den Diskurs dominierende »Selektivitätshypothese« wiederum betont, dass fehlende Flexibilität, Stigmatisierung und weniger Möglichkeiten, sich überhaupt bewerben zu können, für die schlechteren Erwerbschancen verantwortlich sind. Hervorgehoben werden Einstellungsvorbehalte, die Arbeitgebende haben, die eine verminderte Leistungsfähigkeit und Verfügbarkeit behinderter Menschen befürchten. Oder die Sorge haben, sich im Bedarfsfall wegen des besonderen Kündigungsschutzes nicht von ihnen trennen zu können.

Es sind gängige Vorbehalte, die nicht selten dazu führen, dass Menschen im Bewerbungsverfahren ihre Behinderung oder den Behinderungsgrad verschweigen und darauf verzichten, arbeitsrechtliche Ansprüche geltend zu machen, was negative Folgen für ihre Beschäftigung haben kann. So bietet Deutschland zwar ein breites Repertoire an sozialstaatlichen Hilfen und Bestimmungen für Arbeitgeber*innen an, aber schlussendlich kommt es, was die gleichberechtigte Arbeitsvermittlung, Berufsberatung oder Qualifizierung angeht, immer wieder zu Schieflagen, weil die unterschiedlichen Lebensrealitäten von behinderten Menschen in den Unternehmensstrukturen nicht erkannt werden oder gänzlich unbekannt sind. Unwissenheit über Leistungsansprüche und Unterstützungsangebote,

Stigmatisierungsängste und Sprachbarrieren zeigen, wie wichtig auch ein multiperspektivisches Denken über Menschen für eine echte Einbindung behinderter Menschen ist.

Teilhabe ist darum nicht nur von politischen Ansprüchen und sozialstaatlichen Regelwerken abhängig, sondern auch vom Wandel der Arbeitswelt. Sie sollte im Sinne eines diskriminierungskritischen und diversitätssensiblen Diversity-Managements Differenz und Diskriminierung zusammen denken. Denn es gibt, und das ist hoffentlich mit meinen Ausführungen klar geworden, aufgrund von Behinderung und anderen Eigenschaften wie Aussehen oder Geschlechtszuschreibung gesellschaftliche Ausschlüsse, die einen gleichberechtigten Zugang zu Bildung und Arbeit für viele schwierig oder unmöglich machen.

Diesen Zustand zu verändern kostet. Inklusion kostet uns unterschiedliche Dinge. Aber wo ein persönlicher Wille ist, da ist auch ein politischer Weg. Nötig sind dazu eine Politik und Unternehmenskultur, die einen Rahmen schaffen, der es ernst mit den Menschenrechten meint und bei Herausforderungen und Problemen nach Lösungswegen sucht – und nicht nach Hintertüren, um sich vor dieser Aufgabe zu drücken. Denn dagegen regt sich seit Jahrzehnten der Protest, der in allen marginalisierten Gruppen die Bewegungen ihrer Emanzipation hervorrief. Wodurch auch ein großes Portfolio an Wissen entstanden ist, auf das aufgebaut werden kann. Es sind Erkenntnisse, auf denen auch dieses Buch basiert, die genutzt werden wollen. Das, bevor es mit all diesen Erkenntnissen in die Zukunft blickt, jetzt in der Geschichte zurückspringt. Um auf die Ursprünge der Ungerechtigkeit zu schauen, die noch besser aufgearbeitet werden müssen, damit die skizzierte Veränderung gelingen kann. Weil das die Basis schafft, damit wir zusammen sein können.

Getrennte Welten

Als Familie mit behindertem Kind sind wir oft
an besonderen Orten. Zum Beispiel:

- in Krankenhäusern
- bei Therapien
- in Reha-Einrichtungen

Das ist ein bisschen wie eine zweite Welt.
Nicht behinderte Menschen sind nur selten dort.
Deshalb sind wir auch immer ein bisschen
von ihrer Welt getrennt, wenn wir dort sind.
Wir haben an diesen Orten gute
und schlechte Erfahrungen gemacht.

Manchmal haben wir dort auch neue Freund*innen
kennengelernt. Denn dort gibt es Menschen, die uns und
unser Leben verstehen können. Das ist wichtig für uns.

Freundschaften verändern sich

In den ersten Jahren nach der Geburt von meinem Kind
hatte ich Angst, dass sich Freundschaften verändern.
Das passiert oft, weil das Leben von Familien
so unterschiedlich ist. Viele Menschen verstehen nicht,
welche Barrieren es gibt.
Und einige Menschen verhalten sich diskriminierend
und reden zum Beispiel schlecht über behinderte Kinder.

Es ist anstrengend, immer etwas dagegen zu sagen. Deshalb ziehen sich viele Familien mit behinderten Kindern irgendwann zurück. Sie verbringen dann kaum noch Zeit mit Eltern. von nicht behinderten Kindern. Viele haben mir erzählt, dass das für sie sehr schwer war.

Wo spielen behinderte Kinder?

Behinderte und nicht behinderte Menschen treffen im Alltag nur selten aufeinander. Ein Beispiel dafür sind Spielplätze. Die meisten Spielplätze sind nicht barrierefrei. Deshalb können viele behinderte Kinder dort nicht spielen. Es wird wenig dafür getan, dass alle Kinder teilhaben können.

Wenn behinderte und nicht behinderte Kinder sich nie begegnen, können sie nichts übereinander lernen. Sie bleiben sich fremd. So kann Inklusion nicht funktionieren.

Inklusion in der Schule

Viele Eltern erzählen mir, dass die Schule von ihren Kindern inklusiv ist. Aber das stimmt oft nicht. Es ist noch keine Inklusion, wenn eine Schule behinderte Kinder aufnimmt.

Das alleine reicht nicht. Oft gibt es nicht
die Unterstützung, die sie brauchen.

Förderschulen helfen oft nicht

In Deutschland werden die Kinder schon früh
auf verschiedene Schulen aufgeteilt.
Dabei geht es darum, wie viel oder wenig
die Kinder leisten können.
Es gibt zum Beispiel:

- Gymnasien
- Realschulen
- Hauptschulen
- Förderschulen

Behinderte Kinder kommen sehr oft
auf eine Förderschule. Dort werden sie getrennt
von nicht behinderten Kindern unterrichtet.
Sie sollen mehr Unterstützung bekommen.
Aber es gibt an Förderschulen nur selten die Möglichkeit,
einen guten Abschluss zu machen.
Deshalb ist es schwierig, später eine Arbeit
oder Ausbildung zu finden.

Ein schlechtes Zeugnis für Deutschland

Die Schulen in Deutschland haben viele Probleme:

- Es gibt nicht genug Lehrkräfte.
- Die Schüler*innen bekommen nicht genug Förderung.
- Es gibt zu wenig Ganztagsschulen.
- Die Schulen sind nicht inklusiv genug.

Es gibt ein Gesetz für die Rechte
von behinderten Menschen.
Das Gesetz heißt: UN-Behindertenrechtskonvention.
Die Abkürzung davon ist: UN-BRK.

Dort steht, dass behinderte Kinder das Recht
auf gute Bildung haben. 2023 hat die UN geprüft,
wie gut Deutschland dieses Recht umgesetzt hat.
Das Ergebnis war sehr schlecht.

Die Schulen in Deutschland sind nicht wirklich inklusiv.
Und die Politik hat auch für die Zukunft keinen Plan,
wie man Inklusion in der Schule umsetzen kann.

Wir brauchen neue Ideen

Wir haben jetzt verstanden, wo die Probleme sind.
Jetzt geht es darum, was wir besser machen können.
Wir brauchen Ideen, wie inklusive Bildung aussehen kann.
Wir müssen unser Bildungssystem verändern.
Wir müssen überlegen,
wie wir Förderschulen abschaffen können.
Die Politik muss sich darum kümmern.

Vorbild Italien

In Italien gehen fast alle Kinder gemeinsam zur Schule.
Das ist schon seit vielen Jahren so.
Natürlich gibt es auch dort Probleme,
weil zum Beispiel nicht genug Lehrkräfte da sind.
Aber die Kinder lernen von Anfang an zusammen.
Dadurch wissen sie, dass es Unterschiede zwischen
Menschen gibt. Deshalb kennen sich behinderte
und nicht behinderte Menschen dort besser.
Das zeigt, dass es anders gehen kann.

Eine Schule für alle

So ähnlich wie in Italien wünsche ich es mir auch hier.
Ich wünsche mir eine Schule, in der alle
zusammen gefördert werden.
Ich wünsche mir auch, dass es für alle Klassen Teams
mit verschiedenen Fachkräften gibt.
Zum Beispiel:

- Lehrkräfte
- pädagogische Fachkräfte
- Förderlehrer*innen.

Und diese Teams sind dann für alle Kinder da,
nicht nur für manche.
Dann können alle Kinder gut lernen.

Arbeit und Behinderung

Behinderte Erwachsene arbeiten oft in besonderen Einrichtungen. Die Einrichtungen heißen: Werkstätten für Menschen mit Behinderung.

Das ist für sie oft die einzige Möglichkeit, eine Arbeit zu finden. Aber die Regeln und Rechte sind dort anders als an anderen Arbeitsplätzen:

- Man verdient sehr wenig Geld.
- Die Arbeit zählt nicht als richtige Arbeit.
- Man kann sich seine Arbeit nur selten aussuchen.

Das ist ungerecht!

Werkstätten sollen behinderten Menschen eigentlich helfen, eine Arbeit auf dem 1. Arbeitsmarkt zu finden. Leider passiert das so gut wie nie. Die meisten Menschen bleiben ein Leben lang dort in der Werkstatt.

Manche Menschen arbeiten gerne in einer Werkstatt. Aber diese Trennung von behinderten und nicht behinderten Menschen ist falsch. Und die schlechte Bezahlung ist auch nicht okay. Die Politik muss etwas daran ändern.

Aufarbeiten

*Wer hat das Grauen überlebt? Die NS-Zeit, in der ein Massenmord an behinderten Menschen geschah. Wer weiß um die Nachkriegsjustiz, die Täter*innen, die nicht verurteilt wurden und stattdessen in Deutschland unbehelligt Karriere machten? Dies ist ein Kapitel voll Schmerz und Verletzung. Aber manchmal muss ausgesprochen werden, was war, um mit-fühlen und verstehen zu können, warum das Heute so ist, wie es ist. Um nicht verdrängen oder auf andere abwälzen zu können. Um zu begreifen, was das alles mit rechten Kräften und der AfD in Deutschland zu tun hat. Darum jetzt. Aufarbeiten. Was heißt, sich der (Vor-)Geschichte des Nationalsozialismus und den Folgen des ideologisch-eugenischen und sozialdarwinistischen Programms nach 1945 zu widmen. Es geht darum, mehr Wissen und Erkenntnis darüber zu erlangen, warum und wie Ableismus gewachsen ist. Um zusammen das, was geschehen ist, neu in die deutsche Erinnerungskultur einzuschreiben.*

TRIGGERWARNUNG:
Dieses Kapitel enthält verletzende Darstellungen und reproduziert Gewalt durch das teilweise konkrete Benennen nationalsozialistischer und menschenverachtender Verbrechen und ihrer Folgen.

Emilie Rau

Andreas Hechler wird immer wieder gefragt, was seine Urgroßmutter »denn hatte«. Die Frage kommt unmittelbar dann, wenn er erzählt, dass sie im Rahmen des NS-»Euthanasie«-Programms ermordet wurde. »Euthanasie« beschreibt auf verachtende Weise die Bestrebung nach einem vermeintlich »guten Tod«, mit der die Nazis den Mord an behinderten und kranken Menschen legitimieren wollten.

Oft gelesen und immer wieder vergessen hat Andreas die Diagnose seiner Urgroßmutter. Aber warum sollte er den Befund der Täter*innen überhaupt reproduzieren? Und selbst wenn er es täte. Wem wäre mit der damals häufig genannten Diagnose einer paranoiden Schizophrenie geholfen?

»Würde das die Ermordung erklären?«, fragt Hechler.

Es ist eine rhetorische Frage. Und eine Antwort auf den Schmerz über den Verlust seiner Urgroßmutter Emilie. Ihr Todesdatum musste nach bürokratischen Mühen der Familie 2021 nachbeurkundet werden, weil es zur Zeit des Nationalsozialismus gängige Praxis war, den Mord an Menschen in Psychiatrien zu verdecken. Emilie wurde am 21. Februar 1941 in der Tötungsanstalt Hadamar vergast. Sie war einer der etwa 300 000 behinderten und kranken Menschen, die während des Nationalsozialismus in den Vernichtungsanstalten Grafeneck, Bernburg, Sonnenstein, Hartheim, Brandenburg an der Havel und Hadamar getötet wurden.

Wer war Emilie?

Sie war Frau und Mutter. 1891 im hessischen Alsfeld geboren. Nach ihrer Hochzeit bekommt sie vier Kinder und wird 1931 erstmals wegen angeblicher Verwirrungszustände und Depressionen in ein Universitätsklinikum eingewiesen. Es folgt eine Zeit der Aufenthalte in unterschiedlichen Kliniken und Heilanstalten. Ein Spaziergang mit ihrem Mann in den Ort Eltville am Tag ihrer Silberhochzeit wird ihr verwehrt, da das »Gesetz zur Verhütung erbkranken Nachwuchses« die Zwangssterilisation als »erbkrank« geltender Personen vorsieht und sie nicht sterilisiert ist.

1939 wird sie in die Anstalt Eichberg verlegt und von dort aus mit einem Sammeltransport am 21. Februar 1941 nach Hadamar deportiert. Noch am selben Tag wird sie mit Kohlenmonoxid erstickt und ihre Krankenakte an die T4-Anstalt Sonnenstein bei Pirna versandt, wo ihr Tod mit dem Datum 1. März 1941 falsch beurkundet wird.

Zum Gebäudekomplex der Anstalt zählt auch die sogenannte Busgarage, die heute als »Monument von nationalem Rang« ein bauliches Zeugnis für das von den Nazis begangene Menschheitsverbrechen darstellt. Der Ort, an dem 13 720 Menschen mit Behinderungen und 1031 KZ-Häftlinge ermordet wurden, soll nun zu einem Wohngebäude umgebaut werden. Nicht nur Andreas ist erschüttert.

»Wer möchte in einem Ort der Massenvernichtung wohnen?«, fragt er.

Andreas hat Briefe und Postkarten von seiner Urgroßmutter gesammelt, die sie zwischen 1936 und 1938 nach Hause geschickt hat. Gemeinsam mit seiner Tante, die Sütterlin lesen kann, hat er sie verschriftlicht. In jedem Brief erwähnt Emilie, dass es ihr besser geht und sie sich um ihre Kinder sorgt.

»Hole mich doch nach Hause oder bringe mich in mein Elternhaus. […] Hoffentlich kommst du bald und holst mich ab, ich glaube nicht, daß Herr Doktor Bartscher und seine Schwestern mich heilen können«, schreibt sie ihrem Mann.

Andreas hat es sich zur obersten Priorität gemacht, die Kontinuität des Ableismus zu bekämpfen, und will Emilies Geschichte erhalten und erzählen. Er betrauert, dass all die Nachkommen keine wirkliche Anlaufstelle haben, auf nichts aufbauen und sich schlecht vernetzen können, weil es nur wenige Organisationen gibt, die sich speziell für diese Verfolgtengruppe einsetzen. Darum kämpft er. Gegen die Unsichtbarmachung. In seiner Familie wird viel über die Urgroßmutter gesprochen, auch wenn es über ihre Erkrankung unterschiedliche Erzählungen gibt. Weil es wie bei vielen NS-»Euthanasie«-Nachkommen auch in seiner Familie die Sehnsucht gibt, eine Version der Geschichte zu finden, die das eigene Familienmitglied als nicht richtig krank erklärt.

»Normalisierungsfalle«, nennt Hechler das.

Und erklärt damit eine Erinnerungsabwehr, die sich nicht nur in Familiengedächtnissen, sondern auch im öffentlichen Diskurs immer dann wiederfindet, wenn die eigenen Taten, das eigene Nichtaufbegehren und Nichthandeln gerechtfertigt werden sollen. Und dass es in Familien, deren Vorfahr*innen ins Fadenkreuz der NS-»Euthanasie« gekommen sind, in aller Regel auch Täter*innen gebe. Hinzu kommen häufig komplexe Scham- und Schulddynamiken, da viele Angehörige sich oft nicht klar für ihre Familienmitglieder eingesetzt haben.

»Ich sehe meine Uroma als Opfer der Nazis. Aber je tiefer ich in den Fall einsteige, desto verworrener werden die Täter*innen- und Opferrollen. Sie sind teilweise fließend«, sagt Andreas. Es sind gespaltene Familienbiografien. Damit ist

Andreas' Familie nicht die einzige. Er erkennt diese Komplexität an und versteht, warum seiner Großmutter später abgeraten wurde, über den Tod der eigenen Mutter zu sprechen. Weil man sich damit als Nachfahrin einer als »erbkrank« geltenden Person zu erkennen gegeben hätte. Ein Stigma. Ableismus.

Die Vorstellung von »lebensunwertem Leben« hat in Andreas' Familie Folgen bis weit in die vierte Generation hinein. Es kommt zu Problemen bei Eheschließungen der Kinder und Enkel von Emilie lange nach 1945, weil Schwiegereltern auf ihre Geschichte aufmerksam wurden. Auch mit diesen Erfahrungen ist Andreas als Nachkomme nicht allein. Ob er sich schämt?

»Nein«, sagt Hechler.

Weil Scham nicht taugt, um zu verstehen, warum dieses Kapitel deutscher Geschichte tabuisiert und verdrängt wird. Weil Opfern und Familienangehörigen Scham für etwas nahegelegt wird, das eigentlich nicht beschämend ist. Nämlich ein Familienmitglied zu haben, das von den Nationalsozialisten als »behindert« eingestuft und umgebracht wurde. Scham werde benutzt, um Menschen zum Schweigen zu bringen und ableistische Taten zu decken, sagt er.

2015 schreibt der Geisteswissenschaftler, Bildungsreferent und Softwareentwickler das erste Mal über die Geschichte seiner Urgroßmutter. Dieser Text ist heute in unterschiedlichen Publikationsmedien auf Englisch und Deutsch erschienen. Im selben Jahr fährt er auch das erste Mal nach Hadamar. In die Kleinstadt mit den heute gut 12 000 Einwohner*innen in Mittelhessen. Als er aus dem Zug aussteigt und mehrere Menschen fragt, wie er zur NS-»Euthanasie«-Gedenkstätte kommt, kennt niemand den Weg. Sie ist nur einige Hundert Meter vom Bahnhof entfernt, und wie im Falle anderer Mordanstalten aus

der Zeit des Nationalsozialismus der Aktion T4 ist auch auf diesem Gelände noch heute eine Psychiatrie zu finden. Links geht es zur Therapie und rechts zur Ausstellung und der ehemaligen Gaskammer.

»Wie fühlt man sich dort als Patient*in?«, fragt sich Hechler.

Neben der Anstalt am Hang lag früher der Anstaltsfriedhof, an den eine 1964 errichtete Stele mit der Aufschrift erinnert: »Mensch achte den Menschen«.

»Entkontextualisierte Gedenken«, nennt er das, weil die Einordnung fehlt.

Viele Familien in der Gegend waren damals in die Morde der Anstalt verstrickt. Täglich fuhren die sogenannten Grauen Busse mit den Todgeweihten durch die Stadt. Und viele Bewohner*innen arbeiteten in der Klinik. Selbst die Kinder kannten ihre Funktion als Vernichtungsstätte. Fast 15 000 Menschen wurden zwischen 1941 und 1945 in der damaligen Tötungsanstalt ermordet. Psychisch erkrankte und behinderte Menschen aller Unterschiede. Darunter Emilie Rau.

Inklusion versus rechts und der Nationalsozialismus

»Nie mehr schweigen,
wenn Unrecht geschieht.
Seid solidarisch!
Helft einander!
Achtet auf die Schwächsten!
Bleibt mutig!
Ich vertraue auf die Jugend,
ich vertraue auf euch!
Nie wieder Faschismus – nie wieder Krieg!«

– Esther Bejarano

Alle Jahre wieder darf Björn Höcke in Thüringen beim Sommerinterview des MDR eine halbe Stunde lang Fragen beantworten. Mit ungefähr diesen Worten beginnt ein *Spiegel*-Artikel über das 2023 geführte Interview, in dem der AfD-Fraktions-Landeschef fordert, dass behinderte Kinder nicht mehr an Regelschulen unterrichtet werden sollen. Als ich das aufgezeichnete Gespräch anschaue, kommen mir Tränen der Wut. Ich kann nicht fassen, dass der Moderator nicht klar interveniert. Es ist ein Gespräch, das ich seither als medienkritisches Beispiel verwende. Weil es ein Problem ist, im Interview mit

einem Rechtsextremisten und Faschisten wie in diesem Fall zustimmend zu brummen und inhaltlich nicht fundiert zu reagieren. Sei es, weil die Strategie hinter den Aussagen nicht erkannt wird, der Kontext nicht richtig eingeordnet werden kann. Oder weil es vielleicht den unterbewussten Bias gibt, Behinderung im Schulbetrieb selbst als »Problem« zu betrachten. Weil das leider ein gängiges Vorurteil ist, das aber undifferenziert genutzt die Formulierung Höckes stützt, die eine Meinung mit Geschichte ist.

Wir schreiben das Jahr 2023, als Höcke die Inklusion im Fernsehen öffentlich als Ideologieprojekt beschreibt, das »unsere Kinder nicht weiterbringt, nicht leistungsfähiger macht« und das nicht dazu führt, »aus unseren Kindern und Jugendlichen die Fachkräfte der Zukunft« zu machen. Dieser Logik folgend, zählt er »Belastungsfaktoren« im Bildungssystem auf, die man wegnehmen müsse, und macht damit klar, dass die Abwertung und Ausgrenzung von Menschen mit Behinderung in der AfD genauso Programm sind wie Abwertungen, die aufgrund von Herkunft, Aussehen, Glauben oder selbstbestimmter geschlechtlicher Identität erfolgen.

Was passiert da? Für *taz*-Redakteur Ralf Pauli bleibt der Skandal von Höckes kalkuliertem Tabubruch aus, weil seine Position bereits Realität sei. Weil mehr als 330 000 Schüler*innen in Deutschland von der Inklusion, die Höcke abschaffen möchte, sowieso nur träumen können. Diese Feststellung ist so wahr wie bitter. Darum bin ich in Gesprächen immer wieder damit konfrontiert, dass das Menschenrecht der Inklusion auch nicht als ein solches wahrgenommen wird. Argumentiert wird, dass es mit ihrer Umsetzung in der Realität »doch auch wirklich schwierig sei«, wie mir nicht nur ein Kollege in einer Diskussion über das Höcke-Interview auf meine Kritik

hin erklärte. Hoppla, denke ich und muss nicht nur an dieser Stelle tief durchatmen, um sachlich auf das systemische Problem hinzuweisen, das Inklusion im Bildungssektor verhindert. Um im Anschluss den Ableismus hinter der Vorstellung von behinderten Kindern als Belastung im System zu erklären und das politische Ausmaß und die Folgen, die sich deshalb in Höckes Aussage spiegeln lassen. Gerade dann, wenn man ihm irgendwie oder vielleicht nur ein kleines bisschen zustimmt, weil der bildungspolitische Kontext ausgeblendet wird oder nicht bekannt ist.

Die Inklusion von Menschen ist keine Meinungsfrage. Doch macht sie in diesem Kontext eine größere Frage auf. Nämlich wie mit der Art rechtspopulistischer Positionen in der Bildung umgegangen werden muss und kann. Was bereits 2019 während der jährlichen Inklusionsforscher*innentagung Thema war, als über die Erfahrungen in der Hochschullehre mit Konfrontationen und Provokationen dieser Art berichtet wurde. Erziehungswissenschaftler Andreas Hinz beschreibt seinen Schreck und seine Ratlosigkeit darüber im Vorwort des Sammelbandes *Inklusive Bildung und Rechtspopulismus*. Der aufzeigt, wie der Populismus im politischen Diskurs die offene Gesellschaft bedroht und damit auch die Inklusion betrifft. Ihre Strategie dahingehend offenbarte die AfD bereits 2021 in ihrem Wahlprogramm zur Bundestagswahl, als sie »keine ideologisch motivierte Inklusion« forderte. Und erklärte, dass Kinder mit Behinderung besser in Förder- und Sonderschulen aufgehoben seien, weil sich Regelschulen Inklusion nicht leisten könnten. Und dass das von den Vereinten Nationen beschlossene Recht auf Teilhabe am Bildungssystem in Deutschland bereits erfüllt sei. In diesen Chor stimmen Höckes Parteikolleg*innen dann 2023 auch bei der Landtagswahl in Hessen mit ein, wo

gegen die Inklusion zu sein, ein verstecktes Wahlkampfthema war. Und anlässlich der Ergebnisse der PISA-Studie, bei der Deutschland im gleichen Jahr so schlecht abschnitt wie nie zuvor, befand Höcke auf der Social-Media-Plattform X (früher Twitter) in biologistischer Manier, »gesunde Gesellschaften haben gesunde Schulen« und dass unsere Gesellschaft mit Blick auf die Ergebnisse »ziemlich krank sein muß«.

Die Liste an menschenfeindlichen sogenannten Trigger-Äußerungen ließe sich auf diese Weise fortführen, doch möchte ich die Reproduktion durch Beispiele dieser Art nach diesem Absatz hier, so gut es geht, beenden. Sie dienten einem ausdifferenzierenden Beleg, dass es der Partei nicht um Provokation, sondern darum geht, die Gesellschaft auf eine autoritäre, völkische Politik der Ausgrenzung vorzubereiten. Oder anders gesagt: »Die meinen, was sie sagen«, wie es der Journalist und Autor Michael Kraske ausdrückte. Dabei gehen sie strategisch vor und sind nicht »dumm« oder »schwachsinnig«, wie es gerne heißt, um rechtes Verhalten zu erklären. Doch wird mit diesen in der Alltagssprache gängigen Schlagworten ein ableistisches Narrativ bedient, das einen falschen Zusammenhang zwischen menschenfeindlichem Verhalten und kognitiven Beeinträchtigungen herstellt. Was laut Ash, @Ashducation, dem politischen Lektor dieses Buches, impliziert, dass der gesellschaftliche Wert eines Menschen und rücksichtsvolles Handeln in direktem Zusammenhang mit kognitiven Fähigkeiten stehe, was wiederum rechte Positionen sogar untermauere.

Damit ist hoffentlich klar geworden, dass Inklusion als zentraler Aspekt der Demokratie zu verstehen ist. Weil Demokratie ohne sie nicht denkbar ist oder wie es der Journalist und Jurist Heribert Prantl in seiner SZ-Kolumne formulierte: »Inklusion ist ein anderes Wort für Demokratie, weil Demokratie

mehr ist als ein Wahlritual; sie ist eine Wertegemeinschaft.« Darum ist es unsere Aufgabe, Antworten darauf zu finden, wie politisch, pädagogisch und didaktisch damit umzugehen ist, wenn behinderten Menschen ihre Teilhabe offensiv abgesprochen wird. Weil diese Antworten noch fehlen, wie es die Herausgeber des Sammelbandes *Inklusive Bildung und Rechtspopulismus* erklären. Und dieser Mangel spiegelt sich in kontroversen Diskussionen über Diversität oder im Widerstand gegen progressive Lehrplanänderungen wider, in denen es beispielsweise auch um Geschlechtsidentitäten geht. Aber nicht nur Lehrkräften kommt bei der Sicherung einer demokratischen und damit inklusiven Unterrichtskultur eine große Rolle zu. Auch für jede*n Einzelne*n von uns geht es darum, zu verstehen, wie gefährlich es ist, dass die AfD mit ihren Positionen inzwischen für viele Menschen zur Normalität gehört. Woran sich selbst dann nichts ändert, wenn publik wird, dass hochrangige AfD-Politiker*innen, Neonazis und finanzstarke Unternehmer*innen in einem Landhotel bei Potsdam zusammenkommen, um die Vertreibung von mehreren Millionen Menschen aus Deutschland zu planen – wie es im November 2023 die Investigativrecherche des Medienunternehmens Correctiv enthüllte.

Und damit ist hoffentlich auch ein weiterer Punkt geklärt: Wer in die Forderung gegen die Inklusion mit einstimmt, beschert antidemokratischen Kräften Zulauf. Weil die Vorstellung von Trennung tief mit der Aggression gegen behinderte Menschen verbunden ist. Stichwort: Sozialdarwinismus. Ein Ausdruck für eine menschenverachtende Haltung gegenüber sozial Benachteiligten, behinderten Menschen, Wohnungslosen oder Sozialhilfeempfänger*innen. Und die Auffassung, dass diese angeblich nur Kosten verursachen würden, ohne der Gesellschaft zu nutzen.

Wenn also das Ende der Inklusion und damit die aktive Ausgrenzung von Menschen mit Behinderung von der AfD gefordert wird, dann ist das ein Alarmzeichen dafür, dass sozialdarwinistische Meinungen erstarken. Es ist kein Zufall und kein Ausrutscher, schrieben darum nach dem Höcke-Interview 18 Verbände, darunter der Paritätische Wohlfahrtsverband und die Zentralwohlfahrtsstelle der Juden in Deutschland, in einer gemeinsamen Anzeige in der *Welt am Sonntag*. Ihr Anliegen: die Zivilgesellschaft aufzurufen, sich der Gefahr, die von einer solchen Agenda für den Zusammenhalt unserer Gesellschaft ausgeht, gemeinsam und entschlossen entgegenzustellen: »Wir lassen nicht zu, dass Ideologien der Ungleichwertigkeit von Menschen weiter Raum greifen, die an die dunkelsten Kapitel der deutschen Geschichte erinnern […] Es geht uns alle an. Wir alle sind gefordert.« Womit auf die Tatsache hingewiesen wird, dass die Geschichte des Faschismus und des Nationalsozialismus den grausamen und extremen Höhepunkt sozialdarwinistischen Denkens aufzeigt. Der sich in der Verzerrung der Evolutionstheorie von Charles Darwin zu einer reaktionären und rassistischen Ideologie herausformte und bis heute nachwirkt.

So deutete der 1820 geborene britische Philosoph und Soziologe Herbert Spencer die Ausdrücke »Kampf ums Dasein« (Struggle for Existence) oder »die Stärksten überleben« (Survival of the Fittest) um und beschrieb im Sinne der darwinschen Evolutionstheorie damit das Überleben der Menschen, die am besten an die Anforderungen des Marktes und des sozialen Lebens angepasst waren. Was als Ansatz von der internationalen Bewegung der Eugeniker*innen übernommen wurde. Eugenik wiederum bezeichnet die Lehre von der vermeintlich guten Abstammung. Und ihre Vertreter*innen sahen

menschliche Gesellschaften einem evolutionären Konkurrenzkampf unterworfen, bei dem nur diejenigen überleben würden, deren genetische Voraussetzungen am besten seien. Deshalb richteten sie ihre Forschung darauf aus, die Fortpflanzung ihrer Bevölkerung zu regulieren, um deren gesamtgesellschaftliche Erbmasse zu verbessern. Das Ziel: Ein ihrer Bewertung nach besseres Leben nicht der Natur überlassen, sondern die Selektion der Menschheit selbst übernehmen. Diese Gedanken entwickelten sie in Europa Anfang des 20. Jahrhunderts, als in den dortigen modernen Industriestaaten nach Jahrzehnten voller Fortschrittsoptimismus die Schattenseiten von Industrialisierung und Kapitalismus deutlich wurden. Als Millionen von Menschen im Elend lebten, Krankheiten und Kriminalität grassierten und die Sterblichkeitsrate hoch war. Für diese komplexe Misere lieferten die Eugeniker*innen eine einfache, plausible und bequeme Erklärung. Weil für sie nicht die wirtschaftlichen und sozialen Missstände die Schuld trugen, sondern das vermeintlich minderwertige Erbgut der prekär lebenden Menschen.

Sozial benachteiligte Menschen fungierten also als Beweis für die These, dass Probleme wie Armut, Krankheit und Kriminalität vererblich seien. »Entartung von der Norm«, wie es die Sozialwissenschaftlerin und Journalistin Kirsten Achtelik erklärt. Deshalb wurden als mit »guten Genen« eingeordnete Eltern ermutigt, Kinder zu zeugen, und als »Minderwertige« klassifizierte Menschen daran gehindert. Zu denen Alkoholiker*innen, Sexarbeiter*innen, Obdachlose, Straffällige und behinderte Personen zählten. Ziel war es laut Geisteswissenschaftler Andreas Hechler, das Heer der sogenannten Untüchtigen zu reduzieren und die Zahl der »tüchtigen Elemente des deutschen Volks« zu erhöhen. Und um die Qualität

des Erbguts zu erhalten, wurden Maßnahmen wie Eheberatung, Ehezeugnisse, Eheverbote und Sterilisationsgesetzgebung eingeführt.

Bereits Ende des 19. Jahrhunderts hatte es die ersten Opfer einer sich daraus entwickelnden Politik in den USA gegeben, dem Vorreiterland der politischen Umsetzung eugenischer Vorstellungen, wo es Menschen mit vermeintlich minderwertigen Erbanlagen beispielsweise verboten war zu heiraten. Und über die Jahre wuchs die eugenische Forschung zu einem internationalen Phänomen heran und wurde in vielen europäischen Ländern, in Kanada, Australien, Skandinavien, Japan und Lateinamerika zu einer Bewegung am Schnittpunkt von Sozialpolitik und Genetik. In Deutschland erhielt sie ihren entscheidenden Schub durch den verlorenen Ersten Weltkrieg. So waren in den Schlachten überproportional viele als genetisch vermeintlich »höherwertig« eingeordnete Menschen gestorben. Weshalb die Vertreter*innen der sogenannten positiven Eugenik staatliche Maßnahmen forderten, die eine Vermehrung der als »höherwertig« eingestuften verbliebenen Personen begünstigen sollte. Die Anhänger*innen der negativen Eugenik plädierten wiederum für Zwangssterilisierungen der als minderwertig kategorisierter Menschen, mit der Begründung, dass Deutschland es sich aufgrund der Einbußen nicht mehr leisten könne, dass sich diese weiter fortpflanzten.

Natürlich war in beiden Fällen nichts an diesem Menschenzucht-Denken positiv. Doch ging mit der wachsenden Popularität der Eugenik in der Weimarer Republik auch eine Verwissenschaftlichung dieses vermeintlichen Wahrheitsanspruchs einher. So gründeten sich zunächst kleine private Gesellschaften, bevor die Eugenik als Forschungsinhalt in angesehenen Institutionen wie dem 1927 gegründeten Kaiser-Wilhelm-

Institut für menschliche Erblehre, Anthropologie und Eugenik verankert wurde. Und ihre Vertreter*innen in Deutschland zu Politikberater*innen aller politischen Strömungen wurden, die ihre Forschung für diskutier- und realisierbar hielten. Damit blieb ein eugenisches Denken keineswegs ein Alleinstellungsmerkmal rechter und rassistischer Kräfte oder konservativer Stimmen hierzulande. Sondern die verschiedensten Strömungen – unter anderem auch Teile der Frauenbewegung, Sozialdemokrat*innen, Liberale und Kommunist*innen – beteiligten sich zustimmend in unterschiedlichen Ausrichtungen an den schillernden Debatten. Und die vagen und schemenhaften, dafür aber populären Erkenntnisse, die man heute wohl Fake News, Verschwörungstheorien oder Populismus nennen würde, waren schon damals für eine breite gesellschaftliche Akzeptanz durchaus von Vorteil. Je unpräziser ein gesellschaftliches Konzept, desto mehr Spielraum für die Ausgrenzung bestimmter Menschen, wie Achtelik erklärt.

Eugeniker*innen verstanden ihre Arbeit als Dienst am Volk. Und hier deutet sich bereits die Nähe zum völkischen Gedankengut und sogenannten Euthanasie-Programm an, das in Deutschland als Politik der Nazis und mit Befürwortung aus der eugenischen Forschung folgen sollte. Eugeniker*innen hatten es mit dem gesellschaftlich bereits verbreiteten Konsens, Menschen klassifizieren zu können, leichter, diese später auch auszulöschen. Und so kann der Mord an behinderten und kranken Menschen auch als Folge von rund 40 Jahren internationaler eugenischer Diskussionen, Zusammenschlüsse und Gesetzesentwürfe verstanden werden. Weshalb sich auch viele der Mörder*innen im Nationalsozialismus als heilende Reformer*innen gaben und dabei wie die Begründer*innen der Eugenik in Deutschland, Alfred Ploetz und Walter Schall-

mayer, mit »der Erhaltung und Vervollkommnung blühenden Lebens« argumentierten.

Ploetz und Schallmayer gelten als die Erfinder der sogenannten Rassenhygiene. Die im Widerspruch zur »Individualhygiene« stand, bei der es um die Pflege und Fürsorge für kranke und behinderte Menschen ging. 1905 wurde die »Gesellschaft für Rassenhygiene« gegründet, die sich für die Legalisierung eugenisch begründeter Sterilisationen einsetzte. Ein Vorgehen, das mit der Machtübernahme der Nationalsozialisten zur offiziellen Politik wurde. Sie war von Kampagnen begleitet, die schließlich zum Gesetz »zur Verhütung erbkranken Nachwuchses« führten, unter dem zwischen 1934 und 1945 etwa 400 000 Menschen sterilisiert und 30 000 Abtreibungen durchgeführt wurden.

Es ist verwunderlich, aber nicht überraschend, dass laut Achtelik bis heute in der Forschung Uneinigkeit darüber herrscht, wie gravierend der Zusammenhang und wie weitreichend die Folgen der Eugenik und der aus ihr entsprungenen »Euthanasie« waren. Als Grund dafür wird nicht nur eine fehlende Aufarbeitung der Zusammenhänge nach 1945 genannt, worauf ich in einem späteren Kapitel noch eingehen werde, sondern auch, dass der Massenmord von behinderten Erwachsenen oft auf die Vergasungsaktion T4 reduziert werde, so Hechler. Doch müssen in diesem Kontext auch die Morde an Tausenden von behinderten Kindern betrachtet werden, die in beinahe 40 Kinderfachabteilungen von Krankenhäusern und Anstalten im gesamten Reichsgebiet verübt wurden. Auch sie gelten als die Opfer der nationalsozialistischen Tötung eines sogenannten lebensunwerten Lebens. Und wurden dezentral vom Personal selbst umgebracht: mit einer tödlichen Dosis an Medikamenten, aufgelöst in Fruchtsäften und Tee, später durch geziel-

tes Verhungernlassen. Als offizielle Todesursache wurden oft Infektionen angegeben, weswegen die wenigsten Fälle nach dem Krieg geahndet wurden. Und bis Kriegsende fielen allein dieser klinischen Vorgehensweise rund 5 000 Kinder zum Opfer, mehr als 300 davon in der »Kinderfachabteilung« Lüneburg.

Als ab 1941 die Zeit der sogenannten wilden Euthanasie begann, verschwammen dann die Grenzen zwischen aktivem Töten und Sterbenlassen unter unmenschlichen klinischen Bedingungen. Bevorzugte Opfer waren nun auch Zwangsarbeiter*innen, die noch systematischer getötet wurden. Mit dem Eintrag »spricht kein Deutsch« in den Meldebogen war meistens auch das Todesurteil notiert. Zu den Opfern zählt dabei auch die heterogene Gruppe der zwangssterilisierten Menschen, zu denen unter anderen die Nachkommen afrofranzösischer Besatzungssoldaten und *weißer* deutscher Frauen zählten, ebenso Sinti*zze und Rom*nja, Sexarbeiterinnen und jüdische Menschen, die zusätzlich zum Ableismus auch von spezifisch antisemitischen Maßnahmen betroffen waren. Was hieß: Jüdische Menschen, die behindert oder krank waren, wurden noch schlechter versorgt, dazu segregiert und in Sammelanstalten quasi »ausgelagert«, bevor sie umgebracht wurden.

#Kein Vergessen.

Vor dem Hintergrund dieses Massenmords formulierte der Kinderarzt Theodor Hellbrügge in den 50er Jahren als Weg der Aufarbeitung seinen Inklusionsgedanken und die Vorteile einer gemeinsamen Beschulung. Er war geleitet vom Anspruch, jedem Kind seine Würde zuzusprechen und ihm bestmögliche Entwicklungschancen zukommen zu lassen. Dieses Wer-

tegerüst sollte später die erwünschte Haltung gegenüber Menschen mit Behinderungen in der Gesellschaft neu definieren und wurde zur Basis für strukturelle Veränderungen in Form von sozialpädiatrischen Zentren und inklusiv ausgestalteten Schulen. Dafür wurde Hellbrügge von rechtsextremistischer Seite angefeindet, die bis heute offen ihre Sympathie mit den Morden des NS-Regimes an Menschen mit Behinderungen ausdrückt und mit völkisch-sozialdarwinistischen Vorstellungen an die Idee der Eugenik anknüpft. Was beispielsweise die geheimen Chat-Verläufe der Jungen Nationaldemokraten (Jugendorganisation der NPD, heute Die Heimat) zeigen, die 2024 durch den *Spiegel* veröffentlicht wurden. In denen es unter anderem darum geht, behinderte Menschen zu vernichten und Regenbogenflaggen zu zerstören. Der Ton der Nachrichten ist rau, dick_fettfeindlich, rassistisch und ableistisch. Sie machen deutlich, mit welchen Aktionen die Jungen Nationaldemokraten versuchen, neue Jugendliche für sich zu rekrutieren, und welche Allianzen mit Teilen der Jungen Alternative der AfD bestehen. Körper und sportliche Ertüchtigung spielen dabei eine große Rolle. Schießen, Paintball spielen, Kampfsport, gemeinsame Fußballturniere und Leistungsmärsche. Im April trafen sich laut *Spiegel* die jungen Rechten am Steinhuder Meer in Niedersachen. Der Plan: 50 Kilometer Marsch, den sie mit 15 Kilo Gepäck an zwei Tagen schaffen mussten. Getreu dem Leitspruch »Stärke durch Disziplin«, wie die Aktion beschrieben wurde. Aus den Mitgliedern sollen »Kämpfer« werden, in deren »gesunden Körpern« auch ein »gesunder Geist« lebt.

Schon immer ging es in der Kommunikation rechter Kräfte um Körperbilder. Den »deutschen Volkskörper«, den es zu schützen gilt vor einer vermeintlichen Last, oder Szenarien

des Untergangs und Aussterbens angesichts demografischer Entwicklungen. Erinnert sei dahingehend an den Bestseller *Deutschland schafft sich ab* von SPDler Thilo Sarrazin im Jahr 2010. Der mit seinen menschenverachtenden Thesen um eine »natürliche Ordnung« der Gesellschaft als planvoller Rückübersetzer von Sozialdarwinismus und Rassismus gilt, wie Michael Haller und Martin Niggeschmidt im Sammelband *Der Mythos vom Niedergang der Intelligenz. Von Galton zu Sarrazin. Die Denkmuster und Denkfehler der Eugenik* aufzeigen. Zu Sarrazins Thesen zählt bis heute die bedrohliche Erzählung von Krankheit als Ursache für einen angeblichen gesellschaftlichen Abstieg. Und dabei werden Erkrankungen meistens als von »außen« eingeschleppt dargestellt. Wenn zum Beispiel die Rede davon ist, dass geflüchtete Menschen längst ausgerottete Krankheiten wieder nach Europa bringen würden, schreibt Politikwissenschaftlerin Natascha Strobl. Was wiederum an eine rassistisch-ableistische Kampagne der AfD erinnert, die 2018 in einer Kleinen Anfrage an die Bundesregierung fragte, wie sich die Zahl behinderter Menschen in Deutschland seit 2012 entwickelt habe – »insbesondere die durch Heirat innerhalb der Familie entstandenen« – und in wie vielen dieser Fälle die Menschen einen Migrationshintergrund gehabt hätten.

Die Verknüpfung von Behinderung mit Inzucht und Migration löste damals öffentliche Empörung aus. »Wir rufen die Bevölkerung auf, wachsam zu sein und sich entschlossen gegen diese unerträgliche Menschen- und Lebensfeindlichkeit zu stellen«, hieß es hier in einer Anzeige der 18 Wohlfahrtsverbände, die in der *Frankfurter Allgemeinen Sonntagszeitung* erschien. Somit wirkt die Reaktion auf das erwähnte Höcke-Interview vom Sommer 2023 wie ein Déjà-vu, weil schon fünf Jahre zuvor die Wohlfahrtsverbände warnten, die Verbindung zu Ideologien

aus der Zeit des Nationalsozialismus zu erkennen. Und es seit dieser Zeit noch viele weitere Beispiele dafür gibt, wie Krankheit und Behinderung als Leinwand für Rassismus und Ableismus, aber auch für Verschwörungstheorien herhalten müssen. Ein Motiv, das insbesondere während der Coronapandemie an rechter Propaganda wahrnehmbar wurde: Als die rassistisch motivierte Gewalt gegen ostasiatisch gelesene Menschen in Deutschland anstieg, die unter dem #IchBinKeinVirus geschildert wurde. Zudem spiegelte sich die Gewalt während der Pandemie in der »Survival of the Fittest«-Meinung wider, dass kein Aufwand für behinderte und kranke Menschen betrieben werden solle, weil durch das Virus so oder so diejenigen sterben würden, die als nicht mehr lange lebensfähig gelten würden.

Und so ist es eine Eigenschaft des Faschismus, vermeintliche oder tatsächliche Schwäche als nicht schützenswerten, sondern verachtenswerten Zustand zu verstehen. Demzufolge es der Mehrheit nicht aufgebürdet werden kann, die Last der vermeintlich Schwachen zu tragen. Es ist eine menschenverachtende Haltung, die nach ökonomischer Leistungsfähigkeit bewertet und in der Forschung mit einer als bedrohlich empfundenen »Macht des Marktes« erklärt wird. »Marktkonformer Extremismus« heißt es dazu in der Mitte-Studie der Friedrich-Ebert-Stiftung (FES) »Fragile Mitte« von 2021, die dieses Weltbild erklärt. Die regelmäßig erhobene Mitte-Studie wirft seit Jahren den Blick auf zentrale Dimensionen rechtsextremer Ideologien als Teil der deutschen Geschichte. Dazu gehören zum einen völkische NS-Propaganda wie die Befürwortung einer Diktatur und die Verharmlosung des Nationalsozialismus, aber zum anderen auch ein Sozialdarwinismus, der eine »natürliche« Hierarchie zwischen »Leben und Völkern« unterstellt.

Die Vorstellung einer nationalen deutschen Schicksals-

gemeinschaft, die von »außen« oder »innen« gefährdet und bedroht werde, spiegelt sich damit nicht nur in rassistischen und antisemitischen Einstellungen wider, sondern auch in sozialdarwinistischen und damit ableistischen Vorstellungen. Wenn beispielsweise zwölf Prozent der Befragten der aktuellen Studie »Distanzierte Mitte« von 2022/23 glauben, dass sich in der Gesellschaft »wie in der Natur immer der Stärkere durchsetzen sollte«, vermeintlich »schwache« Mitglieder oder »unwertes Leben« Ballast oder dass »die Deutschen anderen Völkern von Natur aus« überlegen seien, dann haben wir es mit Sozialdarwinismus zu tun.

Es ist wenig verwunderlich, dass anstelle humanistischer und demokratischer Ideale zunehmend die Annahme über den wirtschaftlichen Nutzen einer Person darüber entscheidet, ob sie zur Gesellschaft dazugehört. Es ist ein Argumentationsmuster, das man nicht nur in rechtsextremen Kreisen findet. Auch der Maßstab eines kapitalistischen Wirtschaftssystems funktioniert so, bei dem die vermeintlich schwächsten Teile beseitigt werden müssen, damit die als stark geltenden Teile nicht leiden. Es ist aus politischen Debatten bekannt, dass immer wieder auch ökonomische Kriterien angeführt werden, um Bevölkerungsgruppen zu bewerten, zum Beispiel wenn es um Migration geht. So zeigt die aktuelle Mitte-Studie, dass der Aussage »Menschen, die wenig nützlich sind, kann sich keine Gesellschaft leisten« elf Prozent der Befragten zustimmen. Und laut Strobl sind es vor allem marktradikale Ideologien, die die Verachtung armer Menschen antreiben, die am meisten unter den Einschnitten im Sozialstaat leiden. Für Strobl ist deshalb der Neoliberalismus auch eine Spielart des Sozialdarwinismus, die sich dann im rechten Spektrum ausformt, wenn wirtschaftsliberale Menschen völkisch denken.

So entlarven sowohl die Ergebnisse der Mitte-Studie als auch die der Langzeitstudie »Deutsche Zustände« die problematische Verbreitung sozialdarwinistischer Vorstellungen in der Gesellschaft. Beide zeigen, dass die Demokratie heute insgesamt vor größeren Herausforderungen steht als noch vor zwei Jahren. Weil Deutschland mit mehr Rechtsradikalismus aus der Coronapandemie herausgekommen ist und gleich darauf der russische Angriffskrieg auf die Ukraine und eine damit verbundene Energiekrise folgten. Damit stieg nicht nur die Zustimmung zu menschenverachtenden Einstellungen, sondern gleichzeitig sank auch der Anteil an Menschen, die sie ablehnen. Darum kann das Land zwar noch auf eine Mehrheit einer nicht rechtsextremen Mitte bauen, aber – wie ich es in der Einleitung bereits schrieb – es ist eine Mitte, die schrumpft und schon seit langer Zeit immer weiter nach rechts rückt.

Ausgelöscht: Eine verschwiegene Geschichte

> *Erinnerungskultur ist zu einer Legitimationsfolie geworden,*
> *die eigene politische Agenda zu rechtfertigen.*
> *Eine Gegenbewegung dazu kann eigentlich nur aus der*
> *Zivilgesellschaft kommen.*
> *Und da müssen wir besser werden,*
> *Gleichzeitigkeiten zu ertragen.*
>
> – Max Czollek

Ich schreibe diese ersten Zeilen übers Erinnern nicht lange nach dem 7. Oktober 2023, um sie im Laufe der Monate zu überarbeiten. Noch immer bin ich mit »heilem Herz und Verstand« unterwegs, was nicht einfach ist, wie Max Czollek und ich in einer unserer Podcast-Folgen zusammen feststellen. Indem wir zusammen die gesellschaftlichen Entwicklungen in einem größeren Kontext für uns einordnen. Was können wir aus der Vergangenheit lernen, um es heute anders als früher und vor allem besser zu machen, haben wir in unserer ersten Folge Andreas Hechler gefragt. Dessen Urgroßmutter ich zu Anfang dieses Kapitels mit seiner Erzählung über sie porträtiert habe. Wir hatten ihn und andere eingeladen, um die unterschiedlichen Perspektiven der verschiedenen Verfolgtengruppen im Nationalsozialismus zusammenzubringen und die

Schatten unserer Gesellschaftsgeschichte neu auszuleuchten, weil das in der deutschen Erinnerungskultur fehlt.

Was war vor und nach 1945 in Deutschland? In jedem Fall war es danach nicht einfach, eine positive Erzählung dieses Landes heraufzubeschwören. Nachdem ein zweiter Weltkrieg verloren war, das Land durch Bomben zerstört und Millionen von Menschen umgebracht worden waren. In der DDR und der BRD wurde unterschiedlich aufgearbeitet. Während die DDR sich ein antifaschistisches Profil zulegte, konnten im Westen viele Nazis unbehelligt weiterleben. Die meisten Täter*innen wurden verschont, zugleich erfuhren Millionen von Opfern keine Gerechtigkeit. In den Familien wurde über diese Zeit kaum gesprochen. Laut Czollek formierte sich dadurch eine »Selbsterzählung der Selbstläuterung« in der Gesellschaft, die sich ausschließlich hier und da mit einigen beispiellosen Verbrechen konfrontierte. Dazu wuchs ein »Nie wieder« zum Mantra der Nation, gepaart mit »der Sehnsucht nach Wiedergutwerdung«.

Doch auch wenn sich Deutschland im Vergleich zu anderen Ländern mit seiner Gewaltgeschichte auseinandergesetzt hat, kritisiert Czollek, dass die bestehende Erinnerungskultur in der Gegenwart zu einem fehlerhaften Selbstbild führt. Eine Wahrnehmung, in der inzwischen die Einmaligkeit des Massenmords an jüdischen Menschen während des Nationalsozialismus, also der Shoah, mit der Aufarbeitung in Deutschland gespiegelt werde. Frei nach dem von ihm ironisch formulierten Motto: »Niemand hat jemals in der Menschheitsgeschichte so große Verbrechen begangen, aber niemand hat sie dabei so toll aufgearbeitet wie wir.«

Darum nennt Czollek die öffentlichen und politischen Gesten eines mustergültigen Erinnerns in Deutschland auch »Ver-

söhnungstheater«. Es ist eine Inszenierung, in der bis heute nicht alle Verfolgten authentisch vorkommen, und genau das schadet unserer Gesellschaft. Es ist das, was viele Menschen hierzulande unter anderem jetzt wahrnehmen.

So zeigen die aktuellen gesellschaftlichen Zustände uns auf heftige Weise die Normalisierung der Nichtaufarbeitung nach 1945. Und weil die Aufarbeitung nicht ausreichend war, müssen sich marginalisierte Menschen seit Jahrzehnten selbst helfen. Durch diese Leerstelle haben sich in der Folge zwar Gemeinschaften (Communities) gebildet, meistens jedoch, ohne dabei Querverbindungen zu den anderen (Opfer-)Gruppen herzustellen. Es fehlte an Zusammenarbeit und bei vielen ein Verständnis für den gemeinsamen Widerstand. Auch darum ist da kein »Wir« in Deutschland, sondern es gibt vielmehr auch zwischen den marginalisierten Gruppen Hierarchien, obwohl das Leid ein geteiltes sein sollte. Was für mich ein Grund ist, warum in progressiven Blasen oder Bewegungen seit einigen Jahren für die Idee eines intersektionalen Feminismus geworben wird, für Allianzen. Doch zeitgleich säen populistische Stimmungen, Polarisierung und einseitige mediale Framings in der Gesellschaft Misstrauen. Dazu kommen äußere, politische Einflüsse, Krisen und Krieg, die in der Gesellschaft polarisieren. Das Vertrauen in ein Miteinander sinkt, was der AfD wachsende Zustimmungswerte verschafft.

»Kann man sagen: ›Nie wieder‹? Zu einem Zeitpunkt, an dem es wieder ist«, fragte der Publizist Michel Friedman bei der Gedenkveranstaltung »Gegen das Schweigen« im Berliner Ensemble 2023. Und machte dabei deutlich, was hätte sein können, wenn man den Anfängen gewehrt hätte. Darum hilft auch mir die Analyse der Anfänge und ein Blick zurück, um mir Fragen nach gesellschaftlicher Selbstkritik und einem fehlen-

den Mit-Gefühl in unserer Gesellschaft zu beantworten. Kann man alle Menschen gleichzeitig im Herzen halten, wenn sie Ablehnung und Abwertung erfahren? Es ist eine Frage, die sich nicht nur auf die heutige Zeit, sondern auch auf das Schicksal der sogenannten vergessenen Opfer beziehen lässt, zu denen Sinti*zze und Rom*nja, queere Personen, Schwarze Menschen, als »Kriminelle« oder sogenannte Asoziale bezeichnete Menschen, Kriegsdienstverweigerer, Zwangsarbeiter*innen, Kommunist*innen, Displaced Persons und Verfolgte ohne deutschen Pass zählen. Ebenso die etwa 300 000 Kinder und erwachsenen Menschen, die ermordet wurden, weil sie behindert waren oder krank.

Sie wurden getötet und die meisten der Täter*innen dafür nicht verurteilt. Wie aber die Erinnerung an ein Verbrechen wachhalten, wenn zwischen 1945 und 1999 von den wenigen, insgesamt 438 NS-»Euthanasie«-Strafverfahren nur knapp sieben Prozent in rechtskräftigen Urteilen mündeten? In vielen Fällen: milde Urteile. Wie damit umgehen, dass zahlreiche Freisprüche auch vom Publikum mit Applaus bedacht wurden? Wenn sich bis heute wenige mit der Gewalt an behinderten Menschen oder aktuellen Anschlägen auf ihre Einrichtungen beschäftigen? Wie zum Beispiel der Angriff auf ein Pflegeheim der Lebenshilfe in Mönchengladbach im Mai 2024. Wo Mitarbeitende am Morgen einen Ziegelstein mit der menschenfeindlichen Aufschrift »Euthanasie ist die Lösung« neben einer beschädigten Tür fanden.

So lese ich beim Recherchieren über viele nicht verurteilte Täter*innen der NS-Zeit. Zum Beispiel von Pauline Kneissler, die als »Fachkraft« des Tötens bezeichnet wird und für den hundertfachen Mord in Grafeneck und Hadamar nur vier Jahre Haft bekam und schon nach einem Viertel der Zeit

wieder entlassen wurde und bis zur Rente als Kinderkrankenschwester arbeitete. Oder Valentin Faltlhauser, Direktor der Heil- und Pflegeanstalt Kaufbeuren-Irsee, der als Erfinder der »Entzugskost« gilt. Womit eine Gemüsesuppe gemeint ist, der alle Nährstoffe entzogen wurden, damit die mit ihr ernährten Personen verhungerten. Für seine Taten wurde er nur zu drei Jahren Haft verurteilt, die Vollstreckung wegen Haftunfähigkeit aufgeschoben. 1954 wurde er begnadigt. Keine Strafe also. Auch Hans Heinze, einer der Hauptgutachter der »Kinder-Euthanasie« und Leiter der »Kinderfachabteilung« in Brandenburg-Görden, in der Hunderte junge Menschen einen gewaltvollen Tod starben, konnte sich einer langjährigen und nachhaltigen Strafe entziehen. Nach siebenjähriger Haft kam er frei und wurde Leiter der Jugendpsychiatrischen Klinik im niedersächsischen Wunstorf. Wo er später an Heimkindern ohne ihr Wissen und ihre Einwilligung Arzneimittelstudien durchführen konnte.

Wie kann das sein? Wie viele wissen davon? Und was macht das mit uns als Gesellschaft? Wenn Gräuel geschehen und Täter*innen anschließend davonkommen und sogar Machtpositionen erhalten, aus denen heraus sie weitere Gewalt ausüben können? Noch nicht lange erlauben es die Landesarchive und das Bundesarchiv, dass die Namen der Täter*innen öffentlich genannt werden. Die Tabuisierung wurde so von einem Nichtwissenkönnen flankiert. Der Historiker Götz Aly, selbst Vater eines behinderten Kindes, beschreibt, wie in den 80er Jahren die Recherche über die Taten der Nationalsozialist*innen eine »erhebliche Hartnäckigkeit und kriminalistischen Spürsinn« erfordert habe, weil die Archive teils verschlossen waren und unvorstellbare Zustände, Geheimniskrämerei, Inkompetenz und Unwillen herrschten.

2013 schätzte er, dass mindestens jede achte Person in Deutschland und Österreich, die damals älter als 25 Jahre war und deren familiäre Wurzeln ins ehemalige Reichsgebiet bis 1900 oder weiter zurückreichten, direkt verwandt mit einem Opfer gewesen sein muss. Es gab also viele Verbindungen zu den Ermordeten. Warum aber wurde trotz dieser Zahlen dieses Kapitel deutscher Geschichte nicht tiefergehend beleuchtet? Woran hakt es? Fehlt es an Identifikationsmöglichkeiten mit den Opfern? Sind sie nicht repräsentativ genug, beziehungsweise müssen sie das sein? Und inwieweit sollen und können sie heute auch linken oder feministischen Anliegen dienen?

Viele dieser Fragen stellt Andreas Hechler in seinen Analysen. Denn eine zentrale Hürde für das Aufarbeiten dieses Kapitels der NS-Zeit ist in seinen Augen neben dem Verschweigen und Verharmlosen der Geschichte eine mangelnde Anteilnahme an den Schicksalen der Opfer. Er trifft damit einen empfindlichen Punkt, wenn er sagt, dass es eine Rolle spielt, dass sich ein nichtbehindertes Publikum mit behinderten Menschen selten(er) identifiziert. Dass es ein Bedürfnis gibt, die NS-Opfer mit Merkmalen auszustatten, mit denen es sich leichter persönlich verbinden lässt. Mit Protagonist*innen ohne Behinderung lässt sich ein nichtbehindertes Publikum scheinbar leichter erreichen. So wie sich ein nichtjüdisches Publikum in der Rolle des Oskar Schindler im Spielberg-Film *Schindlers Liste* von 1994 einfacher wiederfand.

Schindler war einst ein überzeugtes NSDAP-Mitglied und skrupelloser Geschäftsmann gewesen, vollzog einen moralischen Wandel und rettete gemeinsam mit seiner Frau Emilie 1200 jüdische Menschen vor den Vernichtungslagern der Nationalsozialisten. Vielleicht wurde deshalb im ersten großen deutschen Spielfilm zum Mord an behinderten Menschen, *Nebel im*

August, die Geschichte von Ernst Lossa erzählt. Er war das Kind sogenannter Fahrender, wie Jenische, Sinti*zze und Rom*nja damals abschätzig genannt wurden. Seine Mutter war gestorben, als er vier Jahre alt war, der Vater ins Konzentrationslager nach Dachau verschleppt worden. Gemeinsam mit seinen zwei Schwestern kommt Lossa mit 14 Jahren nach Irsee, eine Zweigstelle der Heilanstalt Kaufbeuren, wo er als »asozialer Psychopath« etikettiert und nicht mehr tragbar für die Gemeinschaft erklärt wird. Dort lebt er mit unterschiedlich behinderten Kindern und Jugendlichen zusammen und positioniert sich selbst als nichtbehindert. Er hilft den Krankenschwestern, schließt Freundschaften und wird Zeuge der Tötungen. Zu sehen ist, wie er das System zu durchschauen beginnt und deshalb zur Gefahr für den Leiter Valentin Faltlhauser wird. Das Anstaltspersonal ermordet Lossa 1944, indem es ihm Morphium-Scopolamin spritzt. Ein Mitarbeiter zögert kurz, weil Lossa doch gesund sei. Trotzdem wird auch er getötet, was für ein nichtbehindertes Publikum das Verbrechen noch monströser macht, wie Rebecca Maskos den Film kommentiert. Und kritisch die Frage stellt, was mit den anderen, den behinderten und kranken Kindern sei. Welches Unrecht sie im Auge des Publikums treffen würde?

Es ist ein kleines Beispiel für einen großen Fehler im Diskurs, in dem nicht alle NS-Opfer in gleichem Maße erinnert werden. Und natürlich soll und darf ihr Leid nicht hierarchisiert werden, aber es sollte in eine Gleichzeitigkeit gesetzt werden. Die Frage ist darum, was erschwert die Identifikation mit behinderten Menschen, die nicht den normierten Körperbildern entsprachen, die rebellisch waren oder krank?

Hechler glaubt, dass ihre Geschichten aufgrund einer ästhetisch-ableistischen Ablehnung verloren gegangen sind. Auch die Darstellung von langjährigen Anstaltspatient*innen, die

angeblich anstrengend für sich selbst und andere sind, passen für viele in keine nahbare Erzählung. Krank werden, scheitern, Isolation von der Familie, Pech im Leben haben – und dann kommen die Nazis. Wer findet sich in dieser Geschichte wieder? Es ist ein beklemmendes Urteil Hechlers, ein ehrliches. Die Geschichten behinderter und chronisch kranker Menschen gingen verloren, weil sie nicht der Stoff seien, aus dem Heldengeschichten von Rebell*innen, toughen Frauen oder Widerstandskämpfer*innen gemacht würden. Aber sollte es nicht reichen, dass sie Menschen waren?

Das ist sicher ein Grund, warum die Anteilnahme heute fehlt, und was die Aufmerksamkeitslücke noch weiter befeuert, ist die Tatsache, dass es nur wenige Überlebende gibt, die aus eigener Erfahrung über ihre Vergangenheit sprechen und Forderungen für die Gegenwart aufstellen können. So haben sich erst in den 80er und 90er Jahren Einzelne öffentlich zu Wort gemeldet, nachdem sie es geschafft hatten, sich ein eigenständiges Leben aufzubauen. Zu ihnen zählen beispielsweise Friedrich Zawrel und Elvira Manthey, die Tochter eines sogenannten Arbeitsscheuen. Ihr wurde als Kind nach dem Erbgesundheitsgesetz »Asozialität« als vererbte Krankheit attestiert, was sie als Vierjährige in ein Kinderheim und drei Jahre später ins »Irrenhaus« Uchtspringe in Sachsen-Anhalt brachte. Hier ging sie durch die Hölle. 2021 schrieb sie darüber das Buch *Die Hempelsche – Das Schicksal eines deutschen Kindes, das 1940 vor der Gaskammer umkehren durfte*. Im Ankündigungstext dazu heißt es, dass ihre Sprache über ihr Leben einfach und schmucklos sei, der Sicht des Kindes angenähert, das sie damals war. »Sie wertet nicht, kommentiert die Ereignisse kaum. Dem Leser bietet sich dadurch keine Distanz zum Geschehen, das ihn so unmittelbar trifft wie das Kind im Jahr 1940.«

Es gibt nur wenige selbst erzählte Geschichten aus dieser Zeit, und viele von den Menschen, die die Zeit überlebten, hatten keinen Zugang zu Kulturtechniken wie dem Schreiben oder dem Veröffentlichen von Memoiren. Dazu galten Menschen mit Lernschwierigkeiten laut Hechler damals in den meisten Fällen als »nicht bildungsfähig«, und es blieb ihnen verwehrt, schreiben zu lernen. Oder es gab Barrieren zwischen Überlebenden, die nicht in Lautsprache mit einem nichtbehinderten Publikum kommunizieren konnten, weil das die deutsche Gebärdensprache nicht beherrschte. Sie hatten darum wenig Möglichkeiten, juristische Prozesse anzugehen. So konnten die Täter*innen steile Karrieren hinlegen, und nicht wenige Opfer mussten auch nach 1945 mit ihnen konfrontiert bleiben. Es wird vermutet, dass viele Überlebende später in Heimen gestorben sind, ohne dass jemand von ihren Erfahrungen wusste, wie Hechler schreibt. Der zu Recht kritisch fragt, wer psychisch kranken oder lernbehinderten Menschen ihre grauenvollen Erzählungen damals überhaupt geglaubt hätte.

Behinderte und chronisch kranke Menschen hatten nach dem Krieg kaum Möglichkeiten, öffentlich über ihre Erlebnisse zu berichten. Erst die politische Bewegung behinderter Menschen band in den 70er und 80er Jahren dieses Kapitel der Geschichte erstmals in die Erzählung ihres Selbstverständnisses und ihre gesellschaftlichen Forderungen mit ein. Die »Krüppelbewegung« hatte ihren Namen als bewusste Provokation der Wiederaneignung einer abwertenden Beschreibung gewählt und unterstützte in ihrer Arbeit Nebenklagen von Familienangehörigen, was zu einer Zunahme von Klagen führte. Doch wurde erst 2007 das von den Nationalsozialist*innen erlassene »Gesetz zur Verhütung erbkranken Nachwuchses« in seiner Ausgestaltung und Anwendung vom Deutschen Bundestag als

Unrecht geächtet. Erst damit hätten die Opfer eine »moralische Rehabilitation« erhalten, wie es die Vorsitzende des Bundes der »Euthanasie«-Geschädigten und Zwangssterilisierten, Margret Hamm, damals ausdrückte. Als offizielle Verfolgte des NS-Regimes gelten sie aber weiterhin nicht, obwohl zeitgeschichtliche Forschungen den rassistisch-ableistischen Charakter der Gewalt an ihnen längst begründet und belegt haben. Doch wurde eine Änderung der bundesdeutschen Entschädigungsregelungen dahingehend 2008 vom Bundesfinanzministerium rundweg abgelehnt, das sich darauf berief, sämtliche Gesichtspunkte nach Anhörung führender Fachleute der Psychiatrie sorgfältig geprüft zu haben.

Doch würde eine Anerkennung nicht nur Entschädigung bedeuten, sondern auch, dass behinderte und chronisch erkrankte Menschen anderen Verfolgten des Nationalsozialismus gleichgestellt werden würden. Und weil dem nicht so ist, verwundert es wenig, dass es bis weit in die 2000er Jahre dauerte, bis die Debatte über ein Denkmal für die Opfer entfacht und noch einmal zehn Jahre mehr brauchte, bis es im September 2014 eingeweiht wurde. Bis heute stellt sich darum die Frage, warum die Geschichte der Morde an behinderten und kranken Menschen nicht verstärkt ins öffentliche Bewusstsein gerückt und in der historischen Aufarbeitung berücksichtigt wird. So wie es immer wieder und politisch zuletzt in einem einhelligen Votum in einer öffentlichen Anhörung des Ausschusses für Kultur und Medien Ende 2022 gefordert wurde.

Das nicht Besprochene wird verdrängt, und diese Vergangenheit steht wie ein Elefant im Raum und bestimmt unsere Gegenwart. Aber wie geht es weiter für die Opfer und ihre Nachkommen in Deutschland, wissend, dass sie noch immer um ihre Anerkennung als NS-Verfolgte kämpfen müssen? Es

gibt keinen Grund, ihnen den Verfolgtenstatus zu verweigern und sie damit zu Opfern zweiter Klasse zu machen. Stattdessen wäre es an der Zeit, die Kritik anzunehmen, dass behinderte Menschen zu wenig in das bisherige Gedenken miteinbezogen werden, was bis heute Folgen für sie hat. Weil sie nicht oder wenig mitgedacht werden. Nicht einmal in den Gedenkstätten selbst, wo sie selten als mögliche Besucher*innen wahrgenommen und stattdessen oft mit dem Argument »emotional oder kognitiv überfordert« als Zielgruppe übergangen werden, schreibt die Soziologin und Trainerin der historisch-politischen Bildung Uta George.

So war die Gedenkstätte Hadamar die erste, die Menschen mit Lernschwierigkeiten adressierte und gemeinsam mit dem Verein *Mensch zuerst* Materialien in Leichter Sprache entwickelte. Doch aus Sicht der Behindertenrechtsbewegung braucht es noch mehr, um ein behindertes Publikum anzusprechen. Nötig sind inklusive Seminare und Studientage in Leichter Sprache und weniger kognitive, sprachliche und sensorische Barrieren im Zugang zu den Themen, Häusern und Webseiten. Auch sollte in Erwägung gezogen werden, mehr behinderte Menschen als Guides in den Erinnerungsstätten auszubilden. Es braucht auch hier einen Abbau der getrennten Welten, weil unser Ziel sein sollte, zusammen aus der Geschichte zu lernen. Nur dann wird es auch den zahllosen medizinischen Institutionen nicht mehr möglich sein, die Aufarbeitung der NS-Taten ihrer Einrichtungen zu verhindern oder ihre Rolle in der Vergangenheit zu beschönigen und ein Tathandeln kleinzureden.

Ich sehe, wie schwierig es für eine Gesellschaft ist, sich generell und weltweit überholte abwertende Normvorstellungen von Menschen einzugestehen. Insbesondere wenn sich mit der Vergangenheit nicht auseinandergesetzt wird. In diesem Fall ist

es ein Kapitel deutscher Geschichte, das einfach wegfällt. Aber genau das gilt es zu ändern, wenn ein Zusammensein gewollt ist. Es braucht dafür ein inneres und intrinsisches Verstehen, eine Art »Gegensozialisierung«. Ein Verlernen und Dazulernen, und dabei bedarf es keiner persönlichen Identifikation mit behinderten Menschen, sondern Ehrlichkeit und Anteilnahme, ein aktives Mit-Gefühl. Deshalb plädiert Hechler auch dafür, Geschichten aus der Vergangenheit zu erzählen, die nicht in einem Happy End aufgehen müssen und unangenehm sein können. Das Publikum muss nicht den Wunsch entwickeln, die Opfer kennenlernen zu wollen. Denn es spielt für den Erinnerungsprozess keine Rolle, wie die Menschen waren und ob ich mich persönlich in ihnen oder ihrem Leben spiegeln kann. Es spielt nur eine Rolle anzuerkennen, dass sie ein Lebensrecht hatten und haben, so wie alle anderen Opfergruppen auch. Wie wäre es also, sich mit ihnen zu verbinden, damit ihre Leben nicht weiterhin vergessen werden? Weil es unser aller Geschichte und unsere Verantwortung ist, wie wir als Gesellschaft damit um- und vor allem weitergehen.

Luise Habel

Luise will weder Mitleid noch Verachtung. Sie will ein Gespräch auf Augenhöhe führen, was bedeutet, dass man sich auch mit ihr streiten darf. Ehrlichkeit ist ihrer Meinung nach besser als falsche Rücksichtnahme. Nachdenken und diskutieren besser als Verdrängung:

»Ich meine, wenn Behinderte und Nichtbehinderte sich gegenseitig ernst nehmen wollen, dann müssen sie diese Spannungen aushalten. Dann nützt es nichts, zu beschönigen und Ungutes zu verdrängen«, sagt Luise.

Luise wurde 1925 geboren. In ihrer Kindheit gibt es keine Schulpflicht für behinderte Kinder wie sie. Luise ist mit 15 Monaten an Kinderlähmung erkrankt und nutzt seitdem einen Rollstuhl. Ende der 70er Jahre wird sie positiv über die Errungenschaften sprechen. Darüber, dass es endlich eine Schulpflicht für behinderte Kinder gibt und Hilfsmittel von der Krankenkasse bezahlt werden. Dass Behörden für Beratung und Unterstützung zuständig sind und Berufsförderungswerke eine Ausbildung ermöglichen. Dass an einigen Universitäten das Studium für Rollstuhlfahrer*innen möglich ist. Und dennoch:

»Der behinderte Mensch ist Last und Störung. Die Gesellschaft nimmt ihn weitgehend nicht in ihre Mitte. Wie soll er Selbstvertrauen und Selbstbewusstsein bekommen, wenn er immer wieder erfahren muss, in den Augen der anderen bin ich nichts wert?«, fragt Luise.

Sie kritisiert die gesellschaftliche Situation. Nichtbehinderte Menschen würden sich mit Almosen davon freikaufen, echte Partner zu sein, und lieber Heime für behinderte Menschen bauen.

»Um uns zu beschützen, wie sie sagen, aber im Grunde genommen sind es Mauern, um sich vor uns zu schützen. Unser Anblick stört sie, wenn wir am öffentlichen Leben teilnehmen wollen. Sie fragen nicht nach unseren wirklichen Bedürfnissen. Wir haben kein Anrecht auf Gemeinschaft, auf Liebe, auf Partnerschaft«, sagt Luise.

Und all das, was ich hier in Auszügen zitiere, hat Habel in ihrem 1978 erschienenen Buch festgehalten. In *Herrgott, schaff die Treppen ab! Erfahrungen einer Behinderten* schreibt sie über ihr Leben und alltägliche Erfahrungen. Es ist ein Zeugnis für den Ableismus dieser Zeit. Und ist Erinnerung an ihre Kindheit, in der ihre körperliche Beeinträchtigung dazu führt, dass sie als lernbehindert eingeordnet wird und versucht, ihre verinnerlichte Selbstabwertung mit Fleiß auszugleichen.

Barrieren und getrennte Welten. Mit nichtbehinderten Menschen kommt Luise nur am Arbeitsplatz zusammen, wo sie unter Selbstausbeutung und vollkommener Anpassung ihre Tage bestreitet. Anerkennung gibt es für behinderte Menschen nur, wenn sie die gleichen Arbeitsergebnisse erzielen wie Menschen ohne Behinderung, was für sie im Verhältnis aber oft mit einem deutlich höheren Energieaufwand verbunden ist und sie oft in die völlige Erschöpfung treibt.

»Dankbar, lieb und freundlich – bitte nicht widerständig. Eine rebellische, aufmüpfige, kritische Behinderte ist unerwünscht – passt nicht ins Bild«, schreibt Luise.

Die sowieso nicht ins Bild passen will. Aber auch nicht in das der Behindertenrechtsverbände passt, die sich eigentlich

für die Kritik von Luise und ihren Mitstreiter*innen interessieren sollten, das aber praktisch nicht tun. Darum fordert Luise mit vielen anderen in ihrer aktiven politischen Zeit in den 70er Jahren tiefgreifende Veränderungen. Als in Deutschland neben Lesben, Schwarzen und migrantisierten Frauen auch behinderte Frauen verstärkt mit ihren Anliegen in die Öffentlichkeit treten. Luise kritisiert ein bevormundendes und arrogantes Verhalten nichtbehinderter Menschen behinderten Personen gegenüber, bei denen Unwissen, Lieblosigkeit und Mitleid Standard sind. Sie plädiert dafür, die räumliche Trennung abzuschaffen. Inklusion statt Sonderschule, alternative Wohnformen statt Behindertenheime. Luise will, dass der gesellschaftliche Leistungszwang ernsthaft infrage gestellt wird. Was für sie bedeutet, dass sich behinderte Menschen nicht der Welt nichtbehinderter Menschen anpassen sollten, sondern umgekehrt. Und wenn man es so lesen will, ging es Luise um eine Gesellschaft der Gegenseitigkeit, in der man füreinander einsteht und aufeinander eingeht.

»Eine Welt der Unvollkommenheit, in der man sich für seine Grenzen nicht schämen muss, wo Gefühle und Bedürfnisse ihre Berechtigung haben«, schreibt sie.

Es sind Wünsche, deren Erfüllung Luise Habel nicht mehr erleben wird. Sie ist 2014 gestorben.

Deutschland sozial. Was war nach 1945?

Pflegefall.
Wer Fall sagt und Mensch meint,
sollte den eigenen Sprachgebrauch überdenken.
Hinter jedem »Fall« steht ein Mensch
mit Bedürfnissen, Ängsten, Träumen, Freude und Trauer.

– Raúl Krauthausen

Deutschland in Trümmern, Menschen wie Gebäude. Eine Nachkriegszeit, in der geleugnet, verdrängt und geschwiegen wird. In personeller, gesetzlicher, ideologischer und institutioneller Hinsicht gab es nach 1945 keinen echten Bruch mit den zwölf Jahren nationalsozialistischer Praxis. Die Mehrzahl der neuen Bundesländer knüpfte an viele der alten Vorgaben und Strukturen an. Und dabei hatten behinderte Menschen weiterhin keinen Einfluss in den öffentlichen und politischen Arenen, was auch für den Verband der Kriegsbeschädigten, Kriegshinterbliebenen und Sozialrentner Deutschlands (VdK) galt, der zwar in den 50er Jahren zu einer Lobbygruppe wurde, dessen Mitglieder aber darunter litten, dass ihr Leben als weniger lebenswert bezeichnet wurde. Sie seien keine »armseligen Kreaturen«, protestiert 1963 ein Sprecher des Verbandes, dem bis zu seinem Tod 2009 auch mein Großvater angehörte.

Er war mit 16 Jahren als Soldat in den Krieg eingezogen und mit 18 Jahren verletzt worden. Verwundet flüchtete er von der Westfront in Frankreich nach Hause in sein kleines Dorf in Unterfranken. Aus seinem Unterschenkel werden nach seiner Rückkehr Granatsplitter und ein Teil seines Muskels entfernt, was zu bleibenden Schäden führt, die ihn besonders im Alter schmerzen. Die Granatsplitter in seiner Schulter hat er nie entfernen lassen, weil ihn das seinen Arm gekostet hätte.

Ich erinnere mich an die verdickte, große Narbe an seinem Wadenbein, wenn er sie, immer samstags nach dem Badetag im Hause meiner Großeltern, verbunden hat. In meiner Kindheit in den 80er und 90er Jahren fiel auch oft der Name seines Verbands, VdK, mit dem ich aber wenig anfangen konnte. Erst jetzt, im Rahmen der Arbeit an diesem Buch, kam in mir die Frage auf, was meinem Großvater diese Zugehörigkeit und die Erfahrung des Krieges und seiner Rolle darin wohl bedeutet hat. Ich weiß, dass ich mir als Kind diese Frage nicht gestellt habe, weil ich mir unter Krieg nichts vorstellen konnte und darum auch nicht mit ihm und meiner Großmutter darüber gesprochen habe, in welcher Art Verantwortung sie sich selbst und deutsche Familien in Bezug auf die Vergangenheit sahen. Über all das habe ich mir leider erst Gedanken gemacht, als die beiden nicht mehr am Leben waren. Als mir klar wurde, dass es in diesen Fragen und dem Umgang der deutschen Vergangenheit für die Nachkommen nicht um die Fragen von Schuld geht, sondern darum, dass aus dieser Zeit eine Verantwortung erwächst – auch für mich als Nachkommin. Weil ich Teil einer deutschen Familie bin, in der es nicht nur schweigende Menschen, sondern auch den Bruder meines Großvaters gegeben hat, der als Soldat der SS angehörte. Den ich nie kennenlernte und über den ich nicht viel weiß,

weil meine Mutter wiederum nur wenig Konkretes über ihn erzählt bekam.

Wie also war das Leben meines Großvaters als Kriegsverletzter mit einer Behinderung? Ein Konzept, das es damals in meinem Kopf ebenso nicht gab. Nur unterbewusste, ableistische Vorstellungen, die in mir heranwuchsen, die ich aber nicht mit meinem Opa in Verbindung gebracht habe. In einer Zeit eines gesellschaftlichen Diskurses der 80er und 90er Jahre, der auch das Leben unserer Familie und explizit auch das meiner hörbehinderten Cousine und meines beeinflusst hat. Das alles sind sicherlich Gründe, warum ich einer sozialisierten Prägung des Nichtwissen(wollen)s und -besprechens in unserer Gesellschaft heute nachgehe. Weshalb ich dafür jetzt in diesem Buch gedanklich zurück in die Zeit nach 1945 reise, weil ich ein Verständnis für die Art der Fürsorge aufzeigen möchte, die nach der sogenannten Nazifürsorge im Zweiten Weltkrieg in den Mittelpunkt der deutschen Behindertenpolitik getreten ist. Denn das braucht es, um unsere heutige Vorstellung von Care und Care-Arbeit zu verstehen.

So waren chronologisch betrachtet die Fürsorgegesetze der Weimarer Republik der nationalsozialistischen Ideologie unterworfen worden. Und die Nazis hatten ebendiese »Nazifürsorge« mit dem Versprechen genutzt, das bereits erwähnte vermeintlich »gesunde Volksempfinden« herzustellen. Weshalb der Begriff Fürsorge heute auch für viele einen negativen Beigeschmack hat und sich mit widersprüchlichen Bedeutungen füllen lässt. Deshalb drückt Fürsorge zwar aus, für das Wohl eines Menschen und seine Angelegenheiten zu sorgen, wenn er das selbst nicht oder nur teilweise kann. Aber die Frage dabei ist, mit welcher Haltung das geschieht. Insgesamt lässt sich der Begriff aus zwei Richtungen bestimmen: zum einen aus

Richtung der Sozialpädagogik und sozialen Arbeit, bei der das Miteinander häufig im Vordergrund steht. Zum anderen aus dem Kontext der Sozialpolitik heraus, in dem die Fürsorge ein institutionalisiertes und rechtliches Teilgebiet des Sozialstaates darstellt. Deutschland gilt als ebensolcher und betreibt eine Fürsorgepolitik, die sich auf das Leben behinderter Menschen auswirkt, also Konsequenzen hat. Außerdem spielen neben staatlichen und kommunalen Institutionen auch Familien und gemeinnützige Organisationen im Zusammenspiel eine Rolle.

Was also ist der Sozialstaat? Er gilt als Produkt der Moderne, des Industriezeitalters, der bürgerlichen Gesellschaft und des sich formierenden Kapitalismus, als Schrittmacher des sozialen Fortschritts. Seine Entstehungsgeschichte wird in verschiedene Phasen gegliedert: die Anfänge unter Reichskanzler Otto von Bismarck, Entwicklungen während des Ersten und Zweiten Weltkrieges und eine Rekonstruktion und ein Neuaufbau in weiteren Phasen nach 1945. Staatliches Ziel ist seitdem, dass seine Bewohner*innen nicht alleingelassen werden, wenn sie Unterstützung brauchen. Darum wird als Strukturelement einer Demokratie gegenseitige Unterstützung nicht nur mit Taten, sondern auch finanziell untermauert. Also mit Geld, das aus dem Sozialversicherungs- und Steuersystem gewonnen und an schutzbedürftige Menschen verteilt wird. Gesetzliche Sozialversicherungen haben dabei das Ziel, die größten Lebensrisiken eines Menschen abzusichern: wenn ein Mensch zum Beispiel seinen Job verliert, krank wird, einen Unfall hat oder gepflegt werden muss. Außerdem hilft der Sozialstaat Menschen, die von Armut bedroht oder betroffen sind, oder gibt beispielsweise an Familien mit Kindern Fürsorgeleistungen wie Wohn-, Kinder-, Eltern- oder Bürgergeld aus. Also Förderungen, die sich unter dem Stichwort Sozialausgaben zusammen-

fassen lassen und unter der Frage von Eigenverantwortung, Solidarität und Subsidiarität verhandelt werden.

Subsidiarität bedeutet in diesem Zusammenhang, dass eine übergeordnete Instanz sich dann um ein Problem kümmert, wenn die untergeordneten Instanzen dazu nicht mehr in der Lage sind. Wenn also das System der Selbsthilfe nicht mehr greift. Ein Solidaritätsprinzip wiederum baut darauf, dass die Bürger*innen eines Landes nicht nur für sich selbst verantwortlich sind, sondern auch für die anderen Mitglieder ihrer Gesellschaft. Weil sich nur in einer von Solidarität gekennzeichneten Gesellschaft auch eine soziale Gerechtigkeit herstellen lässt. Und dafür soll in Deutschland ein sogenannter Wohlfahrtsmix sorgen. Womit das Mischungsverhältnis zwischen institutionellen und informellen, aber auch gewinnorientierten und gemeinwohlbezogenen Institutionen gemeint ist, aus denen sich die sogenannte Wohlfahrt speist: also das Zusammenwirken von Familien, Nachbarschaften, dem Dienstleistungssektor, ehrenamtlichem Engagement, Verbänden und staatlichen Institutionen. Mithilfe dieses Systems, gepaart mit entsprechenden Gesetzen, versucht der Staat, dafür zu sorgen, dass die Lebensbedingungen und die Chancen auf ein selbstbestimmtes Leben für alle Menschen annähernd gleich sind. Doch was in der Theorie gut klingt, sieht in der Praxis ganz anders aus, weil es dabei um Verteilungsfragen geht, die nicht immer gerecht ablaufen.

Ich kann in diesem Buch die Struktur des Sozialstaates und seiner Institutionen nur in Facetten anreißen, mit dem Ziel, damit die Umstände im Umgang mit behinderten Menschen zu rahmen. Für die Struktur spielt neben dem Staat, seinem Sozialversicherungssystem und der Wirtschaft auch die organisierte Zivilgesellschaft als sogenannter Dritte Sektor eine Rolle.

Zu ihm zählen in Deutschland beispielsweise die Gewerkschaften, gemeinnützige Vereine, Stiftungen und andere Non-Profit-Organisationen und die Wohlfahrtsverbände wie unter anderem die Arbeiterwohlfahrt (AWO), die Caritas, das Deutsche Rote Kreuz, die Diakonie und der Paritätische Gesamtverband. Sie definieren sich über gemeinsame ethische Wertbilder und Vorstellungen, die auf dem Grundprinzip der Fürsorge basieren, was für sie ein Grundrecht auf ein menschenwürdiges Leben und gesellschaftliche Teilhabe impliziert. Bereits während der Weimarer Republik galten dabei die Wohlfahrtsverbände als ein wichtiger Bestandteil der sozialen Ordnung. Die nach Ende des Zweiten Weltkriegs reaktiviert oder neu gegründet wurden, weil sie während der NS-Zeit verboten oder in NS-Organisationen umgewandelt worden waren. Nach 1945 mussten sie ihre Arbeitsweise also neu ausrichten, was ihnen in Bezug auf die Vorstellung von Leistung und Auslese von Menschen unterschiedlich gut gelang.

Zusammengefasst ist dahingehend die Aufarbeitung der Geschichte der Institutionen der Fürsorge und Wohlfahrtspflege in Bezug auf die Teilhabemöglichkeiten behinderter Menschen in Ost- und Westdeutschland dem Forschungszweig der Disability History in Deutschland zu verdanken. Auch hier ist nur ein kleiner Exkurs möglich, der zeigen soll, wie sich der Umgang mit behinderten Menschen bis zum Mauerfall unterschieden hat. So zeigt sich beispielsweise in der Alltagsgeschichte behinderter Menschen in der DDR, dass der Wunsch nach ihrer Rehabilitation als architektonische Planungsaufgabe verstanden wurde und vorsah, dass die als »geschädigt« bezeichneten Bürger*innen am »Aufbau des Sozialismus« mitwirken sollten. Die Grundlage der Behindertenpolitik in der DDR hat demnach die Teilhabe behinderter Menschen am Arbeitsmarkt

in den Vordergrund gestellt, über deren Leben wiederum medizinische, pädagogische und politische Instanzen entsprechend entschieden haben. Ähnlich wie in Westdeutschland wurden sie eingestuft und in Kategorien mit unterschiedlichen »Beschädigungsgraden« einsortiert. Sie galten als betreuungs- und versorgungsbedürftig und nicht fähig, selbst zu entscheiden, was gut und richtig für sie ist. Behinderte Kinder wurden in Sonderschulen unterrichtet, wenn sie als »bildungsfähig« galten, und konnten entsprechend ihren Leistungen im System aufsteigen. Die dort vermittelten Kenntnisse entsprachen dabei oft dem, was in den Regelschulen gelehrt wurde, und so hatten die als »bildungsfähig« eingeschätzten Kinder die Möglichkeit, ihr Abitur abzulegen und später zu studieren. Sie erhielten auch Unterstützung bei der Wahl eines Berufs, den sie in einem Betrieb oder in einem Rehabilitationszentrum für Berufsbildung erlernen konnten. Wurde ein Kind hingegen als »nicht schulbildungsfähig« eingestuft, war ihm nur der Besuch einer Tagesstätte oder Fördereinrichtung möglich (sofern es genug Betreuungsplätze gab). Kinder mit Lernschwierigkeiten erhielten also lediglich Zugang zu einem verringerten Maß an Bildung, und 1973 wurden dazu pädagogische Richtlinien zur Arbeit für diejenigen verabschiedet, die als »lebenspraktisch förderungsfähig« galten. »Nicht förderungsfähige« Kinder wiederum hatten in diesem System kein Recht auf einen Platz in einer unterstützenden Einrichtung. Sie wurden zu Hause von den Eltern betreut oder, wenn dies nicht möglich war, in einem Heim untergebracht.

Zwischen 1949 und 1990 lebten in der DDR rund 140 000 behinderte Kinder und Jugendliche in Wochentagesstätten, Heimen, Krankenhäusern, psychiatrischen Kliniken und Fördereinrichtungen. Die Versorgung von behinderten Kindern

war nicht ausreichend, und die proklamierten sozialistischen Grundsätze von Gleichberechtigung waren mehr Schein als Sein. Die Ursachen dafür lagen neben den fehlenden Ressourcen auch in einem gesellschaftlichen Ableismus und mangelndem politischem und öffentlichem Interesse an den Bedürfnissen behinderter Menschen und ihrer Familien. Die Folgen waren ihre Isolation und Ausgrenzung. Ab dem 18. Lebensjahr erhielten die meisten als nicht bildungsfähig Geltenden eine Mindestrente, zu der sie hinzuverdienen konnten. Darüber hinaus gab es ein abgestuftes Pflegegeld, jedoch keine ambulanten Hilfen. Menschen mit hohem Assistenzbedarf hatten somit nur zwei Optionen: in der Herkunftsfamilie bleiben oder in einem Altersheim, dem sogenannten Feierabendheim, ihr Leben fristen. Ihr Alter spielte dabei keine Rolle, es gab keine separaten Wohn- oder Pflegeheime für jüngere behinderte Menschen. Ambulante Hilfen wie Pflegedienste oder Hilfe durch Zivildienstleistende existierten auch nicht. Das einzige Angebot war eine hauswirtschaftliche Versorgung und Mittagessenlieferung durch das DRK. Eine Versorgung im pflegerischen Bereich oder gar Hilfe in der Freizeit waren damals nicht vorgesehen. Da es keine Alternative zur gefürchteten Unterbringung im Pflegeheim gab, blieb man, solange es irgend ging, bei den Eltern wohnen, erinnerte sich 2001 die Autorin Isolde Hauschild vom *Forum selbstbestimmter Assistenz behinderter Menschen* aus Leipzig.

In Westdeutschland gestaltete sich die Lage anders grässlich. Dort fokussierte sich die Politik vorrangig auf die Versorgung der kriegs- und arbeitsverletzten Menschen und die Wiederherstellung ihrer Arbeitsfähigkeit. Also Menschen wie meinen Großvater, der sich wie viele andere, um soziale Ansprüche und Nachteilsausgleiche geltend machen zu können, der Legitima-

tionskette »behindert – arm – hilfsbedürftig« bedienen musste. Im Unterschied zur DDR wurde Behinderung in der westdeutschen Behindertenpolitik bis in die 70er Jahre vor allem auf ein individuelles und funktionales Defizit zurückgeführt. Der behinderte Mensch wurde nicht als erwerbsfähig und produktiv verstanden, sondern als »mehr oder minder leistungsgestört (lebensuntüchtig)«, wie das Bundesinnenministerium 1958 erklärte. Die politische Lobbyarbeit der Kriegsverletzten in Westdeutschland kämpfte gegen viele dieser verallgemeinernden Etikettierungen an und trug beispielsweise dazu bei, dass stärker zwischen als körperbehindert geltenden Menschen und denen mit Lernschwierigkeiten unterschieden wurde, was ein Jahr zuvor im »Gesetz über die Fürsorge für Körperbehinderte und von einer Körperbehinderung bedrohte Personen« erstmals amtlich erwähnt wurde.

Seitdem aber gilt das Etikett »körperbehindert« dem Etikett »geistig behindert« überlegen. Die Folge damals: Menschen mit Lernschwierigkeiten, neurodivergente Personen und psychisch oder seelisch kranke Menschen wurden weitgehend versteckt. Viele Eltern hielten aus Angst, Schuldgefühlen und Scham und weil die Einschätzung »lebensunwert« immer noch Mehrheitsmeinung war, ihre Kinder weiterhin verborgen, die sie vor der Vernichtung durch die Nationalsozialisten hatten retten können. Und manche stellten sich die Frage: »Warum gerade wir?«, was die Gleichzeitigkeit ableistischer Vorstellungen dieser Zeit von Behinderung als Strafe ausdrückte. Die eine Erklärung dafür ist, warum viele Eltern daran dachten, ihre Kinder zu töten, und Ableismus der Grund war, warum einige es taten.

So stellte die gesellschaftliche Ablehnung behinderter Menschen damals wie heute viele Familien ins Abseits, weil auch sie

unterschiedlich mit dem Thema Behinderung umgingen. Hatten behinderte Kinder keine Angehörigen mehr, so landeten sie in psychiatrischen Anstalten, Altenheimen oder Großeinrichtungen meist kirchlicher Träger, wo sie als sogenannte Pflegefälle isoliert von der Außenwelt »verwahrt« wurden. Dabei waren die Großeinrichtungen mit mehreren Hundert Betten oft in einem baulich schlechten Zustand, mangelhaft ausgestattet und meistens überbelegt. Dort herrschte die Maxime eines störungsfreien Ablaufs. Sprich: ein militärischer Erziehungsstil und gewaltvolle Strafen für als verhaltensauffällig eingeordnete Handlungen wie Schläge, Fixierungen, Isolierung und Medikamentenmissbrauch. Kurzum: Behinderte Menschen waren aufgrund ihrer mangelnden Repräsentation in der Öffentlichkeit und fehlender staatlicher Kontrollen in den Einrichtungen der Willkür des Systems ausgeliefert. Es ist ein Problem, das heute noch besteht.

Verdrängt und nicht aufgearbeitet

Ich will in deine tiefen Wasser
Große Wellen schlagen

– Judith Holofernes

Wir schreiben das Jahr 1952, als der niederländische Pädagoge Tom Mutters als Verbindungsoffizier der Vereinten Nationen für Kriegsverschleppte (Displaced Persons) im hessischen Goddelau die Betreuung von rund 50 geflüchteten Kindern mit Lernschwierigkeiten im Philipps-Hospital übernimmt, unter denen auch jüdische Kinder sind, deren Eltern nach ihrer Befreiung aus den Konzentrationslagern emigriert waren und sie zurückließen oder zurücklassen mussten.

Es fehlt damals an pädagogischen und sozialen Voraussetzungen, um die Kinder in ihrer Entwicklung zu unterstützen. Doch Mutters ist von ihren Potenzialen überzeugt und tritt an die Öffentlichkeit. Durch Presseberichte werden Eltern anderer behinderter Kinder auf seine Einrichtung aufmerksam. In Briefen bitten sie ihn um Hilfe und treten auch untereinander in Kontakt. Mutters' Artikel »Das geistig behinderte Kind in der heutigen Gesellschaft« erscheint in der Zeitschrift *Unsere Jugend*. Darin spiegelt er Erfahrungsberichte aus England, den Niederlanden und den USA, die einige Eltern zu einem Tref-

fen von knapp 15 Personen in Marburg veranlassen, wo sie die »Gründung« eines deutschen Vereins beschließen, der später Lebenshilfe heißen wird.

Im dabei entstehenden wissenschaftlichen Beirat sind auch die Professoren und NS-Täter Werner Villinger und Hermann Stutte vertreten. Deren gewaltvolle Vergangenheit aber erst Jahrzehnte später öffentlich werden wird. Wonach Villinger NS-Gutachter in Fällen von Zwangssterilisation und Mord an behinderten Menschen war, dazu Beisitzer am Erbgesundheitsobergericht in Hamm und bis 1939 Chefarzt der Bodelschwinghschen Anstalten in Bethel, deren Rolle im Rahmen der NS-»Euthanasie« bis heute diskutiert wird. Stutte wiederum hatte 1943 über »Rassenhygiene« habilitiert und später »Nachkommensuntersuchungen« an Fürsorgezöglingen an der Justus-Liebig-Universität Gießen vollzogen.

Aus dieser Zeit kannten sich die beiden, und dass es für sie nach 1945 beruflich sehr erfolgreich weitergehen konnte, ist ein weiteres Beispiel für die Folgen der Verdrängung und Nichtaufarbeitung, die sich auch im System der Wohlfahrt, Wissenschaft und Fürsorge feststellen lässt. Darum konnte Villinger bereits ab 1946 als Direktor der Universitätsnervenklinik in Marburg weiterarbeiten und Stutte als Oberarzt mit an die Klinik bringen, was durch den Umstand begünstigt wurde, dass beide schnell als entnazifiziert im System, also frei von nationalsozialistischem Gedankengut, galten, obwohl sie von der amerikanischen Militärregierung zunächst als »Nazis« eingestuft worden waren. Aber nur so war es möglich, dass Villinger bereits 1950 der Vorsitzende der wiedergegründeten Deutschen Vereinigung für Jugendpsychiatrie werden, in Ausschüssen wie dem des Bundesgesundheitsrats sitzen und später für seine Verdienste in der Jugendpsychiatrie mit dem

Bundesverdienstkreuz geehrt werden konnte. Was erstaunt, wenn man sich mit seinen damaligen Ansätzen, Aussagen und Aufsätzen befasst, in deren Literaturverzeichnissen einschlägig bekannte nationalsozialistische Werke wie das *Handbuch der Erbbiologie* zu finden sind. Stutte wiederum vermittelte ab 1954 als Leiter der kinder- und jugendpsychiatrischen Klinik der Philipps-Universität Marburg in seinen Aufsätzen seinen Studierenden abwertendes Pseudowissen über vermeintliche »Verbrecherstämmlinge« und ihre Familien. Er forderte beispielsweise 1956 in einem Handbuch der Heimerziehung, »die Kerngruppe chronischer Asozialität möglichst frühzeitig [...] einer geeigneten ›Sonderbehandlung‹ zuzuführen«, wie der Publizist Ernst Klee in einer großen Recherche für den *Spiegel* 1992 ausführte, als Villinger und Stutte längst tot waren. Als »Sonderbehandlung« wurde zu Zeiten des Nationalsozialismus die gezielte Ermordung kranker, behinderter, als nicht arbeitsfähig geltender Menschen bezeichnet.

Klees Text ist eine kritische Aufarbeitung von Villingers und Stuttes Vergangenheit. Der in meiner Kindheit erschien, über die ich zu Anfang dieses Kapitels nachgedacht habe. Er trug den Titel »Sichten und – Vernichten« mit der einordnenden Unterzeile: »Während einige Historiker schon fordern, die Nazizeit endlich ruhen zu lassen, sind noch immer nicht alle grausigen Kapitel geschrieben. Unser Autor schlägt ein neues auf.« Es ist bis heute ein Kapitel, das von unserer Gesellschaft noch nicht zu Ende gelesen wurde und darum nachwirkt. Dass die Gewalt und Morde an behinderten Menschen in der NS-Zeit verschwiegen und verdrängt werden, erklärt, wie ein weiter gärender gesellschaftlicher Ableismus es damals möglich gemacht hat, dass Villinger und Stutte 1958 zu Gründungsmitgliedern der Lebenshilfe werden konnten. Es ist bitter, da-

bei zu erkennen, dass ihre Vereinsbeteiligung mit dazu führte, dass der Verein bis in die 70er Jahre für die Sterilisierung von behinderten Menschen einstand. Unter anderem weil befürchtet wurde, dass die Kinder von behinderten Frauen ebenfalls behindert auf die Welt kämen.

Entscheidend bei dieser ableistischen Argumentation war dabei der soziale Aspekt: Nämlich, dass behinderten Frauen nicht zugetraut wurde, gute Mütter zu sein, und dass eine mögliche Angewiesenheit auf Assistenz bei der Pflege und Erziehung der Kinder ihr Recht auf eine eigene Familie einschränken sollte. Es ist eine Einstellung, die bis heute noch viele Menschen haben. Die in den 70er Jahren nicht nur von der Lebenshilfe, sondern auch von anderen Trägern wie dem Paritätischen Wohlfahrtsverband oder dem Bundesgesundheitsrat gestützt wurde. Sozialdarwinistische Ansichten dieser Art waren auch bei der Stiftung für das behinderte Kind zu finden, die laut der Mitglieder der damals aktiven Hamburger Krüppelgruppe Nati Radtke und Udo Sierck, eigentlich Stiftung gegen das behinderte Kind hätte genannt werden müssen, da es ihr vor allem um Vorsorge und Früherkennung in Schwangerschaften gegangen sei, also de facto um die Verhinderung von Geburten behinderter Kinder.

Es ist wichtig, diese komplexe Vorgeschichte zu kennen, um zu verstehen, auf welcher Basis und mit welcher Einstellung sich die Institutionen der Fürsorge nach 1945 organisierten, von denen viele bis heute noch aktiv sind. Um einzuordnen, was mit den Kindern geschah, die nach dem Zweiten Weltkrieg geboren wurden, als die Geburtenzahlen wieder stiegen und auch wieder mehr behinderte oder chronisch kranke Kinder zur Welt kamen. Vermehrt traten in den 50er Jahren damals Fälle von Polio, also Kinderlähmung, bei Kindern auf, und

zwischen 1958 und 1962 führte das Medikament Contergan zu Behinderungen bei vielen Tausend neugeborenen Babys. Diese wurden durch einen Wirkstoff des Schlafmittels Thalidomid hervorgerufen, das die schwangeren Mütter eingenommen hatten, ohne die Risiken für ihren Nachwuchs zu kennen.

Durch den »Contergan-Skandal« erhielt die Debatte über Behinderung eine weitere Perspektive und gewann an Intensität. Denn eine neue Definition und ein neuer Umgang damit wurde nötig, weil es nun um die Schuld der Pharmaindustrie ging. Der schädigende Effekt von Medikamenten gesellte sich zu den Erklärungen von Behinderung wie im Krieg davongetragenen Verletzungen, Auswirkungen atomarer Strahlung, dem volkstümlichen Glauben von der »Versehrung« der Schwangeren oder einer Strafe Gottes.

Als erste Zeitung schrieb 1961 die *Welt am Sonntag* über die körperlichen, äußerlich sichtbaren Auswirkungen auf den Körperbau der Babys. Und weil es zu diesem Zeitpunkt noch keine Bilder von ihnen gab, prägte vor allem eine medizinische Sichtweise mit allgemeinen und teilweise abstoßenden Beschreibungen die öffentliche Wahrnehmung. Es war damit quasi jeder lesenden Person selbst überlassen, was er unter »Missbildungen an Neugeborenen« verstand. Erst Jahre später ging es um die Kinder selbst und die soziale Frage nach staatlicher Verantwortung, Hilfe und Fürsorge, wie die Historikerin Anne Helen Crumbach schreibt. Offensichtlich offenbarte sich in dieser Zeit einmal mehr die ableistische Prägung der Gesellschaft, was auf schlimmste Weise der Fall der Familie van de Put aus dem belgischen Lüttich zeigt, in der die Mutter ihr durch Contergan behindertes Kind kurz nach der Geburt mit einer Überdosis Schlafmittel tötete.

Vorfälle wie dieser brachten die Diskussion um lebens-

wertes und -unwertes Leben auch in die Medien. Öffentlich zeigte sich dazu ein gemischtes Stimmungsbild: Einerseits gab es Zustimmung für die Mütter und das medizinische Personal, die Abtreibungen in diesen Fällen unterstützten, und andererseits gab es erboste Reaktionen und Appelle an eine christliche Verantwortung, auch weil die Vorgänge an eine nationalsozialistische Vergangenheit erinnerten. So äußerte sich auch der Vatikan zu den Ereignissen und plädierte für den Schutz des ungeborenen Lebens.

Insgesamt führte der Contergan-Skandal zu den unterschiedlichsten Zuschreibungen, die zum Prüfstein für viele Familien in einer aufgeheizten Stimmung wurden. Auch für den medizinischen Umgang mit Behinderungen hatte er Bedeutung. So versuchte beispielsweise die Neurologie mithilfe der Ursachenforschung für die Auswirkungen von Contergan, Abstand von ihrem NS-Erbe zu gewinnen. Denn auch Neurolog*innen waren neben Psychiater*innen an den Auslöschungsprogrammen während des Nationalsozialismus beteiligt gewesen, und personelle Verbindungen bestanden auch dort nach 1945 weiter. Es gab auch in diesem medizinischen Bereich keine Stunde null, sondern nur einen Neuanfang ohne Aufarbeitung. Und bei diesem spielte in den 60er Jahren der Bereich der Orthopädie eine zentrale Rolle. Weil das Ziel orthopädischer Maßnahmen wurde, Gliedmaßen durch Prothesen zu ersetzen, um die als »geschädigt« geltenden Menschen wieder zu »vollwertig« klassifizierten Mitgliedern der Gesellschaft zu machen, wie es hieß.

Auch hier lässt sich die gängige Perspektive des »medizinischen Modells« wiederfinden, das von gesunden Menschen und der Norm entsprechenden funktionierenden Körpern ausging und behinderte Menschen dahingehend »normalisieren«

will (auch optisch). Bis heute fehlt auch hier eine kritische Auseinandersetzung mit der gängigen Sichtweise, dass eine Prothese einfach nur angezogen werden müsse und »schon ist man gar nicht mehr behindert«, wie Daniela Maier auf ihrem Blog *Perspektivenwechsel mit Prothesen* schreibt.

Sie beschreibt damit die Tendenz einer »Normalisierung«, die in den 60er Jahren auch auf den Umgang mit den sogenannten Contergan-Kindern abzielte. Eine Fürsorge, gepaart mit dem Einsatz von Prothesen, die die Hoffnung vermitteln sollte, dass der technische Fortschritt noch kein Ende gefunden habe, wie Anne Helen Crumbach erklärt. Weil es im Fall der Contergan-Kinder nun explizit auch darum ging, für eine gesellschaftliche Akzeptanz ihrer Körper zu werben, die auch ihre Eltern zum Teil erst lernen mussten.

Diese Fürsprache war bitter nötig und ist es heute noch, weil sogenannte Fehlbildungen oder die Vorstellung vermeintlich nicht vollständig funktionierender Körper dazu führen, dass Menschen ausgegrenzt, begafft und ableistisch behandelt wurden. Die Soziologin und Professorin für Disability Studies Anne Waldschmidt beschreibt, wie wir durch die damit verbundenen Vorstellungen »lernen«, äußerlich »sichtbare« Behinderungen als beschämend zu empfinden. Weshalb nicht wenige behinderte Menschen versuchen, ihre Behinderung zu verstecken oder unauffällig zu regeln, indem sie sich anpassen, weil sie permanent ihre vermeintliche Unvollkommenheit gespiegelt bekommen.

Es sind unangenehme Blicke, die auch ich temporär auf meinem Körper spüren konnte, als ich wegen eines Fußbruchs für mehrere Wochen neben Krücken einen Rollstuhl genutzt habe und das Erspähen meines Gipsschuhs mein Gegenüber oft sichtlich entspannte. Nicht selten nahm ich ein Ausatmen

wahr. Ich war irritiert, zu Anfang ungläubig, ob das wirklich so ist, und suchte das Gespräch über diese Erfahrung, um festzustellen, dass ich mich nicht getäuscht hatte, sondern damit einem gängigen Verhaltensmuster auf die Schliche gekommen war. Es gibt ihn, diesen prüfenden Blick auf die Beine von Menschen in Rollstühlen, über den ich unter anderem auch mit Judyta Smykowski in einem unserer Redaktionsgespräche sprach. Darüber, dass ich in dieser Zeit nicht nur einmal gefragt wurde, warum ich mich dafür entschieden hätte, einen Rollstuhl zu nutzen. Und das mit der ableistischen, weil abwertenden Konnotation: warum man sich da freiwillig reinsetzt und nicht lieber die Krücken benutzt. Oft habe ich damals zurückgefragt, was denn dagegenspricht, dass ich mir mein Leben mit dem Rollstuhl erleichtere. Meistens war die Antwort darauf: Schweigen.

Ich erwähne diese Anekdote, weil ich damit ein simples und doch konkretes Beispiel für den »medikalisierten Blick« auf Behinderung verdeutlichen möchte. Den die Professorin für Disability Studies Swantje Köbsell als gefühlten Druck aus nichtbehinderter Perspektive erklärt, eine medizinische Normalisierung für sogenannte besondere Körper zu finden. Ich lese darum im prüfenden Blick auf meine Beine im Rollstuhl den Wunsch nach Kategorisierung in meinem Gegenüber. Die Frage: Zu welchem Club zählst du? Bist du eine von uns – nichtbehindert – oder behindert? Für mich als nichtbehindertem Menschen lässt sich aus ableismuskritischer Perspektive diese temporäre Erfahrung natürlich nicht mit der Lebensrealität von Menschen vergleichen, die regelmäßig oder immer einen Rollstuhl benutzen. Doch kann ich aus meiner temporären Erfahrung sagen, dass ich mir »meines nichtbehinderten Clubs« auf unangenehme Weise bewusst wurde. Die Reaktio-

nen Außenstehender waren für mich ein Beleg für das privilegierte Leben, das ich als nichtbehinderter Mensch in vielen Situationen ohne all die Barrieren führe. Sie waren ein weiterer Beweis für mich, wie ableistische Normalisierung bis heute funktioniert. Es ist eine Normalisierung, die sich im ambivalenten Blick auf unsere Körper seit langer Zeit zeigt und sich beispielsweise in den 60er Jahren der Aussage des prominenten Orthopäden Oskar Hepp ausdrückt, der zugewandt und gleichzeitig abwertend erklärte, dass die »Contergan-Kinder« nicht »defekt« seien, sondern »normal mit anders gearteten Gliedmaßen«.

Darum erneut die Frage: Was ist normal? Und: Welche Rolle spielt der Zeitpunkt, in dem ein Mensch behindert wird? Auch darüber spreche ich mit Smykowski: Über den Unterschied zwischen Menschen, die einmal nichtbehindert waren und behindert werden, und denjenigen, die seit ihrer Geburt behindert sind, wie beispielsweise sie und mein Kind. In diesem Gespräch geht es neben unterschiedlichen Versorgungsleistungen, die mit dem Zeitpunkt des Behinderungseintritts einhergehen, auch um die Frage von erhöhter und verminderter gesellschaftlicher Akzeptanz, weil sich im Zeitpunkt, in dem eine Behinderung eintritt, oft auch die Frage von Zugehörigkeit mitentscheidet. Zu welcher Gruppe gehörst du und hast du gehört? Welches Wissen kommt dir dadurch zu, und welche Art Habitus nimmst du ein, weil du bestimmte Zugänge besitzt oder vielmehr besessen hast? Auch dieses Gespräch zeigt mir, wie sehr unsere Körper an vermeintlichen Normen und Normkörpern orientiert sind. Wonach sich unsere Gesellschaft ausrichtet und aus welcher Perspektive oft gesprochen und gedacht wird und damit viele Dinge entschieden werden. So wie ich immer wieder Menschen in meinem Alltag von der

»anderen Hautfarbe« sprechen höre, wenn sie Schwarz meinen. Und ich selbst nie auf die Idee käme, das zu sagen, weil *Weißsein* für mich nicht die Norm ist. Denn von mir aus betrachtet: Was wäre das, »die andere Hautfarbe«?

Segregation 1.0

Nur wer seine Vergangenheit kennt,
kann seine Zukunft gestalten.

– Sankofa-Weisheit

Familie Zabel. Ein fleißiges, biederes Durchschnittsehepaar mit einem Tante-Emma-Laden in den 50er Jahren in Deutschland. Sie sind beliebt bei ihrer Kundschaft und leben gemeinsam mit ihren Kindern im Hinterhaus des Ladens. Aber Mutter Zabel versteckt etwas. Sie ahnt, dass mit ihrem Kind Walter »etwas nicht stimmt«, weil er mit über zwei Jahren noch nicht spricht.

»Dies ist eine Geschichte einer Familie, deren Kind anders ist als andere Kinder«, sagt die Sprecherstimme in der ZDF-Spielfilmserie *Unser Walter* von 1974, die von dem Leben der Familie handelt. Das Publikum verfolgt, wie die Filmmutter von der Diagnose ihres Kindes erfährt: Down-Syndrom.

»Dr. Wedemeier hat ihnen doch sicher erklärt, welche Aussichten ein mongol***** Kind hat, ich meine, welche Belastungen auf einen da zukommen, und wir Ärzte da wenig tun können«, sagt der Arzt. Und lässt damit die völlig überfordert wirkenden Zabels allein.

»Da muss es doch Medikamente geben«, jammert der Vater. Der etwas »dagegen« unternehmen will – wegen des Ladens

und der Kundschaft. Und die Mutter: »Dass das ausgerechnet uns passiert.«

Sieben Folgen brauchen die Zabels, um Walter anzunehmen, wie er ist. In denen das Publikum das Leben von Walter bis zu seinem 21. Geburtstag erlebt. Die Einschaltquoten der mehrfach ausgezeichneten Serie liegen bei 40 Prozent und sind damit so hoch wie die der US-Westernserie *Bonanza*. Das Publikum interessiert sich dafür, wie ein Mensch mit Lernschwierigkeiten aufwächst. Alltag und Ableismus gespielt von Profis und Laien. »Verblüffend realistisch«, wie es im Beitrag der ZDF-Sendung *Hallo Deutschland* 40 Jahre nach der Erstausstrahlung heißt. Und inzwischen ist es 50 Jahre her, dass in westdeutschen Medien damit erstmals prominent die Frage gestellt wurde, welchen Platz und welche Rolle behinderte Menschen in der Gesellschaft einnehmen.

Dass diese Frage so prominent im Fernsehen verhandelt wurde, kann als Ergebnis einer veränderten Wahrnehmung ab den 60er Jahren betrachtet werden. Als die Studenten- und Frauenbewegung in Deutschland »ewig Gültiges« infrage stellt und ebenso die Behindertenrechts- und Krüppelbewegung in Deutschland ihre Anfänge macht und Menschenrechte einfordert. Damit, dass 1969 Willy Brandt als erster Bundeskanzler in einer Regierungserklärung die Situation von behinderten Menschen explizit anspricht. Und im gleichen Jahr Bundesarbeitsminister Walter Arendt verkündet, dass die Qualität des Lebens für behinderte Menschen in unserer Gesellschaft ein Spiegel der Qualität der gesamten Gesellschaft seien. Zusammen mit Bundespräsident Gustav Heinemann adressiert er sie erstmals als vollwertige Bürger*innen. Als Menschen, die partizipieren, die nicht »nur« Hilfeempfänger*innen sind und auch nicht als solche verstanden werden wollen.

So ergab sich mit den Zabels laut Historiker Raphael Rössel anhand der Serienausschnitte, der Telefonprotokolle von Anrufen nach der Sendung und der Medienberichte damals eine doppelte Wirkung für das Fernsehpublikum. Weil die Serie die einerseits weithin unbekannte Lebenswelt von Menschen mit Down-Syndrom zeigte und andererseits eine fortschrittsoptimistische und geschlechterkonservative Musterlösung für den innerfamiliären Umgang mit behinderten Kindern darbot. Der gesellschaftliche Wandel offenbart sich laut Rössel darin, dass die Zuschauer*innen nicht nur ihr Entsetzen über die alltäglichen Ausgrenzungen der Familie bekundeten, sondern auch das Ziel der Serie befürworteten. Nämlich in »unserer grausamen Gesellschaft Verständnis für solche Kinder zu wecken«, wie es in einem der Hörerprotokolle des ZDF-Telefondienstes von 1974 heißt. Doch lässt sich in der Formulierung »solche Kinder« die bestehen gebliebene Distanz einer Zeit ablesen, in der viel im gut gemeinten Sinne passierte, aber die Tatsache der Trennung von nichtbehinderten und behinderten Menschen von den meisten wenig hinterfragt wurde. Stattdessen aber wurde die Gruppe behinderter Menschen weiter ausdifferenziert.

So rückten neben körperlich beeinträchtigten Personen nun auch diejenigen mit Lernschwierigkeiten und Menschen mit seelischen Beeinträchtigungen mehr ins Bewusstsein der Sonderpädagogik. Was die Vorstellung von Begabung veränderte: Fortan galt sie nicht mehr nur als Voraussetzung fürs Lernen, sondern auch als dessen Ergebnis, wie die Rehabilitationspädagogin Sieglind Luise Ellger-Rüttgardt schreibt. Darauf aufbauend bildeten sich die Sonderschulklassen für sogenannte praktisch Bildbare weiter aus. Ebenso gewann in der Wissenschaft die Kategorie »geistige Behinderung« an Interesse und

die »Schule für geistig Behinderte« zählte in den 70er Jahren zum fest verankerten Teil des Schulwesens. So schritt der Ausbau dieses Sonderwesens auch in anderen Bereichen voran und stellte zum damaligen Zeitpunkt eine tatsächliche Verbesserung für die Versorgung von behinderten Menschen dar, wie Swantje Köbsell schreibt. Doch Selbstbestimmung und gesellschaftliche Teilhabe waren dabei kein Thema. Stattdessen spielte sich ihr Leben in den fest umrissenen Grenzen der Sondereinrichtungen ab. Und egal ob in Wohnheimen, Behindertenwerkstätten, Rehazentren oder der Psychiatrie – die Bedingungen dort blieben katastrophal. Wie beispielsweise 1974 eine von der Bundesregierung eingesetzte Enquetekommission in den psychiatrischen Großeinrichtungen feststellt.

Große Schlafsäle, desolate hygienische Verhältnisse, schlecht ausgebildetes Personal und ungenügende medizinisch-therapeutische Versorgung. Und während die Bewohner*innen in Heimen und Psychiatrien ruhiggestellt wurden, zeichneten sich die Behindertenwerkstätten und Rehabilitationszentren, also Berufsförderungswerke, durch extreme Leistungsanforderungen an die behinderten Menschen aus. Dazu gab es dort keine Privatsphäre und bei der Berufswahl kein Mitspracherecht. Über ihre Leben entschieden die Kostenträger und die Geschäftsleitung, weshalb viele von ihnen schon damals gezwungen waren, eine kaufmännische Ausbildung zu durchlaufen. Doch hatten die Anonymität, Isolation, der Leistungsdruck und die Überwachung drastische Folgen für sie. Aggressionen, Depressionen und Suizid waren gängig in den Rehazentren. Denn wer den Leistungsanforderungen nicht gewachsen war, musste die Ausbildung abbrechen und die Einrichtung verlassen. Vielen blieb nur noch die Arbeit in einer Behindertenwerkstatt, schreibt die Sozialwissenschaftlerin Jana

Groth in ihrem Buch *Intersektionalität und Mehrfachdiskriminierung in Deutschland – Marginalisierte Stimmen im feministischen Diskurs der 70er, 80er und 90er Jahre.*

Über 40 Jahre lang befasste sich der Rechtsanwalt Alexander Frey mit den Bedingungen in der sogenannten Behindertenpflege, führte über hundert Prozesse gegen Heimaufsichten und Berufsbetreuer*innen wegen körperlicher und seelischer Misshandlungen, tödlicher Stürze, rechtswidriger Fixierungen, Sedierens durch Psychopharmaka oder willkürlicher Besuchsverbote gegen Angehörige. Seit 2014 klagte er mehrmals vor dem Bundesverfassungsgericht in Karlsruhe, um die systemimmanenten Ursachen für Menschenrechtsverstöße in der Pflege zu beheben. 2018 brachte er mit seiner unabhängigen Gruppe Forum Pflege aktuell das Thema vor den Ausschuss für wirtschaftliche, soziale und kulturelle Rechte der UNO, welche die Bundesregierung anschließend rügte. Für Frey gibt es kein Heim, bei dem er reinen Gewissens sagen kann, dass es ein gutes sei. Und das öffentliche Unwissen und die Ignoranz über die Zustände vielerorts zeigte sich 2021 beispielhaft in der Berichterstattung über den Tod von vier Menschen mit Behinderung in einer Pflegeeinrichtung, die unter dem Hashtag #Potsdam viral ging.

Vier Menschen zwischen 31 und 56 Jahren waren von einer Pflegerin getötet worden, die dort jahrelang gearbeitet hatte. Eine weitere Bewohnerin überlebte schwer verletzt. Auf die Tat folgten ableistische Spekulationen: Waren Überforderung oder Überlastung, der Personalmangel oder die schlechte Bezahlung der Grund? Der Polizeipsychologe Gerd Reimann mutmaßte im rbb, dass die Pflegerin die Menschen habe von ihren Leiden erlösen wollen. Eine redaktionelle Einordnung dieser ableistischen Aussage im Kontext der Geschichte der Morde an

behinderten Menschen erfolgte nicht. Sie wurde stehen gelassen und versendet. Der Aufschrei erfolgte im Netz, wo es hieß, dass Menschen mit Behinderungen nicht von ihrem Leiden, sondern von dem Leid erlöst werden wollten, das nichtbehinderte Menschen verursachen, wenn sie ihnen ein gutes Leben verwehren oder absprechen.

Von wegen Fürsorge

> *Mit der Präzision käme die Zartheit,*
> *das genaue Hinsehen oder Hinhören,*
> *mit der Präzision käme jene Differenzierung,*
> *die die einzelne Person als menschliches Wesen erkennt.*
>
> – Carolin Emcke

Es wird Zeit, mehr darüber zu sprechen, dass behinderte Menschen in Heimen Gewalt und Diskriminierung erfahren. So wurde im Mordfall von Potsdam durch die Zeug*innenaussagen vor Gericht neben den schlechten Arbeitsbedingungen auch die strukturelle Gewalt der Hausleitung verhandelt. Die Angst der Angestellten, sich zu beschweren, weil dann die Versetzung gedroht hätte. Doch wie so oft versperrte auch in diesem öffentlich gewordenen Vorfall der Blick auf die Täter*innen die Sicht auf die Leben derjenigen, die es betrifft. Er ist versperrt, weil es ein gesellschaftlich akzeptiertes, flächendeckendes Netz an Sondereinrichtungen gibt, in denen eine oft einseitige und ableistische Wahrnehmung von Behinderung, Krankheit und Fürsorge herrscht, die auch in der restlichen Gesellschaft zu finden ist.

Und natürlich. Diese Orte können gute wie schlechte sein, je nachdem, wer dort arbeitet, wie Ed Greve, Referent beim

Migrationsrat Berlin und Bundestagswahlkandidat 2021, erklärte. Er schreibt kurz nach der Tat von Potsdam auf Instagram darüber, was es bedeutet, an solchen Orten keine Privatsphäre zu haben. Er führt aus, dass das eine Verletzung des Artikels 19 in der Behindertenrechtskonvention darstellt, der das Recht auf selbstbestimmtes Leben festlegt und im Sozialgesetzbuch verankert ist. Zu diesem zählt beispielsweise auch das Leben in inklusiven Wohnmöglichkeiten, die rar sind, obwohl es Konzepte einer sogenannten Deinstitutionalisierung gibt. Diese soll behinderten Menschen ihre Autonomie, Wahlfreiheit und Kontrolle darüber zurückgeben, wie, wo und mit wem sie leben wollen. Und damit die Segregation sowohl im privaten als auch im öffentlichen Bereich schrittweise beenden: beispielsweise mit dem Konzept, in ein gemeindenahes Wohnen überzugehen. Es ist ein Prozess, der von behinderten Menschen selbst gestaltet werden soll. Weil »ein selbstbestimmtes Leben und die Inklusion in die Gemeinschaft volle rechtliche Handlungsfähigkeit, Zugang zu Wohnraum, Unterstützung und Dienstleistungsoptionen erfordern, die zugänglich sind und es den Menschen ermöglichen, die Kontrolle über ihr Leben wiederzuerlangen«, wie es im Übereinkommen über die Rechte der Menschen mit Behinderung der Vereinten Nationen von 2022 heißt.

Um diese Form der Selbstbestimmung wird seit Jahrzehnten von behinderten Menschen gekämpft. Bereits 1981 fanden sich dazu beim Krüppeltribunal in Dortmund Aktivist*innen der Behindertenrechtsbewegung zusammen, um Menschenrechtsverletzungen im sozialen Miteinander anzuklagen. Die Eröffnungsrede hielt damals die Juristin Theresia Degener, die später die Delegation der Bundesrepublik Deutschland zur Ausarbeitung der seit 2009 geltenden UN-Behindertenrechts-

konvention anführen sollte. Heute lehrt Degener Recht und Disability Studies an der Evangelischen Hochschule Rheinland-Westfalen-Lippe in Bochum. Über das Tribunal schreibt kurz danach der Publizist und Historiker Götz Aly, dessen behinderte Tochter zu diesem Zeitpunkt zwei Jahre alt ist, in der *taz* einen großen Artikel. Darin schildert er bildstark seine Eindrücke von dem Treffen in einem ausgelasteten Gemeindezentrum. Er schreibt von »Contergan-Kindern«, aus denen längst Erwachsene geworden sind, und von engagierten und eifrigen Betreuer*innen, denen das »Wir« und »der gemeinsame Kampf« manchmal etwas zu leicht über die Lippen gehe.

Aly ist verwundert über die Leichtigkeit, den Witz und die gute Laune. »Die Bitterkeit der eigenen Erfahrung hat bei den Behinderten, die hier sind, nicht zum Dogmatismus geführt, und das zeigt auch das Tribunal«, heißt es in Alys Text. Aus dem ich Auszüge in einem Artikel des Kobinet-Nachrichtendienstes von 2021 lese, der von und mit behinderten Menschen für behinderte Menschen und ihre Freund*innen betrieben wird. Darin kommentiert Behindertenrechtsaktivist Ottmar Miles-Paul rückblickend die 1981 anlässlich des Tribunals zahlreich erschienenen Artikel, die, wie er schreibt, überwiegend wohlwollend, zum Teil kritisch und in der Sprache oft »gar bösartig« klangen. Er merkt an, dass es in Alys Text nur am Rande um die damals beim Tribunal »angeklagten« Personen ging. Zum Beispiel den bayerischen Landesarzt A. Göb, der in dieser Zeit mit menschenverachtenden Äußerungen über behinderte Kinder in die Schlagzeilen geraten war, oder den ZDF-Redakteur Hans Mohl, den Organisator der Aktion Sorgenkind (heute Aktion Mensch). Der 1964 zusammen mit den sechs Spitzenverbänden der Freien Wohlfahrtspflege die Soziallotterie gegründet hatte, bei der durch den Verkauf von Losen soziale

Projekte für behinderte Menschen ermöglicht werden sollten. Beim Tribunal wurde Mohl als Organisator unter anderem dafür kritisiert, mit den aus Mitleid gespendeten Beträgen das System der Trennung zu erhalten und zu vergrößern.

Es ist nur eine der Kritiken, die über die Jahre an die Aktion Sorgenkind herangetragen und ignoriert wurden. Eine erste Annäherung erfolgte erst mit einer weiter steigenden gesellschaftlichen Akzeptanz von behinderten Menschen in den 90er Jahren, die sich unter anderem in der Werbekampagne der Aktion »Ich will kein Mitleid, ich will Respekt« zeigte. Doch blieb die Kritik an der Soziallotterie, eine abwertende Sicht auf behinderte Menschen zu stützen, über all ihre Jahre bestehen, in denen ihr die Sendungen *Das große Los* mit Dieter Thomas Heck und später *Wetten, dass …?* mit Thomas Gottschalk als populäre Plattform dienten. Sie blieb auch im Verlauf der 2000er Jahre als nicht mehr nur behinderte Menschen, sondern auch wohnungslose Menschen, Kinder in Frauenhäusern, Asylsuchende und sozial benachteiligte Jugendliche bei der Lotterie mitgedacht wurden und sich aus diesem veränderten Selbstverständnis die Namensänderung in Aktion Mensch ergab. Diese begründete der damalige ZDF-Intendant und Vorsitzende der Aktion Dieter Stolte 2002 mit den Worten: »Wer etwas verändern will, muss bei sich selbst anfangen.«

Noch heute gibt es Kritik an der Soziallotterie, die auf ähnliche Punkte wie damals abzielt. Sie wird auch in Bezug auf die Arbeit sogenannter Integrationsfachdienste oder Beratungsstellen für Menschen mit Behinderung geäußert. Beispielsweise, weil diese Stellen hauptsächlich von nichtbehinderten Menschen geleitet oder betrieben werden, wie die Referentin und Autorin für machtkritische Ansätze in Disability und Deaf Studies Lela Finkbeiner erklärt. Sie macht in ihrer Arbeit auf

die Widersprüche zwischen Hilfe und Herrschaft in Bereichen wohltätiger Arbeit (Charity) aufmerksam und übt dabei auch an den sozialwirtschaftlich agierenden Wohlfahrtsverbänden Kritik. Weil diese zu etwa 90 Prozent aus den Einnahmen der Sozialversicherungen beziehungsweise staatlichen Zuschüssen finanziert werden. Und Geld- und Sachspenden sowie Geldmittel aus den eben genannten Soziallotterien als zusätzliche Einnahmequelle fungieren, wodurch sie über die Jahre eine geschlossene soziale und sozialwirtschaftliche Infrastruktur mit über 120 000 Einrichtungen und Diensten und rund 1,9 Millionen Hauptberuflichen (Stand 2022) etablieren konnte. Weshalb kritische Stimmen auch von einer »Wohlfahrtsindustrie« sprechen, die, obwohl sie zur Gemeinnützigkeit verpflichtet ist, inzwischen Milliardenumsätze macht. Und sich noch dazu Inklusion auf die Fahnen schreibe, wenngleich sie einer der bedeutendsten Träger*innen für Heime und Werkstätten sei und damit die Trennung in der Gesellschaft fördere und eine Inklusionswende verhindere, wie Theresia Degener im Gespräch mit Raúl Krauthausen erklärt.

»Ich will den Menschen, die in Einrichtungen der Wohlfahrtsverbände arbeiten, nicht ihren guten Willen absprechen, Menschen mit Behinderung zu unterstützen. Aber was sie kennen, ist die bevormundende Unterstützung, die das System vorgibt«, sagt Degener. Sie macht den Mangel an menschenrechtsbasierten Alternativangeboten als Grund dafür aus, warum behinderten Menschen ein selbstbestimmtes Leben immer noch verwehrt wird. Auch Finkbeiner rät zu einem selbstkritischen Blick nach innen und erklärt in diesem Zusammenhang auf X das Akronym PLOD, das für »People Living Off Disabled/Deaf« steht. Und eine kritische Bezeichnung für nichtbehinderte Menschen ist, die sich an den gesonderten

Systemen für behinderte Menschen bereichern und gleichzeitig für ihre vorgeblich wohltätige Arbeit von anderen nichtbehinderten Menschen gefeiert werden.

PLOD ist ein Begriff, der nicht der pauschalen Vorverurteilung dient, sondern erlaubt, ein Problem anzusprechen, das nicht auf Einzelfallebene gelöst werden kann. Ich stelle Parallelen zu dem Begriff *Weißsein* her, der bei vielen *weißen* Menschen ein ungewohntes, vielleicht unangenehmes Gefühl hervorruft, wenn sie sich noch nie mit dieser »Kategorie« als einer gesellschaftlichen Position auseinandergesetzt haben und sich implizit der Aufforderung gegenübersehen, genau das zu tun. Nämlich sich die Fragen zu stellen, in welchen Bereichen sie es leichter im Leben haben als Menschen, die Rassismus erfahren – wo ihre Verantwortung liegt und übernommen werden sollte.

So geht es bei beiden Begriffen um den Kontext von schwer wahrnehmbaren, gläsernen Decken für marginalisierte Menschen. Und wer verhindern will, ein PLOD zu sein, der sollte sich mit der eigenen Haltung und Funktion im Bereich der eigenen Arbeit auseinandersetzen und sich die Frage stellen, inwiefern die eigene Karriere vielleicht auf Kosten behinderter Menschen vorangeht. Es ist eine Kritik, die sich noch heute an die Aktion Mensch und viele ihrer Projekte richtet. Beispielsweise wurde sie 2021 anlässlich ihrer Kampagne #OrteFürAlle formuliert, mit der die Soziallotterie darauf aufmerksam machen wollte, dass es überall Orte gibt, die nicht für jeden Menschen barrierefrei zugänglich sind.

»Menschen haben keine Behinderung. Orte schon. Deshalb lasst uns gemeinsam Barrieren abbauen, damit aus Orten mit Behinderung #OrteFürAlle werden«, hieß es darin. Neben TV-Spots gab es auf der Webseite interaktive Spiele, bei denen

nichtbehinderte in die Rolle von behinderten Menschen schlüpfen konnten. Doch war das Gutgemeint nicht gut gemacht. Schnell regte sich Kritik daran, aus einer Identität eine Art Adventure-Game zum Nachspielen zu machen. Zudem können Orte nicht behindert sein. »Wenn überhaupt, sind sie behindernd«, wie neben Autorin Luisa L'Audace auch die Inklusionsaktivistinnen Alina Buschmann und Evilina Enfer in einem Video erklärten. Genau genommen seien es auch nicht die Orte, sondern die Barrieren vor Ort, von denen eine Behinderung ausgehe.

Und so stellt sich in Beispielen wie diesen immer wieder die Frage: Wer ist die Zielgruppe der sozialen oder wohltätigen Aktionen, von Charity und Wohlfahrt, wenn es dabei um behinderte Menschen gehen soll? Und wer spricht für wen, wenn es um Öffentlichkeit für das Thema Behinderung geht, dabei aber immer wieder auf ableistische Bilder zurückgegriffen wird? Wie werden behinderte Menschen präsentiert und (medial) dargestellt? Dahingehend stellt *andererseits*, das österreichische Onlinemagazin für Behinderung und Gesellschaft, fest, wie oft dabei das Bild eines hilfsbedürftigen Menschen bemüht wird. Und die Erzählung über ein vermeintliches Leid eine ist, gegen das Promis, Unternehmen und Politiker*innen mit einer Spende helfen wollen, insbesondere kurz vor Weihnachten. Aber »behinderte Menschen brauchen keine Charity, wir brauchen Rechte«, erklärt Buschmann. Was mich an kritische Aussagen Schwarzer Menschen in Bezug auf eine sogenannte *white* Charity erinnert. Also wenn entwicklungspolitische Organisationen auf Spendenplakaten in ähnlich abwertenden Bildern Schwarze und *weiße* Identitäten, stereotype Bilder des Kontinents Afrika und seiner Bewohnenden konstruieren und dabei Machtstrukturen aufzeigen, die das Bild von Schwar-

zen Menschen und das Sprechen über sie in Deutschland prägen.

All diese Framings haben konkrete Folgen im Alltag marginalisierter Menschen: Wenn beispielsweise *weiße* Menschen glauben, dass alle Schwarzen Menschen arm sind oder nichtbehinderte Personen behinderten Menschen Geld zustecken wollen, weil sie sie als Bittsteller*innen wahrnehmen. So erforschte auch eine Studie des Forschungsinstituts MediaAffairs 2023 bereits zum zweiten Mal, inwiefern die Darstellungen behinderter Menschen in den Medien ihre Menschenrechte verletzen, weil sie diskriminieren oder ihre Lebensrealitäten einseitig oder falsch darstellen. Indem nämlich behinderte Kinder beispielsweise als Problem dargestellt werden und implizit die Botschaft vermittelt wird, dass es am besten wäre, sie erst gar nicht zu bekommen. So wie es beispielsweise in einem Feature des Deutschlandfunks mit dem Titel »Pflege lebenslänglich« passiert ist, bei dem es in einem drastischen Einstieg zunächst darum geht, dass eine Mutter über einen erweiterten Suizid mit ihrem behinderten Kind nachdenkt. Und auch der Untertitel »Über die Liebe zu einem behinderten Kind« dieser ableistischen Botschaft zu Anfang des Beitrags wenig Kritisches entgegensetzt.

Es ist Rebecca Maskos, die eine Debatte um dieses Feature in ihrer Rolle als Journalistin mit Behinderung anstößt, indem sie eine darin gängige dominierende, abwertende Erzählung von Behinderung kritisiert. Und bemängelt, dass auch in diesem Beitrag eine kritische Auseinandersetzung mit dem »sozialen Modell« fehlt. Das erklärt, dass Menschen nicht aufgrund ihrer individuellen Beeinträchtigung, sondern durch die Art und Weise behindert werden, wie eine Gesellschaft und das tägliche Leben darin organisiert sind. Stattdessen wird aber in

diesem Beitrag das »medizinische Modell« bedient, das Behinderung als mangelhafte Eigenschaft eines Menschen versteht.

Es ist eine Vorstellung, die noch in anderen Medienbeispielen dieser Art zu finden ist. In Beiträgen, die eine ambivalente Wirkung haben, weil sich behinderte Menschen oder Eltern behinderter Kinder auch darüber freuen, wenn einmal über ihre Leben berichtet wird, was viel zu selten passiert. Aber wenig nützlich ist, wenn dabei ableistische Vorstellungen reproduziert werden, die im schlimmsten Fall auch von den Eltern in den Beiträgen selbst verinnerlicht oder noch nicht reflektiert wurden. Darum stellt eine kritische Rezeption auch folgende Fragen an einen medialen Beitrag oder eine soziale Kampagne, die sich auch die Beitragsmachenden vorab stellen sollten: Worauf wird sich inhaltlich konzentriert? Auf intime medizinische Details und vermeintliche Defizite? Wird ausschließlich auf Probleme fokussiert oder werden auch Lösungswege angeboten? Geht es darum, was ein behindertes Kind oder die pflegenden Eltern brauchen? Und dabei auch um die Selbstbestimmung, die seit Jahrzehnten von behinderten Menschen in allen Bereichen eingefordert wird? Geht es also um die Frage, was am Umfeld, der Umwelt von behinderten Menschen »falsch« ist, und wie steht es um die Beitragsmachenden selbst, was die eigenen Vorstellungen über Behinderung angeht?

All das sind Fragen nach einer ableismuskritischen Haltung, die sich nicht nur auf die Berichterstattung oder Aktionen, sondern auf den generellen Umgang mit dem Thema Behinderung beziehen lässt. Sie sollen deutlich machen, wie sehr sie nötig sind, weil auch die Zeit nach 1945 den gesellschaftlichen Umgang mit behinderten Menschen einseitig geprägt hat. Es ist nach dem Nationalsozialismus ein weiterer Zeitab-

schnitt, der erklärt, warum ihre Selbstbestimmung und Teilhabe noch immer wenig oder keinen Platz hat. Darum ist jetzt die Zeit, und es ist unsere Aufgabe, die Frage zu beantworten, wie sich das in Zukunft verändern lässt. Dafür braucht es einen 360-Grad-Blick auf unsere Lebensbereiche, bei dem die Frage von Care eine maßgebliche Rolle spielt. Weshalb es im folgenden Kapitel auch darum gehen wird.

Rechte Politik

Ein Politiker aus einer rechten Partei hat 2023 im Fernsehen gesagt, dass Inklusion nicht gut ist. Er hat gesagt, Inklusion ist schlecht für nicht behinderte Kinder.

Rechte Politiker*innen reden oft schlecht über Menschen. Zum Beispiel über:

- behinderte Menschen
- schwarze Menschen
- homosexuelle Menschen

Ich frage mich, was wir als Gesellschaft dagegen tun können. Was machen wir, wenn eine Partei gegen Menschenrechte und Inklusion ist?

Behinderung in der Nazizeit

In der Nazizeit haben viele Menschen gedacht: Es zählt nur, wie viel ein Mensch leisten kann. Wer nicht genug leisten kann, ist weniger wert.

Damals fanden Menschen in vielen Ländern diese Einstellung gut. Aber das ist eine sehr gefährliche und falsche Einstellung.

Manche Menschen haben noch schlimmere Dinge gedacht. Sie dachten, dass nur gesunde und nicht behinderte Menschen Kinder bekommen sollten.

Alle anderen sollten das nicht.
Zum Beispiel:

- chronisch kranke Menschen
- Menschen mit Lernschwierigkeiten

Dafür haben die Nazis damals ein Gesetz gemacht:
das „Gesetz zur Verhütung erbkranken Nachwuchses".
Damit haben sie kontrolliert, wer Kinder bekommen darf.

In den Jahren 1934 bis 1945 haben die Nazis
durch dieses Gesetz 400 000 Menschen sterilisiert.
Das heißt: Sie haben diese Menschen medizinisch
behandelt, damit sie keine Kinder bekommen können.

Mord an behinderten Menschen

Die Nazis haben Menschen umgebracht,
die sie als „lebensunwert" angesehen haben.
Das heißt: Diese Menschen hatten für die Nazis
keinen Wert. Deshalb sollten diese Menschen sterben.
Zum Beispiel:

- behinderte Menschen
- chronisch kranke Menschen
- jüdische Menschen
- schwarze Menschen
- homosexuelle Menschen

Viele Deutsche fanden das damals richtig.
Sie haben nichts dagegen gemacht.

Rassismus und Hass

Auch heute finden es noch viele rechte Menschen richtig,
dass die Nazis behinderte Menschen umgebracht haben.
Rechte Parteien benutzen immer noch
die Argumente von den Nazis.
Sie geben einigen Menschen die Schuld
an den Problemen in Deutschland. Zum Beispiel:

- muslimischen Menschen
- geflüchteten Menschen
- arbeitslosen Menschen

Sie wollen, dass alle diese Menschen ablehnen
und hassen. Aber was diese Parteien sagen,
ist falsch und ungerecht.
Diese Menschen sind nicht schuld
an den politischen Problemen in Deutschland.

Nazis wurden nicht bestraft

Über viele Verbrechen der Nazis wurde
viel zu lange nicht geredet.
Viele Nazis wurden nie bestraft.
Sie konnten einfach so weiterleben wie vorher.
Es gab nur sehr wenige Gerichtsverfahren.

Über die Verbrechen an behinderten Menschen
wurde noch weniger geredet.
Viele Menschen wissen immer noch nicht,
was behinderten und kranken Menschen angetan wurde.

Es fehlt das Interesse und das Mit-Gefühl.
Ich verstehe nicht, warum das so ist.

Auch behinderte Menschen selbst haben erst spät über diese Zeit gesprochen.
Nur sehr wenige haben die Nazizeit überlebt.
Und viele von den Überlebenden durften nicht schreiben lernen oder zur Schule gehen.
Es gab lange keine Schulen für behinderte Menschen.
Deshalb war es für sie schwer, über die Verbrechen zu sprechen. Sie konnten keine Texte darüber schreiben.
Und sie haben niemanden gefunden, der ihnen zuhört.

Erst 2007 hat der Bundestag gesagt: Das „Gesetz zur Verhütung erbkranken Nachwuchses" war falsch.
Trotzdem werden die betroffenen Menschen nicht als Opfer der Nazis anerkannt.
Deshalb haben sie nie eine Entschädigung bekommen:

- kein Geld
- kein Denkmal
- keine Unterstützung

Behinderung nach dem Zweiten Weltkrieg

Nach dem Zweiten Weltkrieg gab es in Deutschland wenige Hilfsangebote für behinderte Menschen.
Damals haben die meisten Familien ihre behinderten Kinder zu Hause betreut.
Das hat sich erst nach und nach geändert.

In den 1950er-Jahren gab es ein neues Angebot.
Zum ersten Mal gab es Orte, an denen
behinderte Kinder zusammen betreut wurden.
Viele Familien haben sich dafür interessiert.
Sie wollten, dass es mehr von solchen Angeboten gibt.

Deshalb haben sie einen Verein gegründet.
Sie wollten zusammen mehr Unterstützung fordern.
Der Verein sollte behinderten Menschen helfen.
Es gibt ihn heute immer noch.
Er heißt: „Bundesvereinigung Lebenshilfe“.

Die Lebenshilfe wurde von verschiedenen
Menschen beraten. Zum Beispiel von:

- Ärzt*innen
- Professor*innen
- Pädagog*innen

Aber zwei von den Professoren waren Nazis.
Einer hat zum Beispiel darüber entschieden, welche
behinderten Menschen sterilisiert und ermordet wurden.

Sie konnten nach dem Zweiten Weltkrieg
normal weiterarbeiten.
Ihre Meinung hat den Verein beeinflusst.
Deshalb war die Lebenshilfe noch lange für die
Sterilisierung von behinderten Menschen.
Man hatte Angst, dass behinderte Frauen auch
behinderte Kinder bekommen. Und man hat gedacht,
dass behinderte Frauen keine guten Mütter sind.

Aber das stimmt nicht! Es ist nicht schlimm,
wenn Menschen behinderte Kinder bekommen.

Damals wurden viele Vereine von Menschen gegründet,
die schlecht über behinderte Menschen gedacht haben.
Einige der Vereine sind bis heute noch aktiv.

Viele Vereine haben ihre Meinung schon geändert.
Trotzdem sollten wir darauf achten, ob sie heute gut
oder schlecht über behinderte Menschen denken.

Der Contergan-Skandal

In den 1950er-Jahren und 1960er-Jahren gab es
den sogenannten Contergan-Skandal.
Viele schwangere Frauen haben damals
das Medikament Contergan bekommen.
Es sollte beruhigen und beim Schlafen helfen.
Aber es gab schlimme Nebenwirkungen.
Dadurch wurden viele Babys mit einer
körperlichen Behinderung geboren.

Dadurch wurde damals viel
über Behinderung gesprochen.
Man wollte, dass die Contergan-Kinder
wieder möglichst „normal" aussehen.
Viele haben zum Beispiel Prothesen bekommen.
Aber es wurde auch versucht, dass sie akzeptiert werden.

In den 1970er-Jahren wurde auch mehr
über geistige Behinderung gesprochen.
Man hat endlich angefangen, über die Bildung
von Kindern mit Lernschwierigkeiten nachzudenken.

Es wurden spezielle Schulen für sie gebaut.
Das war damals eine große Verbesserung.
Aber sie wurden von Anfang an getrennt
von nicht behinderten Kindern unterrichtet.
Und diese Trennung gibt es auch heute noch.
Das ist nicht okay!

Gewalt in Einrichtungen

Behinderte Menschen erfahren an vielen Orten
Gewalt und Diskriminierung.
Das passiert leider auch dort, wo sie eigentlich
sicher sein sollen. Zum Beispiel in:

- Pflegeeinrichtungen
- Wohnheimen
- Werkstätten

2021 wurden in einer Pflegeeinrichtung
in Potsdam 4 Menschen getötet.
In den Medien gab es dazu viele
diskriminierende Meldungen.
Es wurde zum Beispiel gesagt, dass die Pflegerin
den Menschen nur helfen wollte.

Sie dachte, dass ein Leben mit Behinderung
nicht lebenswert ist. Aber das ist falsch
und diskriminierend!

Wie sprechen wir über Behinderung?

Behinderte Menschen sind in den Medien
immer noch sehr selten zu sehen.
Und meistens wird nur über sie gesprochen
und nicht mit ihnen. Es ist aber wichtig,
dass behinderte Menschen selber sprechen dürfen.

Viele Beiträge über behinderte Menschen sind einseitig.
Oft geht es nur um Probleme.
Man sieht keine fröhlichen und gesunden
behinderten Menschen, die selbstständig sind.
Es soll nur gezeigt werden, wie schwer
ein Leben mit Behinderung angeblich ist.
Aber das ist falsch! Das Leben von
behinderten Menschen ist sehr unterschiedlich.

Who cares?!

Care ist eine Praxis der Aufmerksamkeit und Achtsamkeit, die ein Gegenüber schützt. Sie ist ein offenes Erklärungsmodell für soziale Phänomene, ein sensibilisierendes Konzept. Als Wort stammt care vom lateinischen curare ab, das »sich sorgen« bedeutet. Cura ist auch die römische Göttin der Fürsorge und Pflege, die sich um das Wohl anderer kümmert. Care-Arbeit gilt als weiblich, gesellschaftlich notwendig und selbstverständlich, weil sie oft mit Reproduktionsarbeit assoziiert und schlecht bezahlt oder unbezahlt in öffentlichen Institutionen erbracht wird. Kinderbetreuung, familiäre und häusliche Unterstützung. Wir befinden uns in einer Care-Krise, die die Frage stellt, wer sich diese Arbeit in Zukunft noch leisten kann.

Martina Puschke

1967. Martina Puschke ist das einzige Kind ihrer Eltern. Denen unmittelbar nach Martinas Geburt gesagt wird, dass sie keine Füße hat. Die Eltern werden gefragt, ob sie das Kind zu sich nehmen wollen oder es lieber im Heim aufwachsen soll. Entscheiden sollen sie sich, solange sie das Kind noch nicht gesehen haben. Es ist ein gängiges Verfahren in dieser Zeit. Ein hartes.

Martinas Eltern entscheiden sich für ihr Kind, das ab dem 15. Lebensmonat oft im Krankenhaus sein wird. Sie werden viel getrennt voneinander sein, weil Elternbesuche nur an Sonntagnachmittagen für drei Stunden möglich sind. Noch so ein gängiges Verfahren, das hart ist.

Bis zu ihrem 17. Lebensjahr wird Martina sich immer wieder in derselben Klinik in Münster aufhalten. Am Anfang einmal jährlich, später nur noch alle zwei bis drei Jahre, immer dann, wenn sie gewachsen ist und neue Prothesen angepasst werden müssen. Es sind Klinikaufenthalte, die auch mit Schmerzen verbunden sind. Immer wieder den langen Flur lang laufen und versuchen, möglichst gerade, ohne Schwanken zu gehen.

»So normal wie möglich aussehen«, sagt Puschke.

Dinge allein machen und nicht überbehütet sein wollen. Martina erinnert sich, dass sie sich als Kind an die Aufenthalte in der Klinik gewöhnt habe, die irgendwann wie ein zweites Zuhause wurde, auch weil das Personal über die Jahre das gleiche blieb. Sie macht dort auch positive Erfahrungen:

»Weil mir und den anderen behinderten Kindern dort immer gesagt wurde: Ihr braucht kein Mitleid von anderen Menschen. Was ihr braucht, ist Stärkung. Wenn euch jemand auf der Straße wegen eurer Behinderung ein Bonbon gibt, dann gebt es zurück.«

Selbstverständlich sein. Das ist es, was Martina zu Hause erfährt, da ihre Mutter für die Einbeziehung ihrer Tochter kämpft. Die mit zehn Jahren das erste Mal bewusst ihre Prothesen wahrnimmt und sich damit nicht mag, sie fortan versteckt. Sie erinnert sich an Jahre der Selbsttäuschung, in denen sie an vermeintliche Komplimente wie »Das sieht man gar nicht« glaubt. Aber mit 17 Jahren wird ihr klar: »Alles Quatsch. Denn natürlich sieht man es, aber was ändert sich schon dadurch?«

Martina glaubt, dass es das Lesen feministischer Literatur war – allen voran Simone de Beauvoir –, die sie in ihrer Jugend beeindruckt und später im Studium ab 1988 zur Selbstbestimmt-Leben-Bewegung geführt hat. Dort hat sie »ihr doppeltes Coming-out«, in der Behindertenbewegung als behinderte und dann auch als lesbische Frau. Zusammen mit anderen gründet sie eine »Krüppel-Lesben-Gruppe«.

Heute ist sie Projektleiterin im Bereich Antidiskriminierungspolitik, Gewalt gegen behinderte Frauen und geschlechtergerechte Teilhabe im Verein Weibernetz, einer bundesweiten Interessenvertretung, die sie 1998 mitgegründet hat. Mit ihrer Geschichte ist sie eine von 50 Zeitzeug*innen eines Projekts des Bildungs- und Forschungsinstituts (bifos). Ich zitiere sie aus dem dazu erschienenen Text, in dem sie die Meilensteine der Behindertenbewegung aufzeigt, um sie für die kommenden Generationen lebendig zu halten.

Sich kümmern …

Mutter werden ist eins der mutigsten Dinge,
die man tun kann.
Denn es bedeutet, einen Teil des Herzens
immer außerhalb des Körpers zu tragen.

– nach Sabrina Siekemeyer

Wie sieht Mutterschaft aus, wenn du eine nichtbehinderte Mutter eines behinderten Kindes bist? In meinem ersten Buch habe ich diese Frage zusammen mit den Aussagen anderer Mütter beantwortet. Weil sich übers Kinderbekommen und das Begleiten der Kinder viele Geschichten erzählen lassen. Damals habe ich mich noch vorgetastet an mein eigenes Verständnis und die Frage, wie ich als Mutter sein will. Denn meine Mutterschaft ist politisch, wie jedes Muttersein es ist, aber für Mütter marginalisierter Kinder gilt das im Speziellen. Weil beispielsweise Eltern und Bezugspersonen behinderter Kinder die gesellschaftlichen Versäumnisse bei der Inklusion kompensieren müssen. Und Familien wie meine zusätzlich Rassismus erfahren. Uns für einen Umgang mit dieser Tatsache zu bewundern hilft (uns) nicht. Vielmehr gilt es, auf diesen Umstand aufmerksam zu werden und Veränderungen anzustoßen, damit wir das nicht mehr müssen.

Während ich dieses Buch schreibe, befindet sich mein Kind im Prozess der Selbstfindung und -werdung. Mein Sohn ist fast acht Jahre alt und spricht jetzt über seine Behinderung, entdeckt darin sich und andere. Dieser bewusste Prozess begann an einem Abend beim Zähneputzen, als er mit der Bürste vor dem Spiegel stand und mir sagte: »Ich bin anders als die anderen.« Und ich fragte: »Warum?« Er antwortete: »Weil ich eine Behinderung habe.« Wir sprachen ausführlich über die unterschiedliche Stärke seiner beiden Arme. Er befragte meinen Mann und mich nach unseren Körpern. »Papa ist nichtbehindert, und du kannst ohne Brille schlecht sehen«, sagte er. »Ist das eine Behinderung?« Und ich sagte: »Ja, das ist es, und meine Cousine hat eine Hörbehinderung.« Er lächelte. »Ja genau, und die Oma auch, die hat auch ein Hörgerät.«

An diesem Abend wollte er ganz viel wissen. Wie es kam, dass sein Körper so ist, wie er ist. Wie er zusammengebaut wurde und wer darüber entschieden hat, dass er eine Behinderung hat. Ob die Dinos auch Behinderungen hatten? Unser Gespräch darüber hält seitdem an, weil er inzwischen die Körper seiner Mitmenschen analysiert. Und am Morgen nach diesem besagten »ersten« Abend ergänze ich unser Gespräch auf dem Weg zur Schule mit der Erklärung, dass er übrigens nicht anders als andere Kinder sei, sondern jedes Kind anders ist, weil alle Kinder unterschiedlich sind und er damit nicht allein ist. Denn das hatte ich versäumt, ihm zu sagen.

Er war zu diesem Zeitpunkt ein halbes Jahr in der Schule, und die Kinder lernten sich noch kennen. Seine Erkenntnisse über sich selbst und die Körper seiner Mitschüler*innen passierten in ihm noch auf eine subtile, nicht kategorisierende Weise. Auf eine Art, die beispielsweise durch diversitätsbewusste Bücher angeregt werden kann.

Beim Kauf solcher achte ich darauf, ob geeignete Identifikationsfiguren für mein Kind darin vorkommen, weil viele der gut gemeinten Kinderbücher nichtbehinderte Körper oft noch als die Norm verstehen und die davon abweichende Behinderung auf positive Weise vermitteln wollen. Behinderung »annehmen« ist quasi das Prinzip in diesen Büchern und weniger die Selbstverständlichkeit von gleichwertigen Körpern, was dem bereits kritisierten medizinischen Modell folgt, das, wenn auch subtil, ein Defizit vermittelt.

Behinderung und Nichtbehinderung zu gleichen Teilen, ohne Ranking, darum geht es mir. Denn auch mein Kind thematisiert beides, so wie wir *weiß* und Schwarz in all shades, allen Hautschattierungen, in unserer Familie sind. Manchmal spüre ich, wie mein Kind körperliche Vergleiche zieht. Wenn es um seine Wahrnehmung von sich selbst und die der anderen geht. Einmal fragte er mich: »Sehen sie meine Behinderung?« Und wir sprachen auch über ambivalente Gefühle, die er in Bezug auf seinen Körper hat. Darüber, ihn nicht immer so haben zu wollen, weil nicht alles so funktioniert wie bei anderen und er das aber gerne hätte. Einmal fragte er meinen Mann und mich, ob wir dieses Gefühl als Kinder auch gehabt hätten. Neidisch sein? Und ja, das war ich. Auf Mädchen mit glatten Haaren, wie er sie hat. Unerwähnt ließ ich, wie selbstverletzend das lange für mich war, und betonte stattdessen, dass ich meine Locken heute liebe, weil genau sie zu mir gehören. Später am Abend nach diesem Gespräch erinnerte ich mich an den kindlichen Schmerz, weil ich für ebendiese Locken damals rassistische Ablehnung erfahren habe. Weil ich einfach Zeit gebraucht habe, um mich so anzunehmen, wie ich bin.

Es ist die Ambivalenz der Selbstakzeptanz, über die auch der Autor Raúl Krauthausen in unterschiedlichen Texten nach-

denkt. Zum Beispiel als seine erste feste Freundin einen Spiegel zu Hause anbringt und die zuvor von ihm vermiedene Konfrontation mit seinem eigenen Körper ihn zu der Erkenntnis führt, dass Menschen mit körperlichen Beeinträchtigungen ihren Körper manchmal von ihrem Geist und ihren Gefühlen trennen. Weil er funktionieren soll und oft von anderen Menschen, von Eltern, Ärzt*innen oder Assistent*innen angefasst werde: »Zwischen Leistungsdruck und Unterstützung und Pflege fehlt es vielleicht manchmal an Selbstliebe. Was meint ihr? Ganz ehrlich?«, fragt Krauthausen. Und antwortet, dass ihm dieses manchmal schwierige Verhältnis zu sich selbst einige seiner dunkelsten Momente beschert habe. Er aber heute wisse, dass es »keinen richtigen oder falschen Weg gibt, ›behindert‹ zu sein. Für viele von uns ist es eine Entwicklung.«

Es ist eine Entwicklung, bei der ich mein Kind bestärkend begleiten möchte. Und mir ist bewusst, dass es für Kinder von vielen Faktoren abhängt, ob und wie sie diese Entwicklung durchleben. Erwachsen werden, selbstständig sein und dabei eine zugewandte Haltung zu sich selbst entwickeln. Anschaulich beschreibt die Autorin und Behindertenrechtsaktivistin Luisa L'Audace in ihrem Buch *Behindert und stolz* den Weg ihrer Emanzipation, beginnend in ihrer Kindheit. Sie erzählt, wie sie im dritten Lebensjahr laufen lernt, aber ihre Beine schnell müde werden, sie oft stürzt und die Mutter darum immer einen großen Kinderwagen anstelle eines Rollstuhls dabeihat, dessen positive Wirkung als Hilfsmittel die Ärzt*innen damals verkennen. Wie sie mit 14 Jahren glücklicherweise einen ebensolchen erhält und sich endlich in ihrem Leben fortbewegen kann, ohne auf den Boden schauen oder Ausschau nach der nächsten Sitzgelegenheit halten zu müs-

sen. »Zum ersten Mal konnte ich den Himmel sehen«, schreibt L'Audace, und gleichzeitig sei die Ablehnung in ihrem Umfeld mit dem Rollstuhl gewachsen. »Du machst es dir zu leicht, indem du dich einfach in dieses Ding setzt, dadurch verlernst du das Laufen erst recht«, wird sie kritisiert. Weshalb sie über Jahre keinen mehr nutzt, sich quält und in die Selbstoptimierung stürzt.

Heute kontextualisiert sie ihre Erfahrung und analysiert auf gesellschaftlicher Ebene den verbreiteten Irrtum, dass unsere Körper beeinflussbar wären, wenn wir nur fest daran glauben und hart an ihnen arbeiten. Sie beschreibt das Phänomen des internalisierten Ableismus, also der inneren Selbstabwertung. Ein Muster, das ich kenne, weil auch Schwarze Menschen einen sogenannten Inner Racist haben können. Das Verbrechen, das Schwarze Menschen an sich selbst begehen, wie es der Rassismusforscher und Autor Ibram X. Kendi analysiert. Es kostet Aufarbeitung und Reflexion, als marginalisierter Mensch zu erkennen, warum einem eigene Selbstakzeptanz fehlt und wie früh sich selbstabwertende Bilder in einem verfestigt haben. Es ist ein Muster, das sich auf alle Systeme der Abwertung übertragen lässt. Weshalb marginalisierte Kinder immer wieder vor der Herausforderung stehen, widerständig sein zu müssen, um nicht zum Beispiel auf ihr Aussehen oder ihre Körper reduziert zu werden. Es ist ein Prozess, manchmal auch Kampf, den Eltern nicht verhindern können. Aber sie können Dinge tun, um ihr Kind davor zu bewahren, in eine »Opferposition« gedrängt zu werden. Darum ist es meinem Mann und mir wichtig, dass unser Kind selbstbestimmte Worte über sich selbst findet. Denn ich erinnere mich daran, wie mich als Kind andere auf negative Weise auf mein Schwarzsein aufmerksam machten und ich darauf keine Ant-

wort hatte. Darum habe ich bei meinem Kind früh Informationen gesät und gleichzeitig versucht, das Thema nicht überzustrapazieren. Weil weder Kinder noch Erwachsene auf eine Sache reduziert werden wollen. Und wir so viel mehr sind und brauchen, um uns wertvoll zu fühlen.

... und Schatten

Genau dieses Verdrängen, Vergessen,
Verleugnen oder gar das Umschreiben
der eigenen Kindheitsbiographie,
macht es uns Erwachsenen schwer,
die Welt mit Kinderaugen zu sehen,
kindliche Sorgen, Fragen und Bedürfnisse
wahr- und ernst zu nehmen
und echte Bündnispartner
für Kinder zu sein.

– ManuEla Ritz

Mein Kind und ich. Ich und mein Kind. Unsere Beziehung, die ich als eine der Gegenseitigkeit verstehe. Eine Gegenseitigkeit, von der dieses Buch erzählen will. Sie ist ein Anteil dessen, was meine Mutterschaft in all ihrer Privatheit politisch macht. Wir sehen an Müttern und ihren Leben, dass der Einfluss von Arbeitsmarkt und Sozialpolitik nicht zu unterschätzen ist. Wir sehen, wie Frauen lernen, als Mütter da zu sein, damit es ihrer Familie gut geht. Und wie sich für viele Eltern nichtbehinderter und insbesondere behinderter Kinder die (Care-)Arbeit steigert. Sie ist »never done«.

Sorgearbeit ist eine feminisierte Sphäre, auch wenn sie nicht

ausschließlich von Frauen übernommen wird. Bis in die 70er Jahre wurde sie hauptsächlich Ehefrauen zugewiesen und von ihnen verantwortet. Eine erste, langsame Verschiebung gab es, als sich die Frauenerwerbstätigkeit steigerte. Zuverdienen durch Teilzeitarbeit verdrängte das sogenannte Einverdiener- und Versorgermodell. Aber weiterhin galt das Prinzip des männlichen Hauptverdieners, nur dass jetzt die weibliche Zuverdienerin die Sorgearbeit zusätzlich zu ihrer Erwerbsarbeit erledigen durfte.

So wurde die vorrangig von Frauen geleistete, unbezahlte Care-Arbeit bis Ende der 90er Jahre kaum gewürdigt und unterstützt. Erst mit der neuen staatlichen Ausrichtung hin zu einem »aktivierenden Wohlfahrtsstaat« und einem stärkeren Fokus auf die Erwerbsintegration von Frauen wurden in der Folge Kinderbetreuungseinrichtungen ausgebaut und Pflegedienste und -einrichtungen kommodifiziert. »Integration in Arbeit« hieß fortan die Devise, die in Kombination mit einer Betreuungsinfrastruktur den Anreiz zum Kinderkriegen steigern sollte, insbesondere bei weiblichen Akademikerinnen, weil die »Nachwuchssorge« den inzwischen alternden Wohlfahrtsstaat erreicht hatte, wie die Politikwissenschaftlerinnen Diana Auth und Clarissa Rudolph erklären.

Darum sind bis heute hauptsächlich Frauen für Erwerbsarbeit und Care-Arbeit zuständig. Weil ihre Gleichstellung, ökonomische Unabhängigkeit und die Veränderung von Geschlechterrollenvorstellungen nicht als politische Ziele verfolgt wurden. Es ist eine Arbeit, die in der gegenwärtigen Arbeitsmarktpolitik keinen Wert an sich hat, wie Auth und Rudolph ausführen. Auch in der öffentlichen Wahrnehmung scheint es so, als hätte unsere Gesellschaft nichts mit Care-Arbeit zu tun, obwohl wir ihr in eigentlich allen Lebensbereichen begegnen,

insbesondere in der Familien- und Pflegepolitik. Und Eltern behinderter Kinder vermissen dabei ein gesellschaftliches Signal, das ihnen sagt: Wir stehen zu euch.

So hat die Politik ihre Gruppe nicht wirklich auf dem Schirm. Erstmalige Erwähnung fanden sie im Koalitionsvertrag im November 2021 im Abschnitt zur häuslichen Pflege. Es geht darin unter anderem um verbesserte Arbeitsbedingungen der Gesundheitsberufe und Pflegekräfte, Entlastungsmaßnahmen für pflegende Angehörige oder darum, einer Stigmatisierung psychisch erkrankter Menschen entgegenwirken und etwas gegen die Wartezeiten auf einen Behandlungsplatz insbesondere bei Kindern zu tun. Ein erstmaliger Schritt, der Hoffnung weckte, auf den bisher aber wenig folgte. Es fehlt die politische Anerkennung von Care-Arbeit und davon, wie viel Zeit sie belegt, wie die Autorin Teresa Bücker erklärt. Die deshalb in ihrem Buch *Alle_Zeit* auch ein neues Verständnis ebendieser Zeit fordert. Und zu Recht fragt, in welchem zeitlichen Umfang, in welcher Intensität und mit welcher Priorisierung gegenüber anderen Verpflichtungen und Wünschen ein sogenannter Primary Caregiver, also eine pflegende Person, Sorgearbeit übernehmen kann. Wann hat dieser Mensch auch einmal Zeit für sich selbst?

Auch ich wünsche mir nicht nur mehr Zeit, sondern insbesondere auch die Anerkennung für die Care-Arbeit, die Eltern behinderter Kinder leisten. Eine Anerkennung, die sich in Teilhabe und eine Politik übersetzt, die ihre Lebensrealität mitdenkt und bei Entscheidungen aller Art berücksichtigt. Die bessere Unterstützung müsse ein zentraler Punkt der Sozialpolitik sein, fordert auch die Juristin Theresia Degener. Weil die Familien nicht alleingelassen werden dürften und insbesondere auch Frauen ein Recht darauf hätten, mit ihren behin-

derten Familienmitgliedern zu Hause zu leben, ohne dabei alles aufgeben zu müssen.

Doch all das ist in der gegenwärtigen Gleichstellungspolitik bisher wenig bis kein Thema. Generell fehlt der Familienpolitik ein übergeordnetes Ziel, wie es sich andere Länder setzen. Seit Jahren werde versucht, es irgendwie allen recht zu machen und ein bisschen was für jede*n zu tun, und damit eine Politik verfolgt, die nur langsam und behäbig reagiere, während Familien vor neuen Herausforderungen stünden und der Alltag und das Zusammenleben sich verändert hätten, schreibt die Journalistin Nathalie Klüver in *Deutschland, ein kinderfeindliches Land?*. Sie fordert eine nicht nur auf die nächste Legislaturperiode ausgerichtete Politik, sondern eine, die aus der Perspektive junger Menschen heraus denkt und alle Kinder ins Zentrum der Entscheidungen rückt, sodass sie unabhängig von ihren Familienkonstellationen von ihr profitieren. Weil es zu selten darum geht, ob, wie und mit welchen Konsequenzen der Umfang der Sorgearbeit in Familien abgedeckt werden kann. Oder inwiefern Familien mit behinderten oder chronisch kranken Kindern mit besonderen Herausforderungen konfrontiert sind.

So lebten laut der Pflegestudie 2023 Ende 2021 rund 272 000 sogenannte pflegebedürftige Kinder und Jugendliche bis 19 Jahre in Deutschland und machten damit etwa fünf Prozent der insgesamt rund fünf Millionen sogenannten Pflegebedürftigen aus. Im Vergleich dazu lag die Zahl Ende 2018 noch bei knapp 187 000 Kindern und Jugendlichen. Mögliche Gründe für diese Zunahme seien technische und medizinische Fortschritte und eine damit verbundene höhere Lebenserwartung sowie Veränderungen im deutschen Pflegesystem, wie etwa die Umstellung von »Pflegestufen« zu »Pflegegraden«, durch die seit 2017 auch Menschen mit Lernschwierigkeiten und

psychischen Beeinträchtigungen besseren Zugang zu Unterstützung bekommen, weil sie seitdem eher die Möglichkeit haben, einen Pflegegrad zu erhalten. Zuvor waren sie in den Pflegestufen 1 bis 3 nicht berücksichtigt worden, weil die Einteilung hauptsächlich auf den täglich benötigten Pflegeminuten basierte und auch Menschen mit Demenz oder psychischen Erkrankungen, die keine körperlichen Einschränkungen aufwiesen, darum meist keine dieser Pflegestufen bekamen und in der »Pflegestufe 0« eingruppiert wurden. Diese war gesetzlich zwar nicht geregelt, wurde aber von den Pflegeversicherungen anerkannt und führte zu bestimmten Leistungen.

Was aber bedeutet Pflege von Kindern konkret, und wer erhält sie? Zunächst einmal alle, wenn sie klein sind. Babys und Kleinkinder, die gewindelt und gefüttert werden, die nicht selbstständig sind und deren Überleben von erwachsenen Menschen abhängt. Denn wichtig ist: Behinderte oder chronisch kranke Kinder haben die gleichen Grundbedürfnisse wie chronisch gesunde nichtbehinderte Kinder. Und zu diesen Bedürfnissen zählt nach Familientherapeut Jesper Juul auch, sich als wertvolles Familienmitglied zu fühlen, umsorgt zu werden und persönliche Integrität zu entwickeln, also Selbstachtung und Verantwortungsgefühl.

Es liegt in der Verantwortung der Eltern, diese Bedürfnisse zu erfüllen, und bei manchen Kindern braucht das mehr Energie und Kraft. Unabhängig davon, ob sie behindert sind oder nicht und auf welche Art sie sich ausdrücken, bewegen oder mit welchen Sinnen sie ihre Eltern wahrnehmen. Immer aber geht es um die gegenseitige Interaktion, also wie offen Eltern und Bezugspersonen sind, welches Gespür sie für ihre Kinder mitbringen und welche Bereitschaft sie aufbringen, an der eigenen Persönlichkeit zu arbeiten.

Wie also sieht der Alltag für Eltern und Bezugspersonen aus, wenn sie ein behindertes oder chronisch krankes Kind begleiten? Es ist nicht möglich, das pauschal zu beantworten. Auch lässt sich nicht allgemein definieren, was der spezifische Bedarf bei Familien mit behinderten Kindern ist, weil sie sich voneinander unterscheiden, wie es alle Familien tun. Im Grunde müssen Familien mit einem Kind mit Behinderung genau wie Familien mit nichtbehinderten Kindern die Schwierigkeiten des familiären Entwicklungsprozesses bewältigen – oft sind auch die Umstände einer Schwangerschaft oder der Geburt oder was darauf folgt, ein zu bearbeitendes Lebensereignis, das vom jeweiligen Zeitgeist der Gesellschaft und der Konfrontation mit dem medizinischen Umfeld und persönlichen Normvorstellungen gekennzeichnet ist. Aber fest steht: Alle Eltern müssen schlafen, essen, wollen sich wohlfühlen und wissen, dass ihre Familie gut versorgt ist, um einer bezahlten Tätigkeit nachzugehen, schreibt Bücker. Und das ist es, was wir bisweilen als »Vereinbarkeit von Familie und Beruf« bezeichnen und dabei eigentlich die Vereinbarkeit unbezahlter und bezahlter Arbeit meinen. Denn leider passen diese Arbeitsformen oft nicht wie ein Puzzle ineinander, da sich ihre zeitlichen Logiken unterscheiden. Weil die private Care-Arbeit nie endet und Bedürfnisse von Kindern – oder Erwachsenen – nicht auf dieselbe Art und Weise optimiert werden können wie beispielsweise Prozesse in der Produktion von Autos.

Und so ist auch der genannte offizielle Pflegebedarf und damit die Begleitung von behinderten und chronisch kranken Kindern unter anderem abhängig von der Selbstständigkeit, die sie unterschiedlich entwickeln. Auch das gilt natürlich für alle Kinder, aber bei behinderten Kindern wird diese Selbstständigkeit durch den erwähnten Pflegegrad bestimmt. Dieser

wird von der Krankenkasse in fünf Stufen festgelegt, und ab einem anerkannten Grad von 2 wird ein sogenanntes Pflegegeld gezahlt. Doch ist dieser Grad nicht immer aussagekräftig, und sowieso gibt es Kritik am System, das die Eltern effektiv oft wenig entlastet. Noch dazu ist es kompliziert, und es zu durchschauen, wurde auch für mich zur Aufgabe, als mein Kind auf die Welt kam.

Ich erinnere mich an Stunden von Recherche und Zeit vor dem Computer. An die vielen Gedanken und wie ich mich durch Textseiten und Posts klickte. Was wussten wir damals schon darüber, wie dieses Elternding funktioniert, geschweige denn über die Strukturen, von denen wir fortan abhängig sein sollten. Damals suchte ich nach Büchern, die mir über dieses Leben erzählen, weil der inneren Intuition und dem Herzen zu folgen, allein nicht reichte. In dieser Zeit haben mir Bücher dabei geholfen, die eigene Richtung zu finden. So zählten zu meinen ersten Begegnungen mit anderen Familien mit behinderten Kindern nach der Geburt die Geschichten der Autorinnen Mareice Kaiser und Sandra Roth in *Alles inklusive* und *Lotta Wundertüte*. Beide arbeiten wie ich als Journalistinnen. Sie standen mir als Reflexionsangebot zur Seite, um darüber nachzudenken, wie ich mich selbst als Mutter positionieren möchte. Wie für Kaiser konnte es auch für mich schon damals keinen Feminismus ohne Inklusion geben.

Und jetzt. Da habe ich dieses Buch geschrieben, mit dem ich mich auch mit denen verbinden möchte, die (ihre) Kinder schützen wollen und dabei kritisch mit sich selbst und einem System sind oder sein wollen, in dem es wenig Anerkennung dafür gibt, dass Care-Arbeit für Kinder Zeit, Zuwendung, Aufmerksamkeit und Kraft bedarf. Ich freue mich darüber, dass im Vergleich zu früher insbesondere in den sozialen

Medien immer mehr Texte von Eltern erscheinen (oder mir angezeigt werden), die dort ihrem Leben mit ihren Kindern einen Platz einräumen, die sich austauschen und Verbündete finden. Wenn zum Beispiel die Autorinnen des Eltern-Blogs *Kaiserinnenreich*, denen ich seit der Geburt meines Kindes folge, über ihren Alltag schreiben. Die wie Barbara Zimmermann, eine der Autorinnen des Blog-Kollektivs, aufklärende Elternbroschüren veröffentlichen, die Namen tragen wie *Hauptsache gesund? Nein Hauptsache geliebt*, oder zusammen mit anderen Petitionen wie #mehrals28Tage starten, um ein Pflegegeld zu fordern, das auch nach 28 Tagen Klinikaufenthalt mit dem Kind von der Krankenkasse weitergezahlt wird.

Mareice Kaiser hat das *Kaiserinnenreich* gegründet, für das über die vergangenen Jahre unterschiedliche Personen geschrieben haben. Es sind Texte, in denen oft die Wörter Ableismus und Care-Arbeit fallen und in denen es viel um Liebe geht, »selbst wenn sie nicht wörtlich zu lesen ist«, wie es auf der Blog-Seite heißt. Es geht darin um alltägliche Dinge wie Augenringe, das Packen von Kindergartenrucksäcken und Medikamente im Küchenschrank. Oder die vier Apotheken, die abtelefoniert werden mussten, um Fiebersaft für das chronisch kranke Kind zu bekommen. Oder die Tatsache, vergessen zu haben, eine Überweisung für den Arztbesuch zu besorgen, obwohl das auf drei To-do-Listen notiert wurde. »Ich bin du und du bist ich. #wirsindviele. Wir sind #PflegendeEltern. Und hier ist unser Raum. Hier kannst du sein.«

Dieser Blog macht beispielhaft deutlich, dass behinderte Kinder keine besondere Art von Eltern brauchen. Sie brauchen Bezugspersonen, die sie bestmöglich unterstützen, und das zu leisten, wird aufgrund fehlender Informationen und Unterstützung oft zur Herausforderung. Darum habe auch

ich in den ersten Jahren meines Kindes viele Gespräche mit Eltern darüber geführt, was wir wie tun und wo wir uns melden könnten. Was es für Fallstricke gibt und was für Möglichkeiten: Frühförderung, Steuerfreibeträge, Hilfsmittel, Kita- und Schulsuche, Entlastungs- oder Verhinderungsleistungen. Letztere sind wichtig, weil Eltern für die Unterstützung ihrer Kinder oft mehr Zeit brauchen, als die gesellschaftlich normierten Vorgänge es vorsehen. Es sind dabei auch Kämpfe mit Krankenkassen und Ämtern zu führen, Paragrafen zu verstehen, weshalb der bürokratische Aufwand von 81 Prozent der Befragten im Rahmen der Pflegestudie als die größte Belastung angegeben wird.

So ist die Anzahl an Anträgen und Formularen, die nötig sind, um die erforderliche Unterstützung zu erhalten, enorm. Kein Wunder, dass sich in den vergangenen Jahren viele pflegende Familien vernetzt und in Gruppen formiert haben und es viele von ihnen initiierte Petitionen gibt wie »Stoppt die Blockade der Krankenkassen«, die sich gegen mutwillige Hürden in der Hilfsmittelversorgung (wie Rollstühle, Gehhilfen oder Geräte zur Kommunikation) stellte. Weil diese zwar von Fachärzt*innen verordnet werden, doch viele Krankenkassen die Kostenübernahme erst einmal ablehnen. Worauf oft ein langwieriges Widerspruchsverfahren folgt. Es gibt viele Eltern behinderter Kinder, die ihre Rechte nicht kennen oder nicht wissen, wie sie die ihnen zustehende, angemessene Unterstützung bekommen können. Unter anderem, weil einfach zugängliche und in verschiedene Sprachen übersetzte Informationen oft fehlen. Auch ich habe während Reha-Aufenthalten Anträge für andere Mütter übersetzt, ausgefüllt oder verständliche Leitfäden formuliert, um Frauen, deren Erstsprache nicht Deutsch ist, dabei zu unterstützen, ihre Rechte durchzusetzen.

Und es gibt viele Familien, die wenig Geld oder Ressourcen haben, um den Bedarf ihrer Kinder zu decken. Denen auch mit dem Pflegegeld nicht genug geholfen ist, von dem einige behaupten, dass sie sich daran bereichern würden. Dazu kommt, dass viele Eltern auch keinen bezahlten Beruf ausüben können, um Geld zu verdienen, weil ihre Hauptarbeit die Care-Arbeit ist. Weshalb alleinerziehende Eltern von behinderten Kindern auch zu der Gruppe zählen, die später von Altersarmut besonders betroffen ist.

Früher wurde ich oft gefragt, wie wir das alles schaffen. Und wir schaffen das, weil wir damit gewachsen sind und nachjustieren, während unser Kind größer wird, mehr Dinge dazulernt und in unserem Fall alles leichter wird. Die Aufgaben, die aufgrund der gesellschaftlichen Barrieren dazukommen, zählen zu unserem Alltag, sind Routine geworden. Wir wissen, was für uns funktioniert, und haben vieles ausprobiert, weil wir uns als Familie unser Leben nicht nehmen lassen wollen. Schritt für Schritt wachsen wir und unterscheiden uns dabei von anderen Eltern behinderter Kinder und deren Alltag. Es gibt darum kein Pauschalleben von Familien mit behinderten Kindern. Wie diese sind, hängt von vielen Faktoren ab. Davon, mit welchen Herausforderungen die jeweiligen Kinder und Eltern umgehen müssen und welche Unterstützung sie erfahren. Wie einzelne Familienmitglieder dem Thema Behinderung begegnen, ob sie darüber sprechen oder nicht. Wie sie mit möglichen Diagnosen und den unterschiedlichen Behinderungen umgehen. All das beeinflusst, wie die Familien leben und wie Eltern behinderter Kinder sich in der Gesellschaft verorten und verortet werden. Und bedacht werden müssen dabei auch individuelle Bewältigungskräfte, Geschlechter- und Rollenfragen, die jeweilige Familienkonstellation und die sozialen Hintergründe.

So wie sich auch der Mental Load für pflegende Eltern aus vielen Belastungen zusammensetzt. Weshalb manche Eltern ihre Nöte irgendwann nicht mehr nach außen kommunizieren, weil sie sich daran gewöhnt haben, dass sie alles selbst regeln müssen. Gerade für alleinerziehende Eltern führt dieser Zustand nicht selten in die Einsamkeit. Eine, die beispielsweise die Autorin, Podcasterin und behinderte Mutter eines behinderten Kindes Jasmin Dickerson in manchen ihrer Posts auf Instagram beschreibt. Die die positive Resonanz auf ihre Beiträge begrüßt und dennoch fragt, wie lange ihr das als Trost reichen werde. Wie lange es dauern werde, bis sie ausbrenne, weil niemand mehr da sei, der sie entlasten könne.

Dickerson spricht aus, was sich viele nicht trauen, auf diese Weise zu formulieren. Die, wenn es um Inklusion geht, solche Eltern kritisiert, die nur so lange Verständnis haben und Unterstützung versprechen, »bis mein Kind eurem Angst macht oder Hilfe braucht […] Spätestens dann wird der Wunsch nach Teilhabe und Sichtbarkeit zu etwas, das euch nichts angeht.«

In einem Post mit einem Bild aus den 80er Jahren, auf dem sie als kleines Schwarzes Mädchen mit ihrer *weißen* Mutter vor dem Spiegel zu sehen ist, erinnert sie sich an ihre eigene Kindheit. Die sie als schwierige Zeit beschreibt, weil sie damals ihre Diagnose Autismus noch nicht hatte, als das ungezogene Kind galt und ihre Mutter als die junge, überforderte Alleinerziehende. »Ich wünschte, das wäre uns erspart geblieben. Denn niemand kann uns diese Zeit zurückgeben. Niemand kann sagen, ›diese Wutanfälle sind keine Wutanfälle‹. Ihr Kind hasst sie nicht, es hat eine Behinderung«, schreibt Dickerson.

Ihr Beitrag berührt mich, weil sie darin sichtbar macht, welche gesellschaftliche Leerstelle es in der Zeit gab, in der auch ich Kind war. Weil es stimmt, dass uns unsere Kindheit

nicht zurückgegeben werden kann, selbst wenn wir als Erwachsene darüber nachdenken. Was helfen kann, aber nicht immer, ist, diese Erinnerungen aufzuarbeiten und sie in eine gute, im besten Fall heilsame Ordnung zu bringen. Genau das ist es, was viele Menschen in den sozialen Medien tun. Auch Eltern behinderter Kinder, die wie Dickerson beobachten und kritisieren, dass sie aus der öffentlichen Sphäre verdrängt, ihre Anliegen kleingeredet und fast immer nur nichtbehinderte Kinder selbstverständlich mitgedacht werden, während ihre eigenen am Rand stehen und zusehen müssen. Oder angestarrt und manchmal ausgelacht werden, wenn sie den anderen freundlich zuwinken.

Kinder kriegen

Eure Kinder sind nicht eure Kinder. […]
Sie kommen durch euch, aber nicht von euch.
Und wenn sie auch mit euch sind,
so sind sie dennoch nicht euer Besitz.
Ihr dürft ihnen eure Liebe schenken,
aber nicht eure Gedanken,
Denn sie haben ihre eigenen Gedanken.
Ihr dürft ihren Körpern ein Zuhause geben,
aber nicht ihren Seelen,
Denn ihre Seelen wohnen im Haus der
Zukunft und das könnt ihr nicht betreten,
nicht einmal in euren Träumen.

– Khalil Gibran

»Habt ihr es vorher gewusst?« Es ist eine Frage, die mich wütend macht. Denn was, wenn ja? Wenn wir gewusst hätten, dass unser Kind behindert sein wird. Was wäre dann gewesen? Ich kenne Mütter, die wussten, dass ihr Kind behindert sein würde, und denen gesagt wurde, dass so etwas doch heute nicht mehr sein muss.

Selektieren und abtreiben. In Deutschland können Abtreibungen regulär bis zur zwölften Schwangerschaftswoche statt-

finden. Jedoch muss vor jedem Abbruch zwingend eine Beratung erfolgen. Zwischen Beratung und Termin müssen drei Tage liegen, um der schwangeren Person Bedenkzeit zu geben. 2022 gab es laut Statistischem Bundesamt knapp 103 930 offiziell gezählte Schwangerschaftsabbrüche, davon waren etwa 2370 sogenannte Spätabbrüche nach der zwölften Woche, und 740 davon fanden nach der 22. Woche statt. Letztere dürfen nur bei sogenannter medizinischer Indikation erfolgen, was bedeutet, dass ein Abbruch aus gesundheitlichen Gründen notwendig oder empfehlenswert ist, schreibt der behinderte Leidmedien-Autor Nikolai Prodöhl.

In seinem Artikel zitiert er auch die Soziologin und Referentin für Medizin beim Gen-ethischen Netzwerk Johanna Lindemann, die kritisiert, dass in der ärztlichen Beratung zu Schwangerschaftsabbrüchen der Befund einer sogenannten medizinischen Indikation eine heute nicht mehr zulässige »embryopathische Indikation« oft verschleiere. Letztere bezeichnet einen Schwangerschaftsabbruch, der bis 1995 aufgrund einer zu erwartenden Behinderung des Kindes legal war. Diese Indikation ist heute zwar rechtlich nicht mehr erlaubt, aber laut Lindemann werde sie durchs Hintertürchen trotzdem weiter verwendet, weil manchmal eine zu erwartende Behinderung des Kindes für die gebärende Person als eine unzumutbare psychische Belastung eingestuft werde. Was wiederum in den Augen mancher Gutachter*innen als Gefahr für die Gesundheit der schwangeren Person gewertet wird und damit eine Legitimation zur Abtreibung nach medizinischer Indikation möglich macht, wie die Journalist*in Kirsten Achtelik erklärt.

Es ist ein subtiler Selektionsgedanke, der sich auch in bestimmten Bereichen der Pränataldiagnostik wiederfinden lässt, mit der einige angeborene Krankheiten und Behinderungen

getestet werden können. Dabei müssen die verschiedenen Methoden der Diagnostik unterschieden werden: eine Ultraschalluntersuchung zur Messung der Nackentransparenz, eine kleine Gewebeentnahme direkt an der Plazenta, die Entnahme von Fruchtwasser aus der Fruchtblase oder die sogenannten nichtinvasiven Pränataltests (NIPT), die das Blut der schwangeren Person auf Trisomien testen, also untersuchen, ob der Fötus eine als »normal« geltende Anzahl von Chromosomen hat oder nicht. Diese Methoden können nützlich, aber auch riskant sein. Sie können – wie die Fruchtwasseruntersuchung – auch zu einem ungewollten Abbruch führen. Aber sie können auch, wenn sie therapieorientiert sind, dabei helfen, bestimmte Vorkehrungen für die Zeit nach der Geburt im Sinne des Kindes zu treffen, um es von Anfang an bestmöglich zu unterstützen. Laut Achtelik generieren aber die meisten pränatalen Untersuchungen keine sicheren Ergebnisse, sondern nur Verdachtsfälle, die in unserer behindertenfeindlichen Gesellschaft womöglich trotzdem zu Abtreibungen führen. Seit Juli 2022 werden außerdem die nichtinvasiven Pränataltests von den Krankenkassen übernommen, wenn andere Tests auffällig waren oder wenn es die »persönliche Situation« der schwangeren Person »notwendig« macht. Wobei hier nicht genauer definiert wird, was unter »persönlicher Situation« zu verstehen ist, schreibt Prodöhl.

Über die Zulassung von NIPT als kassenärztliche Leistung gab es im Vorfeld eine große Debatte, weil bei werdenden Eltern der Eindruck erweckt werden könnte, dass dieser Test notwendig ist. Kritisch betrachtet suggeriert aber diese vorgeburtliche Suche nach einer späteren Behinderung, dass ein Leben mit einer solchen vermeidbar ist und damit auch gesellschaftlich unerwünscht. Das Bündnis #NoNIPT erklärte

darum die Zulassung als behindertenfeindliche Praxis. Zumal der nichtinvasive Pränataltest nur einen geringen medizinischen Nutzen habe und das Risiko der Pränataldiagnostik nicht reduziere, da zu einem finalen Nachweis beispielsweise einer Trisomie in der Regel trotzdem invasive, also riskante Untersuchungen empfohlen werden, um einen Verdacht zu prüfen. Und genau das führt viele schwangere Personen in ein Dilemma, wenn sie sich nicht ausführlich über Pränataltests und ihre Folgen informiert und über ihre eigene Motivation dazu nachgedacht haben. Weshalb es wichtig ist, sich als werdende Eltern kritisch und ehrlich zu hinterfragen: Warum ein Test? Und ob es dabei darum geht, hören zu wollen, dass der Fötus gesund oder nichtbehindert ist. Und was passieren wird, wenn das nicht der Fall ist. Es muss viel mehr Menschen in unserer Gesellschaft klar werden, dass es für Nichtbehinderung und Gesundheit im Leben keine Garantie gibt und außerdem kein Recht auf ein nichtbehindertes oder chronisch gesundes Kind. Zumal sowieso kein Mensch weiß, wie das eigene Leben oder das des eigenen Kindes einmal verlaufen wird.

Werdende Eltern sollten darum diese Punkte im Vorfeld einmal durchspielen, weil die mentale Belastung nach einem Verdachtsfall-Ergebnis gefühlt unendlich sein kann. Weshalb ich Frauen begegnet bin, die in ihren Schwangerschaften verunsichert waren, weil sie plötzlich wegen des Befunds einer möglichen Trisomie ihres Kindes in eine innere Sackgasse gerieten. Was tun mit dieser Information? Dann kommt es darauf an, wie sie beraten werden. Und häufig werden sie das von Menschen, die wenig Berührungspunkte zum Beispiel mit Menschen mit Down-Syndrom haben. So erzählte uns ein befreundetes Paar, dass ihnen indirekt geraten wurde, die Schwangerschaft abzubrechen, nachdem eine unklare Hirn-

schädigung des Kindes im Mutterleib festgestellt wurde. Es wäre zu diesem Zeitpunkt ein Spätabbruch gewesen. Mit diesem Beispiel will ich die ableistisch konnotierte Absurdität der Situation deutlich machen, wenn sich Eltern für ein behindertes Kind entscheiden und ihnen dabei vermittelt wird, diese Entscheidung sei falsch. Ich will damit zeigen, wie tief verankert die Ablehnung gegenüber behinderten Menschen ist und wie schwierig es teilweise ist, diese zu enttarnen. Was auch die Journalistin Sandra Schulz in ihrem Buch *Das ganze Kind hat so viele Fehler* offenbart.

Schulz fragt darin, ob wir an dem Wissen, das wir uns gewünscht haben, zerbrechen können. Sie erzählt davon, wie sie in der 13. Schwangerschaftswoche nach einer Blutuntersuchung den Satz hörte: »Ich habe leider kein komplett unauffälliges Ergebnis für Sie.« Und wie sie sich im Laufe der folgenden pränatalen Untersuchungen denkt: Redet nicht so über mein Kind! Eindringlich und ehrlich beschreibt sie den inneren Kampf um ihre ungeborene Tochter, die sie heimlich das Wunschkind nennt, während sie über Abtreibung nachdenkt. Sie erzählt, wie sie sich fragt, ob sie ein behindertes Kind wird lieben können, und am Ende die Pränataldiagnostik zur Ersten Hilfe für ihr Kind wird, weil ihm direkt nach der Geburt geholfen werden kann. Heute lebt ihr Kind mit Down-Syndrom und zählt zu einem der schätzungsweise 50 000 Menschen, die damit in Deutschland leben. Doch wird davon ausgegangen, dass 85 bis 90 Prozent der Föten mit Verdacht auf Down-Syndrom inzwischen abgetrieben werden, schreibt Prodöhl.

Wird es irgendwann keine behinderten Kinder mehr geben, »weil wir bald alle Behinderungen schon vor der Geburt testen können? Und was macht das mit unserer Gesellschaft?«, fragen die drei Hosts des BR-Podcasts *Die neue Norm* in einer Folge

zu Pränataldiagnostik. Sie zeigen mit dieser Frage, dass die Kritik des Bündnisses #NoNIPT nicht in Konflikt mit dem Recht auf den eigenen Körper und Abtreibung steht. Weil gegen die Selektion von behinderten Menschen zu sein, nicht bedeutet, nicht auch gleichzeitig für feministische Werte und die Errungenschaft der Selbstbestimmung als gebärende Person einstehen zu können. Kritisiert werden vielmehr die Umstände, unter denen die Frage »Bekommen oder nicht?« gestellt wird und die Antwort darauf auch von gesellschaftlichen Zwängen und ableistischen Vorstellungen geprägt ist.

Bei der Entscheidung »Kind kriegen oder nicht« ist darum eine intersektionale und machtkritische Beratungsarbeit gefragt. Weil es ein Ziel sein sollte, dass (schwangere) Menschen keine Angst vor Behinderung und Krankheit haben. »Darunter wird es nicht gehen«, schreibt Achtelik. Weil sich erst mit dieser Haltung ehrlich und im Einklang mit dem Recht auf Selbstbestimmung gegen Selektion und Ableismus angehen und die Frage verhandeln lässt, warum ein Familienleben mit behindertem Kind für viele Menschen nicht oder so wenig vorstellbar ist. Zumal Eltern eines Kindes zu werden, ob behindert oder nicht, immer eine grundlegende Veränderung des alten Lebens bedeutet.

Es wäre schön, wenn sich ein selbstverständliches Gefühl dazu verbreiten würde, dass ein Leben mit einem behinderten Kind nicht negativer verläuft als das mit einem nichtbehinderten. Und um dieser verzerrten Vorstellung entgegenzuwirken, braucht es ein Zusammensein. Dann könnten nicht nur Eltern nichtbehinderter Kinder ihre alltägliche Erschöpfung thematisieren, ohne damit Menschen ohne Kinder Angst vor einem Leben mit Kind zu machen. Sondern auch pflegende Eltern könnten darüber offen sprechen, ohne dass sich der

Konsens verstärke, dass ein behindertes Kind zu haben, kein wünschenswertes Leben sei, wie Dickerson erklärt. Denn darum geht es. Eine authentische Darstellung ohne Abwertung. Sie ist ein Wunsch vieler Eltern behinderter Kinder, die Texte über ihre verschiedenen Leben schreiben. Die gebraucht werden, um die Vielfalt der Familien zu verstehen. Weil ihre Leben so verschieden sind und es, wie *Kaiserinnenreich*-Autorin Anna Mendel in ihrem Buch *Wir: Geschichten aus dem Alltag mit behinderten Kindern* schreibt, zum Beispiel einen Unterschied macht, ob diese zwei *weiße* Elternteile haben oder nur eines.

Ob im Museum, Restaurant oder Hotel: Manche Orte sind für Mendel schwer zu ertragen, weil dort Menschen ihre fünfköpfige Familie oft mit einem »Können die nicht daheim bleiben«-Blick beäugten. Ihre Familie, die aus einem Elternteil of color und einem *weißen* Elternteil, einem nichtbehinderten Kind und zwei behinderten Kindern besteht. »Aber wir nehmen diesen Platz ein, auch wenn wir andere stören«, schreibt Mendel. Wohl wissend, dass dieses Stören nicht wirklich etwas mit ihnen zu tun hat, sondern es an der Gesellschaft liegt, in deren Mitte Familien wie die ihre nicht gewohnt seien und nur akzeptiert würden, solange sie angenehm und still seien. Unsichtbar.

Es ist eine Unsichtbarkeit, die in spezieller Weise auch die Eltern kennen, die sich auf den frühen Tod ihrer Kinder vorbereiten müssen. Die nachts in dunklen Stunden mit völlig Fremden bei Instagram schreiben, weil Hunderte Kilometer weiter jemand ist, der sie versteht. So wie es @phyxchen auf Instagram berichtet, die eigentlich Sarah Eilert heißt und eine Mutter ist, der ich seit den Anfängen ihres Schreibens dort folge. Weil ihr Leben mir in die Timeline gespült wurde und ihre Texte mich berührt haben. Eilert fing oft in lyrischem Ton die Gleichzeitigkeit des Leichten und Schweren des Lebens ein, als ihr Kind noch

lebte, und schreibt auch heute noch, nachdem es gestorben ist. Sie steht für eine Gruppe von Müttern, die sonst in der Politik und den Medien wenig gehört würden, wie Eilert schreibt. Ich habe viel über ihre Worte nachgedacht. Über ein Leben, das weder einfach ist noch einfach zu erklären. Und ich habe mitgefühlt, als sie vom letzten Atemzug ihres Kindes schrieb:

> *Dann hast du so plötzlich beschlossen, dass du gleich losfliegst.*
> *Alles losgelassen.*
> *Ich bin aus meiner Zwischenwelt gefallen*
> *und weiß erst seitdem, dass es eine Zwischenwelt gewesen ist.*
> *Eine Welt, in der ich es immer wusste und nie greifen konnte.*
> *Bis es mich gegriffen hat.*
> *Dein Papa hat dich heute ein letztes Mal gehoben.*
> *Getragen.*
> *Niedergelegt.*
> *Für immer.*
> *Wir haben dir Blumen für diese Reise gekauft. So viele Blumen.*
> *Eben dachte ich, es sind zu viele für deinen kleinen Sarg.*
> *Sie decken dich ganz zu.*
> *Du bist noch immer, was du je für mich warst.*
> *Mein Stern.*
> *Mein Herz.*
> *Mein Tag und meine Nacht.*
> *Du wirst für immer sein, was du für mich bist.*

Judy Gummich

Judy Gummich ist 34 Jahre alt, als ihre Tochter Sina geboren wird. Als diese kurz nach der Geburt die Diagnose Down-Syndrom erhält, fragt Judy sich, wie sie das Leben schaffen soll. Es ist das Jahr 1990, und das Problem für Judy ist nicht, Sina so anzunehmen, wie sie ist, sondern die Gesellschaft. Wie wird das Leben sein als Schwarze Frau mit einem behinderten Kind? Dazu wird Sina von Außenstehenden als »*weiß* gelesen«, weshalb Judy ihre Mutterschaft bis heute immer wieder abgesprochen wird.

Dass Sina das Down-Syndrom hat, ist Judy und Sinas Vater nicht direkt nach der Geburt klar. Als die Kinderärztin die beiden darüber informieren will, wird sie aus dem Raum geschickt. Weil die Ärztin nur mit dem *weißen* Kindsvater sprechen will, der Judy die Diagnose zu Hause übermittelt.

»Ich habe die Ärztin später gefragt, warum sie nicht auch mit mir als Mutter gesprochen hat, worauf sie keine wirkliche Antwort hatte. Ich weiß nicht, ob sie das mit einer *weißen* Frau gemacht hätte«, sagt Gummich.

Sina ist ihr einziges Kind, obwohl sie gerne mindestens zwei gehabt hätte. Denn ihre Zeit im Kinderheim, wo sie mit vielen anderen Kindern zusammenlebte, hat Judy geprägt. Dort wurde ihr vermittelt, dass jeder Mensch einen Wert hat, egal wie er ist. Und diese Botschaft war wichtig für ihr Aufwachsen in den 60er Jahren. Und 20 Jahre später wird die gelernte elek-

trotechnische Assistentin und Diplom-Ökotrophologin damit Teil der Schwarzen Bewegung in Deutschland und Mitbegründerin der Selbstorganisation ADEFRA – Schwarze Frauen in Deutschland sein. Kurze Zeit später wird Sina geboren.

Judy politisiert sich immer stärker und ist fortan auf der Suche nach einem Platz für sich und ihr Kind. Zumal sie inzwischen von Sinas Vater getrennt lebt und eine lesbische Beziehung hat. Was sie hält, sind die Frauen und Freundinnen von ADEFRA in München, die auf Sina aufpassen, damit Judy politisch aktiv sein kann. Schon vor Sinas Geburt hat sie sich mit Schwarzen behinderten Menschen über deren Erfahrung ausgetauscht. Die Aussage einer von ihnen ist Judy bis heute im Kopf geblieben.

»Sie hat mir gesagt, wenn ich in Zusammenhängen behinderter Menschen bin, dann muss ich mein Schwarzsein ausblenden, und wenn ich in Schwarzen Kontexten bin, dann muss ich meine Behinderung ausblenden. Ich kann nie die sein, die ich wirklich bin«, sagt Gummich.

Bis heute begleiten sie diese Worte und prägen ihren Kampfgeist, als Sina geboren wird.

»Ich dachte, dass darf nicht sein. Wenn wir für alle Schwarzen Menschen da sein wollen, dann dürfen wir sie nicht mit den gleichen Mechanismen wieder ausschließen, wie es *weiße* mit Schwarzen Menschen tun.«

Und obgleich Judy ihr Schwarzes Umfeld liebt, sieht sie dessen Begrenztheit. »Ich habe die Wahl, aber ich habe keinen Platz«, betitelte sie einen ihrer nicht veröffentlichten Artikel. Und in »Verflechtungen von Rassismus und Ableism – Anmerkungen zu einem vernachlässigten Diskurs« beschreibt sie 2015 die intersektionale Schnittstelle von beiden. Und wie sie die Erkenntnisse darüber zu der Beschäftigung mit Menschen-

rechten führt und diese die Basis ihrer politischen Arbeit als Schwarze, lesbische Person mit einer behinderten Tochter wird.

Judy will herausfinden, was es braucht, damit die Würde eines Menschen nicht verletzt wird, und das immer unter dem Aspekt der jeweiligen Diskriminierungsform, die diesen Menschen betrifft. Darum arbeitet sie seit über 30 Jahren als Trainerin, Prozessbegleiterin und systemische Coachin mit Fokus Menschenrechte, Inklusion und Diversity. Doch hat sie als alleinerziehende Mutter in ihrem Leben weniger Möglichkeiten, so aktiv zu sein, wie sie es gerne gewollt hätte. Zumal es für den Bedarf ihrer Tochter auch nicht immer den Raum gab. Was sich ändern muss, sagt Judy.

Sie wünscht sich, dass mehr Wissen über die Verschränkung von Schwarz- und Behindertsein in Deutschland generiert wird. Darum organisierte sie 2024 die erste Workshop-Reihe für Schwarze behinderte Menschen, ihre Angehörigen und diejenigen, die mit ihnen arbeiten. Ein Herzensprojekt, an dem auch ich teilgenommen habe. Nachdem ich mich vor acht Jahren kurz nach der Geburt meines Sohnes mit einer anderen Schwarzen Mutter eines behinderten Kindes bei ihr gemeldet habe und wir uns genau diese Vernetzung gewünscht haben. Wir suchten damals Rat bei ihr, einem Menschen, der versteht, wer wir als Ganzes sind. Der schon Wege gegangen ist und ein Wissen in sich trägt, das er an uns weitergeben kann. Damit wir es weitertragen werden.

»Das Risiko nichtbehinderte Eltern zu bekommen«

Es macht uns Mühe
… zu spüren, dass Dankbarkeit erwartet wird, für Dinge,
die andere scheinbar mühelos haben.
Es macht uns Mühe,
… Mitleid zu ertragen,
… Lieblosigkeit zu übersehen
und gedankenloses Gerede zu überhören.
Es macht uns Mühe,
… immer noch wie ein Kind behandelt zu werden,
obwohl man längst erwachsen ist.

– Luise Habel

Die Liebe meines Mannes und mir zu unserem Kind war immer groß. Und wir arbeiten daran, die Liebe zwischen uns wachzuhalten. Für eine glückliche Beziehung gibt es kein Rezept, aber es hilft zu wissen, was man tun kann, wenn man unglücklich ist, schreibt Familientherapeut Jesper Juul.

Mein Mann und ich haben verstanden, dass einander zur Seite zu stehen, auch bedeutet, sich gegenseitig den Rücken zu stärken, in den Dingen, die der andere braucht. Und dabei nimmt die Reflexion unserer Elternschaft eine große Rolle ein. Sie ist nötig, weil wir uns auf der Suche nach inklusiven Wegen

zusammen durch ein System kämpfen, das nicht inklusiv ist. Was uns gegenseitig auch zu Komplize und Komplizin gemacht hat. Dabei an das Gute zu glauben und das gemeinsame Leben mit Liebe zu betrachten, ist unser Schlüssel.

»Kennt ihr pflegende Väter? Also Väter, die die volle Pflege für ihr Kind übernehmen, während die Mütter arbeiten gehen?«, fragt @Schmetterlingsclara in einem Post auf Instagram. Seit 2018 schreibt dort die heute 23-Jährige über ihr Leben mit Epidermolysis bullosa (EB). Es ist eine Erkrankung, die Schmetterlingskrankheit genannt wird, weil sie die Haut der Erkrankten so verletzlich macht wie die Flügel eines Schmetterlings. @Schmetterlingsclara kritisiert in einem ihrer Posts zu Elternschaft, dass es meistens die Mütter sind, die sich kümmern. Und es oft keine Väter als aktive Teile der Familie mehr gibt und viele Trennungen. Ich teile ihren Eindruck und recherchiere nach Zahlen. Finde dazu aber nur viele Texte, doch keine Daten mit fundierten Quellen zum Thema Trennungen von Eltern behinderter Kinder. Darum kann ich nur aus persönlicher Erfahrung von meinen Begegnungen mit anderen Müttern in Kliniken oder der Reha sprechen, die allein waren. Allein bei den Aufenthalten, die die Väter nicht übernehmen wollten oder konnten, oder allein im Leben mit ihrem behinderten Kind. Ich traf Mütter, die unabhängig gewesen waren und mit der Geburt ihres Kindes plötzlich in prekäre Lagen gerieten oder finanziell abhängig wurden. Oder solche, die zwar noch in Beziehungen waren, jedoch als Paar das Gleichgewicht längst verloren hatten, weil das Kind zum beherrschenden Thema wurde oder unterschiedliche Formen von Trauer nicht vereinbar waren. Wozu nach Familientherapeut Jesper Juuls auch diejenige Trauer zählt, die aufkommt, weil das Kind, das man sich vorgestellt hat, ein anderes geworden ist. Weil man sich

folglich von bestimmten Vorstellungen verabschieden müsse, um das Kind, so wie es ist, aufrichtig willkommen zu heißen.

Mich mit dieser Idee von »Trauerarbeit«, wie Juul es nennt, zu beschäftigen, hat mir geholfen, viele irritierende Begegnungen mit Eltern einzuordnen, die ich gemacht habe. Mit Eltern, die es nicht geschafft haben, sich davon zu verabschieden, dass ihr Kind nicht der Norm eines gesunden oder nichtbehinderten Kindes entspricht. Die ihr Kind nicht so annehmen konnten, wie es ist. Ich habe von Vätern erfahren, die sich in ihrem männlichen Stolz verletzt fühlten, weil sie überzeugt waren, dass ihr Körper kein behindertes Kind gezeugt haben könne, und eine vermeintliche »Schuld« auf die Mutter schoben. Es ist ein weiteres Beispiel, das zeigt, wie hartnäckig sich die bereits thematisierte Vorstellung von Behinderung als Strafe hält. Zumal die Schuldfrage sowieso eine sehr präsente im Anfangsstadium einer Elternschaft ist. Die mit der Überlegung eines vermeintlich falschen Verhaltens in der Schwangerschaft beginnt und mit verschiedensten Schuldzuweisungen von Außenstehenden an die Eltern endet. Obwohl es so viel wichtiger wäre herauszufinden, wer dieses Kind eigentlich ist oder was es interessiert, schreibt die Journalistin Marah Rikli in einem Kommentar. In dem sie davon berichtet, dass auch sie ein Sprechen über ihre behinderte Tochter erst entwickeln musste und es lange nicht geschafft habe zu sagen: »Sie hat eine Behinderung«, ohne sich dabei schuldig zu fühlen. Und heute weiß, dass sie dieses Gefühl hatte, weil Behinderung mit Negativem assoziiert werde, mit etwas, das ins Verborgene gehöre und keine Eigenschaft sei wie eine Haarfarbe.

Sich mit Schuld und Scham auseinanderzusetzen und mit ableistischen Vorurteilen, die eine Person nun indirekt selbst betrifft, bedarf einer selbstkritischen Haltung, die in unserer

Gesellschaft eine bewusste Entscheidung ist. Es ist der Grund, warum mein Mann und ich auf die unterschiedlichsten Eltern trafen und treffen. Diejenigen, die sich selbst in ihrer Position reflektieren und dazulernen wollten, andere, die die Zuneigung für ihr Kind zügelten oder distanziert waren. Oder wieder andere, deren ablehnendes Verhalten und respektlose Äußerungen zu den ersten diskriminierenden Erfahrungen ihrer Kinder wurden.

Diese Begegnungen ließen in mir den Vorsatz wachsen, mein eigenes Verhalten immer wieder kritisch zu hinterfragen. Weil Liebe vieles auflösen kann, aber nicht alles, was mit unserer ableistischen Sozialisierung zu tun hat. So wie auch *weiße* Eltern Schwarzer Kinder rassistisches Verhalten zeigen können – auch wenn sie das nicht wollen. Dahingehend schrieb der Behindertenrechtsaktivist Udo Sierck bereits 1989 das Buch *Das Risiko nichtbehinderte Eltern zu bekommen*. Das den Traum vom nichtbehinderten Idealkind verhandelt, den viele Eltern haben. Er nimmt darin ein ableistisches Handeln von ihnen in den Blick. Zum Beispiel wenn sie unsensibel über die Körper oder die Leistung ihrer Kinder sprechen oder sich insgeheim wünschen, dass ihre Kinder nicht behindert wären.

Siercks Buch habe ich vor ein paar Jahren im Antiquariat erstanden. Es ist ein Zeitzeugnis der 80er Jahre und macht Widersprüche sichtbar, die noch heute aktuell sind. Es handelt von Eltern, die sich gegen den Wegschluss ihrer Kinder wehren und gleichzeitig segregierende Vorstellungen weitertragen, die einer Inklusion im Wege stehen. Und davon, was passiert, wenn sie sich nicht vom eigenen Normdenken lösen können. Dann fallen beispielsweise Sätze wie: »Jetzt zieh dich doch wenigstens nett an.« Und das Wörtchen »wenigstens« hat Gewicht, weil es ausdrückt, dass die Behinderung des Kindes

durch etwas anderes ausgeglichen werden muss, also nicht akzeptiert wird. Was sich auch dann zeigt, wenn Eltern aus Scham vor einem vermeintlichen Gesichtsverlust die Merkmale ihrer behinderten Kinder verstecken, indem sie beispielsweise bei Treffen mit Bekannten für sie sprechen, anstatt sie selbst sprechen zu lassen, um eine mögliche Sprachbehinderung zu kaschieren. Oder wenn sie die Fähigkeiten des behinderten Kindes besonders in den Himmel loben, um dem Anpassungsdruck von außen aufzulösen. Was Sierck »das Herauspicken funktionsfähiger Teile« nennt, mit denen der elterliche Traum vom idealen Kind zumindest teilweise erfüllt werde. Er erklärt, wie in der Folge viele behinderte Kinder den Erwartungen ihrer Eltern gerecht werden wollten und versuchten, ihre Behinderung zu kompensieren, um zu gefallen. Und wie sie sich im Bemühen, den Leistungsvorstellungen und ästhetischen Anforderungen zu genügen, selbst übergehen.

Sierck stellt viele feine Beobachtungen des Eltern-Kind-Verhältnisses an, die noch heute gemacht werden können. Auch ich habe die Eltern, die er beschreibt, getroffen. Deshalb habe ich den Titel seines Buches auch für dieses Kapitel gewählt, das davon erzählt, dass Elternschaft eines behinderten Kindes nicht vor Ableismus schützt. Was logisch ist, weil auch Eltern die in der Gesellschaft vorherrschenden Einstellungen reflektieren lernen müssen, um sie ablegen zu können.

Sierck schreibt, Eltern müssten das Erschrecken vor Behinderten zugeben, wenn das Unbewusste nicht zur treibenden Kraft werden solle, das die Behinderung des Kindes dauerhaft als schweren Schicksalsschlag empfinden ließe. Es bedarf also einer kritischen Selbstreflexion, auch um dem Druck standzuhalten, den die Gesellschaft in Bezug auf Leistungsansprüche und Ideale ausübt, die vom eigenen Kind vielleicht nicht erfüllt

werden können. Es bedarf also wie bei allen Formen der Unterdrückung persönlichen Einsatzes, all die subtilen ableistischen Gefühle durchzuspielen, die auch Dickerson in einem ihrer Posts anspricht, als sie darüber schreibt, dass sie sich heute dafür schäme, sich als Schwangere aus Angst gewünscht zu haben, kein behindertes Kind zu bekommen, insbesondere keines mit Lernschwierigkeiten.

Mit diesem Gefühl steht sie exemplarisch und drückt laut Erziehungswissenschaftler Benjamin Weber eine besondere Form der gesellschaftlichen Scham aus, wenn es um Menschen mit Lernschwierigkeiten geht. Gesenkte Blicke, ein leises Unbehagen, eine gewisse Unsicherheit im Umgang, das überstürzte Einspringen, übermäßige Fürsorge, Mitleid oder ein Unwohlsein, über eine sogenannte geistige Behinderung zu sprechen. Für Weber spiegelt sich in diesem Verhalten die Frage, ob Menschen sich schämen, weil sie sich selbst für etwas kritisch beäugen oder weil sie den Eindruck haben, dass andere das tun. Was erklären würde, warum manche nichtbehinderte Eltern sich für ihre behinderten Kinder schämen, obwohl es ihre Kinder sind. Weil diese nach Weber quasi das erweiterte Selbst sind, für das ein Schamgefühl aufkommen kann. Darum liege im eigenen Verhalten auch die Frage verborgen, was man über sich selbst denke. Also, ob man auf die Anerkennung anderer angewiesen ist. Beziehungsweise, ob einen die Anerkennung von außen überhaupt interessiert. Aber warum ein Außen über mein Leben bestimmen lassen? Es ist eine machtkritische Frage, die sich schlussendlich an die Eltern aller Kinder richtet.

Bedauerlicherweise spielt das Außen aber für viele Eltern eine Rolle, weil sie ein Stigma fürchten, für das sie sich schämen. Das ist traurig und eigentlich ungeheuerlich. Darum wünsche ich mir, dass die Perspektive sich verschiebt – hin

zur Frage: Warum die Scham, und wie sie überwinden? Weil sich in ihr die erlernten Normvorstellungen in unserer Gesellschaft ausdrücken und damit eine Sozialisierung mit abwertenden Vorstellungen, die Geschichte hat. Die sich – wie ich es im Kapitel »Aufarbeiten« beschrieben habe – über Generationen hinweg in unserer Gesellschaft eingebrannt und übertragen hat und bis heute auf Eltern projiziert und von ihnen indirekt reproduziert wird. Und sich zu dieser Scham die bereits erwähnte Schuld gesellt, die insbesondere Müttern in aufopfernden Rollen zugeschrieben wird, die sie zahlentechnisch auch häufig ausfüllen. Und deren Kinder wiederum diese Schuld dann oft übernehmen und daraus nicht selten ein schlechtes Gewissen entwickeln. Oder sich auf ewig zur Dankbarkeit verpflichtet fühlen – für das, was ihre Eltern für sie getan oder aufgegeben haben. Nicht von ungefähr rutschen behinderte Menschen laut Sierck deshalb in die Rolle des hilflosen Menschen, die sich festschreibt, wenn Eltern sie als Kinder überbehütet oder ihnen nichts zugetraut hätten. Es ist ein weiteres von vielen Beispielen dafür, warum Elternschaft politisch ist. Weil sie nicht nur eine persönliche, sondern immer auch eine gesellschaftliche Verantwortung für ein Kind mit sich bringt. Darum auch der Appell, sich kritisch und ehrlich auseinanderzusetzen. Auch wenn das eine schmerzhafte Erkenntnis bedeutet.

Gespräche mit meinem Kind

Als mein Kind geboren wurde, hatte ich viele Fragen
über unsere neue Situation.
Mittlerweile habe ich mich informiert
und weiß viel mehr über Behinderung.
Das war mir wichtig, damit ich die Fragen
von meinem Kind beantworten kann.

Mein Sohn ist jetzt acht Jahre alt und fängt an,
über sich und seine Behinderung zu sprechen.
Ich finde es wichtig, dass wir gemeinsam
darüber sprechen. Zum Beispiel:

- Wie ist es, behindert zu sein?
- Wie ist es, nicht behindert zu sein?
- Wie fühlen sich unsere Körper an?

Viele behinderte Kinder werden von der Gesellschaft
nur danach bewertet, was ihr Körper leisten kann.
Oft ist es für sie schwierig, sich dagegen zu wehren.
Auch die Eltern können nicht verhindern,
dass das passiert. Aber sie können ihren Kindern helfen,
damit umzugehen.

Mein Mann und ich machen das,
indem wir viel mit unserem Kind sprechen.
Wir möchten ihm beibringen, sich selbst zu akzeptieren
und gut über andere zu denken.
Ich sage zum Beispiel keine Worte,
die andere Menschen verletzen.

Gleichzeitig versuchen mein Mann und ich,
unser Kind vor schlechten Erfahrungen zu schützen.

Es gibt keine Anleitung dafür, wie man Kinder gut bestärkt. Ich bin neugierig, was mein Kind später einmal über seine Kindheit sagen wird.
Ich bin neugierig, wie es all diese Dinge dann erlebt hat.

Mehr Anerkennung für Mütter

Eine Mutter zu sein, ist sehr privat.
Aber es ist auch politisch. Frauen lernen, dass sie als Mutter die Verantwortung für die Familie haben sollen.
Das liegt daran, dass Frauen in der Gesellschaft noch nicht gleichberechtigt sind.

Neben ihrem Beruf machen sie oft zusätzlich den größten Teil von Hausarbeit und Kindererziehung.
Das ist auch Arbeit. Aber diese Arbeit wird nicht bezahlt, obwohl man dafür viel Zeit und Energie braucht.

Auch ich wünsche mir mehr Anerkennung als Mutter.
Und ich möchte, dass die Politik behinderte Kinder und ihre Eltern besser unterstützt.
Dafür müssen die Politiker*innen sich anschauen, welche Probleme behinderte Kinder im Alltag haben.
Sonst verstehen sie nicht, was diese Kinder brauchen.
Und dann ändert sich nichts.

Was bedeutet Pflege?

Behinderte und nicht behinderte Kinder haben
als kleine Kinder die gleichen Grundbedürfnisse.
Die Eltern sind dafür verantwortlich,
sich um diese Bedürfnisse zu kümmern.
Es ist wichtig für Kinder, liebevoll versorgt zu werden.
Sie müssen fühlen, dass sie wichtig und richtig sind
und zur Familie gehören.

Alle kleinen Kinder bekommen Pflege.
Aber manche Kinder brauchen besondere Pflege.
Welche Pflege sie brauchen, wird von der Krankenkasse
überprüft. Es wird geschaut, wie selbstständig sie sind.
Je nach Ergebnis bekommen sie dann einen Pflegegrad.

Mit einem Pflegegrad bekommt man zum Beispiel:

- Pflegegeld
- Unterstützung im Alltag
- Hilfsmittel wie zum Beispiel einen Rollstuhl

Je nach Pflegegrad bekommt man
unterschiedlich viel Hilfe.
Meistens reicht diese Hilfe aber nicht aus.
Deshalb müssen die Eltern viel
von der Pflege selber machen.
Viele Eltern wissen auch nicht,
wie man einen Pflegegrad beantragt.

Wie schaffen wir das?

Der Familienalltag mit nicht behinderten und behinderten Kindern kann sehr unterschiedlich sein.
Aber eine Sache ist bei allen gleich:
Alle Eltern wollen, dass es ihrer Familie gut geht.
Das ist besonders für berufstätige Eltern oft schwierig, denn nach der Arbeit bleibt nur wenig Zeit.
Und Hausarbeit und Kindererziehung sind nie wirklich vorbei. Es gibt immer etwas zu tun.

Früher wurde ich oft gefragt: Wie schafft ihr das alles?
Mein Mann und ich haben viel dazugelernt.
Und wir lernen auch heute noch immer wieder dazu.
Deshalb schaffen wir es, mit den Barrieren und Schwierigkeiten umzugehen.
Für uns wird es einfacher, je mehr wir lernen und je selbstständiger unser Kind wird.

Mütter werden alleingelassen

Ich habe in Kliniken und Rehas viel mit anderen Müttern von behinderten Kindern gesprochen.
Viele von ihnen waren alleine dort, weil die Väter nicht mitkommen wollten oder konnten.
Einige waren auch zu Hause alleine mit ihrem Kind.

Alle Familien mit behinderten Kindern haben andere Herausforderungen.
Es gibt unterschiedliche Barrieren und Probleme.

Und viele Familien haben keine Unterstützung.
Zusätzlich gibt es in der Gesellschaft
viele Vorurteile über Behinderung.
Deshalb machen sich viele Eltern Sorgen.
Zum Beispiel:

- Weil die Gesellschaft denkt,
  dass ein perfektes Kind nicht behindert ist.
- Weil es für viele Eltern schwer ist,
  selber nicht auch so zu denken.
- Weil die Eltern traurig sind,
  dass ihr Kind behindert ist.

Diskriminierung in der Familie

Viele Eltern akzeptieren nicht,
dass sie ein behindertes Kind haben.
Sie benutzen zum Beispiel beleidigende Worte.
Diese Kinder werden dann in ihrer
eigenen Familie diskriminiert.

Manche Eltern denken, sie haben ein Recht
auf ein gesundes oder nicht behindertes Kind.
Einige Väter denken sogar, dass die Mutter
in der Schwangerschaft etwas falsch gemacht hat.
Sie geben ihr die Schuld, dass das Kind behindert ist.
Das stimmt natürlich nicht.

Jedes Kind ist anders.
Und jedes Kind sollte so akzeptiert werden, wie es ist.

Zum Glück gibt es auch viele Familien,
die ihr Kind akzeptieren und lieben.
Sie möchten lernen, mit der Situation umzugehen.
Sie denken viel über die Vorurteile und Diskriminierung
in der Gesellschaft nach.
So machen das auch mein Mann und ich.

Widerworte & Widerstand

Widerworte versetzen Beziehungen in Spannung. Den Mächtigen damit in die Suppe spucken, sich in Alltagspolitik und Grundsatzfragen einmischen. Wer sich öffentlich zu Wort meldet, wer schreibt, muss sich an Widerworte und Widerstand gewöhnen. Mit Widerstand tritt der Mensch politisch gegen etwas ein: gegen eine als bedrohlich und nicht legitim empfundene Herrschaft, eine bestimmte staatliche Politik oder die Maßnahmen seiner Institutionen. Gehorsamsverweigerung und Opposition gegen eine Obrigkeit. Widerstand ist die gewaltlose Weigerung, der Streik. Das Recht auf Widerstand ist Teil der deutschen Verfassung. Ein Grundrecht, festgeschrieben im Grundgesetz in Artikel 20, Absatz 4. Er kann bei Angriffen auf die Verfassung, die parlamentarische Demokratie und den sozialen und föderalen Rechtsstaat zum Einsatz kommen, wenn »andere Abhilfe nicht möglich ist«.

Rebecca Maskos

Rebecca Maskos ist vier Jahre alt, als ihre Mutter sie auf die Stufen vor ihrem Haus setzt, damit sie sich umschauen kann. Andere Kinder als ihre deutlich älteren Geschwister hat sie bisher noch nicht kennengelernt. Sie sitzt, beobachtet, und die Nachbarskinder kommen vorbei. Sie wollen mit ihr spielen. Darunter ein Mädchen, das später ihre beste Freundin werden wird und es heute noch ist.

Es ist das Jahr 1979, und Rebecca darf nicht in den Kindergarten.

»›Das ist zu gefährlich. Das kriegen wir nicht hin, weil sie sich zu leicht die Knochen brechen kann‹, haben sie dort gesagt«, erinnert sich Maskos.

Sie lebt mit Osteogenesis imperfecta, den sogenannten Glasknochen. Nur an zwei Nachmittagen bekommt sie die Möglichkeit, an einem Spielkreis mit der besten Freundin teilzunehmen, geleitet von zwei progressiven Erzieherinnen. Bis sie in die Schule kommt. Das Amt will, dass Rebecca auf eine Sonderschule in der nächstgrößeren Stadt geht. Dann wäre sie weit weg von zu Hause: von morgens früh um sechs Uhr bis nachmittags spät. Aber ihre Mutter akzeptiert nicht, dass ihre Tochter aufgrund ihrer Behinderung nicht die gleichen Bildungschancen bekommen soll wie nichtbehinderte Kinder. Darum muss Rebecca Intelligenztests machen, sich beweisen und wird mit anderen behinderten Kindern vergli-

chen. Sie ist sechs Jahre alt und versteht, dass sie behindert ist.

»Davor war der Begriff für mich irrelevant. Da wusste ich nur, dass ich nicht laufen und mir schnell die Knochen brechen kann«, sagt Maskos.

Die dann doch auf die Regelschule darf – auf Probe. Und es bleibt eine Probe bis zu ihrem Abitur.

»Absurd«, sagt sie.

Rebeccas Eltern schaffen es, sie »auf ein anderes Gleis zu setzen«. Sie ist ihnen dankbar dafür, dass sie sich immer »für sie« und gegen ein Umfeld entschieden haben, das sie schon als Baby unterschätzt hat. Auch ihren Eltern war wie so vielen anderen Eltern behinderter Kinder vorgeschlagen worden, ihr Kind in ein Heim zu geben.

»Bei mir zu Hause gab es viel Liebe und Aufmerksamkeit, manchmal auch zu viel im Vergleich zu meinen Geschwistern. Aber meinen Körper so zu akzeptieren, wie er ist, das gab es nicht«, sagt Maskos.

Ihren Eltern ist Teilhabe wichtig, aber sie glauben, dass ihre Tochter mit dem Mobbing, das sie in ihrem Alltag mitunter auch erfährt, zu leben lernen muss. Dass sie sich besser nicht vorstellen soll, »irgendwann einen Freund zu haben«, wie der Vater einmal sagt. Und Rebecca fehlen als Kind die Instrumente, um sich selbst zu bestärken. Was sich ändert, als sie 16 Jahre alt wird und beginnt, *die randschau – Zeitschrift für Behindertenpolitik* zu lesen, die ihre Mutter abonniert hat. Nachfolger der früheren *Krüppelzeitung*. Ihre Suche nach Antworten beginnt.

»Damals gab es den Begriff des Sozialen Modells im Deutschen noch nicht, aber die Idee davon schon. Ich habe verstanden: Das Problem liegt nicht bei mir, sondern in der Gesellschaft«, sagt Maskos.

Die nach dem Abitur 1994 bei einem längeren Urlaub in den USA erlebt, wie viel entspannter das Leben für behinderte Menschen sein kann.

»Ich habe dort gespürt, dass sich eine Bewegung etwas erkämpft hat, während es in Deutschland noch einen so unglaublich verkrampften Umgang mit uns gab. Die USA sind diesem Land 20 Jahre voraus«, sagt Maskos.

Schon damals weiß sie, dass sie deshalb wiederkommen will. Aber zunächst wird sie neben dem Psychologiestudium für drei Jahre selbst für die *Rundschau* arbeiten und viele prominente Größen der deutschen Behindertenrechtsbewegung kennenlernen. Mit 25 geht sie dann mit einem Fulbright-Stipendium zum Studium der Disability Studies nach Chicago. Eine Zeit, die sie bis heute prägt.

»Das hat meiner Emanzipation noch mal einen Schub gebracht«, sagt Maskos.

Zurück in Deutschland, hält sie es im deutschen System schwer aus. Der paternalistische Blick auf behinderte Menschen schmerzt sie massiv. Sie schreibt ihre Diplomarbeit unter dem Titel »Leben mit dem Stigma: Identitätsbildung körperbehinderter Menschen als Verarbeitung von idealisierenden und entwertenden Stereotypen«. Und trägt ihr Wissen weiter, konzeptualisiert und textet 2012 die Webseite Leidmedien.de mit, die bis heute ein Netzwerk ableismuskritischer Medienschaffender ist. Das Kritik übt und inzwischen als journalistische Plattform *Die Neue Norm* eine ableismuskritische Berichterstattung anbietet. Außerdem absolviert sie eine Redakteurinnenausbildung, ein Volontariat bei Radio Bremen. Dazu arbeitet sie nebenbei als wissenschaftliche und journalistische Fachautorin, teils satirisch im Magazin *Mondkalb – Zeitschrift für das Organisierte Gebrechen*. Und sie baut

das Projekt Frauenbeauftragte in Einrichtungen mit auf, wo sie Frauen mit Lernschwierigkeiten schult und als Beraterin in einem der ersten Projekte fungiert, das Gewalt und sexualisierte Übergriffe in Werkstätten und Wohneinrichtungen adressiert.

Rebecca hat den englischen Begriff des Ableism in Deutschland bekannt gemacht und ist 2016 ganz in die Forschung gewechselt. Sie arbeitet als wissenschaftliche Mitarbeiterin an Bremer Hochschulen und setzt sich in einem Netzwerk von Wissenschaftler*innen dafür ein, die Disability Studies auch in Deutschland zu etablieren. Rebecca organisiert Konferenzen, gibt das Fachjournal *Zeitschrift für Disability Studies* mit heraus und promovierte 2023 zum Thema Ableismus an der Uni Bremen. Heute arbeitet sie als Professorin an der Berliner Alice Salomon Hochschule im Bereich der Disability Studies, wo sie die Vorreiterin Swantje Köbsell beerbte.

Rebeccas Verdienst ist die Transferarbeit von Wissen aus dem US-Kontext in den deutschen Diskurs. Besonders ist ihre Position als Wissensträgerin zwischen den Generationen der Behindertenbewegung, deren Wege sie analysiert. Sie macht sich viele Gedanken, weil sie die inklusive Gesellschaft vorantreiben und die Bewegung in ihrer Breite bekannt machen will.

»Es ist ein Armutszeugnis des Journalismus, dass so viele Kolleg*innen nicht zu wissen scheinen, wie viele Menschen es gibt, die behindertenpolitische Arbeit machen«, sagt Maskos.

Es sind Menschen, die seit Jahren Gesetzesentwürfe schreiben, die sich immer wieder mit Staatssekretär*innen auseinandersetzen, die forschen und lehren, damit sich hierzulande im System etwas verändert. Was Rebecca sich wünscht, ist mehr Verbindung zwischen den verschiedenen Strömungen

der Bewegung, die online wie offline unterschiedliche Wege gehen. Mehr Austausch statt Vereinzelung. Dazu Anerkennung und Unterstützung der unterschiedlichen Kämpfe behinderter Menschen. Denn alle politisch Aktiven sind für Rebecca Teil eines Puzzles im Kampf um Menschenrechte.

»We have always resisted!« Worauf gebaut wird

Eine andere Welt ist nicht nur möglich.
Sie ist bereits auf dem Weg.
An stillen Tagen kann ich sie atmen hören.

– Arundhati Roy

Wer sich mit Unterdrückung, Menschenhass und Diskriminierung beschäftigt, braucht auch mal eine Pause davon. Auch ich brauche sie. Darum versuche ich, mir gedankliche Inseln der Ruhe einzurichten. Wie sehr aber die Anspannung in einem steckt, hat mir ein fast zweimonatiger Aufenthalt in den USA im vergangenen Jahr gezeigt. Was ich dort erleben durfte, war besonders. »Dort« bedeutet konkret: in Oberlin, einem College-Städtchen in Ohio unweit von Cleveland, nahe des Lake Erie und damit an der Grenze zu Kanada. Mit meiner Familie lebte ich in einem dieser typischen US-Häuser mit großer Veranda und Garten ohne Gartenzaun. Keine Grenzen sichtbar – auch nicht bei den Menschen, die mir begegneten und mit denen ich arbeiten durfte.

Es gibt über das College, das meinen Aufenthalt ermöglichte, das weitverbreitete Gerücht, super progressiv zu sein. Was dahingehend stimmt, dass es dort ein großes Zusammensein an Menschen gibt, die nicht der dominanten Norm

entsprechen. Sie verbringen Zeit miteinander und lernen ihre Unterschiede kennen, wie die Absolventin Aries Indenbaum schreibt. Für sie war Oberlin eine Welt in Technicolor. »Es gab so viele neue Ideen und so viel Leidenschaft. Ich fühlte mich wie Dorothy in Oz.«

So ähnlich ging es mir auch in Oberlin, das für mich zu einer Insel mit Wohnzimmeratmosphäre wurde, die ich in meinem Hopping-Portfolio dazugewonnen habe. Es war eine Zeit des Erlebens von dem, was Zusammensein an einer emanzipativen Universität für mich seither bedeutet. Weil dort 2023 beispielsweise 25 Prozent der Studierenden eine Behinderung hatten, wie ich auf Nachfrage bei der stellvertretenden Dekanin und Direktorin für Behinderung und Barrierefreiheit, Rebecca Smith, erfahre. Was eine unglaubliche Zahl ist, wenn ich sie mit Zahlen von Studierenden an deutschen Universitäten vergleiche.

In der Bibliothek blätterte ich mich dort durch unzählige Arbeiten im Bereich der Disability Studies, so viele Bücher, die ich kopierte und noch nicht alle lesen konnte. Immer mit der Absurdität vor Augen, dass ich mich trotz allem in einer Kleinstadt in einem der Swing States befand, die Donald Trumps Wahlsieg 2016 ermöglicht haben. Auch 2020 gewann er in Ohio gegen den derzeitigen Präsidenten Joe Biden. Trump, der für seine menschenfeindliche Haltung und abfälligen Sprüche gegenüber behinderten Menschen in den USA bekannt ist. Diese Absurdität machte mir deutlich, dass überall auf der Welt Menschen Seite an Seite wohnen, die in ihren Haltungen unterschiedlicher nicht sein könnten.

Über Eindrücke wie diese sprach ich einmal die Woche mit den Studierenden meines Schreibseminars an der germanistischen Fakultät in Oberlin. Über das gesellschaftliche Mitei-

nander in den USA im Vergleich zu Deutschland. Zusammen arbeiteten wir an biografischen Geschichten hinsichtlich der Frage, wie man sich im Schreiben und Sprechen auf Deutsch selbst positionieren kann. In ihrem Fall beispielsweise als jüdisch-deutsche, nichtbinäre, autistische oder rassifizierte Menschen. Zum Abschluss schrieben sie über ihre Erkenntnisse persönliche Briefe. Die sie einander vorlasen und miteinander teilten, wer sie sind und wie sie es geschafft haben, als genau die wahrgenommen zu werden, die sie schon immer waren.

Ich bin dankbar, diesen Raum in Oberlin erlebt zu haben. Ich habe ihn gedanklich mit nach Deutschland genommen. Er steckt in diesem Buch. Der Aufenthalt dort hat mir gezeigt, auf welch unterschiedliche Weise Identitäten eine Rolle in einer Gesellschaft spielen können. Und in den USA spielt Identität im Vergleich zu Deutschland eine prägende Rolle, weil sie das Leben marginalisierter Menschen dort wahrnehmbar mitbestimmt. Aus diesem Grund teile ich hier auch meine Eindrücke aus dieser Zeit, weil sie meinen Blick auf die Gesellschaft erweitert haben, der sowieso von der Perspektive der weltweiten Schwarzen Bewegung geprägt ist – auch der in den USA. Also jene Schwarze Bewegung, die schon immer Bündnisse mit anderen marginalisierten Gruppen und Verbündeten gesucht und mich in meinem Sein und Werden gestützt hat. Weshalb es auch mein Anliegen ist, in diesem Bereich als Fachjournalistin die Perspektiven marginalisierter Positionen zu übersetzen und ein Verständnis dafür zu schaffen, dass es hier um tiefergehende Themen unserer Gesellschaft geht. Es geht mir darum, ein Verständnis für mögliche Brücken zwischen den politischen Generationen der Emanzipationsbewegungen zu schaffen, die schon so lange ihren Weg zur Freiheit gehen, damit sie »in der Gewissheit ihres unveräußerlichen Rechts der

Menschenwürde« leben können, wie es der Freiheitskämpfer Nelson Mandela bei seiner Antrittsrede als erster Schwarzer Präsident Südafrikas nach der Apartheid 1994 ausdrückte.

Sich emanzipieren bedeutet so viel wie eigenständig werden. Also wenn sich Menschen oder Gruppen aus ihrer Unterdrückung befreien. Die Kolonisierten von ihren Kolonisierenden, Frauen aus dem Patriarchat, queere Menschen von heteronormativen, binären und endo-cis-sexistischen Vorstellungen oder behinderte Menschen aus dem Weltbild nichtbehinderter Menschen. Und weil ich über ihre Emanzipationswege im Einzelnen und ihre Gleichzeitigkeit nachdenke, erkenne ich auf sich immer weiter ausdifferenzierende Weise, wie sich die Erfahrungen in unserer Gesellschaft kreuzen, aber eben auch in einem Menschen überlappen können. Und mit meinen Gedanken und dem Schreiben darüber versuche ich, den Begriff der Intersektionalität für mich und andere (be-)greifbar zu machen.

Anhand der Geschichte sozialer Bewegungen lässt sich zeigen, dass die gesellschaftspolitischen Fragen, die wir heute verhandeln, nicht neu sind. Sondern dass die Forderung nach gemeinsamen Räumen für ein gerechtes und gleichberechtigtes Miteinander auf der Vorarbeit ebendieser sozialen Bewegungen basiert, die sich seit Jahrhunderten für Menschenrechte einsetzten. Für ihre Geschichte braucht es dringend auch in Deutschland ein tiefergehendes Verständnis. Es gilt, sich identitätspolitisches Wissen anzueignen, um sich der gesetzten Maxime eines demokratischen »Nie wieder« verantwortlich zu zeigen. Und dabei geht es auch um die Lehren, die eine jüngere Generation aus den Errungenschaften, den Niederlagen und Erfahrungen der älteren ziehen kann.

Wie gelingt ein Wissenstransfer? Wo wird angeknüpft, und

wie steht man zueinander in Beziehung? Bei jeder sozialen Bewegung, die einen starken menschenrechtlichen und moralischen Anspruch erhebt, lassen sich früher wie heute die unterschiedlichsten Formen des Protests gegen die Unterdrückung analysieren. Es gibt Wiederholungen auf dem Weg der Emanzipation, die zum Teil in Vergessenheit geraten sind. Doch ist es wichtig, die Parallelen nachzuvollziehen und zu verstehen, inwiefern die heutigen, jüngeren politisch Aktiven das vollenden wollen, was die älteren in den 60er und 70er Jahren begonnen haben, als bereits für die vollständige Gleichberechtigung und verstärkte Repräsentation von marginalisierten Gruppen gekämpft wurde. Darum auch hier ein kurzer Blick zurück in der Zeit. In die immer wieder kurz angesprochenen Jahrzehnte des Widerstands, beginnend in den 60er Jahren.

Sie standen im Zeichen der sogenannten Neuen Sozialen Bewegungen, die hierarchische Beziehungen und in vielen gesellschaftlichen Bereichen als gestrig Empfundenes infrage stellten. Die Frauenbewegung forderte das Patriarchat heraus, die Studierendenbewegung das Bildungsestablishment und die Bürgerrechtsbewegung in den USA den allgegenwärtigen Rassismus. Insbesondere in den USA organisierten sich zu dieser Zeit auch behinderte Menschen und schlossen sich mit anderen marginalisierten Gruppen zusammen, um Gleichbehandlung, gleichen Zugang und gleiche Chancen zu fordern. Der Kampf für die Rechte behinderter Menschen verlief dort nach einem ähnlichen Muster wie die anderer sozialer Bewegungen: Er stellte abwertende Einstellungen, Handlungen und Stereotype infrage, setzte sich für politische und institutionelle Veränderungen und für die Selbstbestimmung ein. Mobilisiert wurde auf lokaler Ebene, woraus nationale Initiativen hervorgingen, die zur Beseitigung der physischen und sozialen Barrie-

ren aufriefen. Verbündete Eltern forderten beispielsweise, dass ihre behinderten Kinder aus Heimen und Anstalten genommen und in Schulen untergebracht werden, wo sie genauso wie nichtbehinderte Kinder am gesellschaftlichen Leben beteiligt werden sollten. 1970 verklagte die 2023 verstorbene Ikone der Behindertenrechtsbewegung Judith »Judy« Heumann die Schulbehörde wegen Diskriminierung, nachdem ihr die Zulassung als Lehrerin verweigert worden war. Sie gewann den Prozess und wurde die erste rollstuhlnutzende Lehrerin, die in New York City unterrichten durfte.

Heumann, Tochter jüdischer Eltern, die aufgrund des Nationalsozialismus aus Deutschland fliehen mussten, kämpfte und stritt zeit ihres Lebens für die Inklusion. Weil sie wie andere prominente Behindertenrechtsaktivist*innen dieser Zeit schon in ihrer Jugend im Camp Jened politisiert worden war. Das Ferienlager für behinderte Kinder, Jugendliche und Erwachsene war 1951 in den Catskill Mountains gegründet worden – nur eine Autostunde vom Gelände des legendären Open-Air-Festivals der Hippiebewegung Woodstock entfernt. Es dauerte meist sechs bis acht Wochen und wurde von Collegestudierenden betreut. 1977 wurde das Camp aufgrund finanzieller Schwierigkeiten geschlossen und drei Jahre später in New York bis 2009 wiedereröffnet. Seine Geschichte wird einfühlsam und eindringlich in der 2020 erschienenen Netflix-Dokumentation *Crip Camp – A Disability Revolution* erzählt.

»Es war eine Utopie. Als wir dort waren, gab es keine Außenwelt«, erklärt der Filmemacher, Co-Regisseur und Behindertenrechtsaktivist James LeBrecht das Gefühl in Camp Jened. Er und seine Freund*innen konnten dort sein, wie sie wirklich waren, und wurden als Teenager*innen behandelt, die einfach nur abhingen, flirteten und rauchten. Wer die Sommer

dort verbrachte, erlebte Selbstbestärkung, konnte auftanken, sehen, was alles möglich ist, und realisieren, was außerhalb des Camps im eigenen Leben behindert wird. Die Zeit habe ihnen gezeigt, wie das Leben für behinderte Menschen auch sein kann, erklärt LeBrecht das Camp. Das zur Geburtsstätte der US-amerikanischen Behindertenrechtsbewegung wird, weil sich dort diejenigen bestärken und vernetzen, die Anfang der 70er Jahre für die Rechte von behinderten Menschen auf die Straße gehen werden.

Zunächst gilt ihr Kampf einem Rehabilitationsgesetz, das für gleiche Chancen auf Bildung und im Arbeitsleben sorgen, Nachteilsausgleiche ermöglichen und Diskriminierung verhindern soll. Weshalb sie 1972 eine Verkehrsblockade in Manhattan organisieren, um gegen Präsident Richard Nixons Veto zu protestieren. Die Blockade zeigt Wirkung. Ein Jahr später wird das Gesetz verabschiedet. Zum ersten Mal in der Geschichte werden die Rechte von behinderten Menschen in den USA gesetzlich geschützt, weil es für gleiche Chancen bei der Beschäftigung sorgen und Diskriminierung verhindern sollte. Ebenfalls wird das Architectural and Transportation Barriers Compliance Board eingerichtet, das behinderten Menschen den gleichberechtigten Zugang zu öffentlichen Dienstleistungen, Sozialwohnungen und öffentlichen Verkehrsmitteln garantiert und das Bereitstellen von Geldern für ihre Berufsausbildung vorschreibt.

Dieser Erfolg und der vier Jahre später folgende große, fast einmonatige Sitzstreik von 1977 vor dem örtlichen Ministerium für Gesundheitspflege und Soziale Dienste in San Francisco gehen in die Protestgeschichte ein. Den Sitzstreik unterstützen auch viele Organisationen anderer marginalisierter Gruppen wie die Gay Men's Butterfly Brigade, die Delancey

Street Foundation, die Black Panther oder die Heilsarmee beispielsweise durch die Bereitstellung von Essen. Im rebellischen Zeitalter der 70er schlossen sich intersektionale Bündnisse zusammen. Unter dem Schirm der Menschenrechte protestieren nicht nur die Frauen-, die queere und die Schwarze Bewegung, sondern auch die Behindertenrechtsbewegung, die schon vor diesem großen Sitzstreik viel erreicht hat. Wie zum Beispiel das Gesetz Education for All Handicapped Children Act, das 1975 die vollständige Einbeziehung von Kindern mit Behinderungen in Regelschulklassen erklärte. Wenn auch mit der ausgrenzenden Ausnahme, dass mit der Art der Behinderung ein »zufriedenstellendes Bildungsniveau« erreicht werden müsse.

1990 wird das Gesetz in den Individuals with Disabilities Education Act (IDEA) umbenannt, in dem die Einbeziehung von behinderten Kindern weiter ausgeführt und auch Elternrechte hinsichtlich des Bildungswegs ihrer Kinder berücksichtigt werden. Beispielsweise verlangte das Gesetz, dass zusammen mit den Eltern ein individueller Bildungsplan erstellt wird, um den Bildungsbedürfnissen der Kinder gerecht zu werden. 1997 wurde es erneut modifiziert, weil fortan die individuellen Lernprogramme (IEP) sich klarer an den allgemeinbildenden Lehrplan anlehnen sollten, damit sie besser in die staatlichen und lokalen Beurteilungen wie Abschlussprüfungen miteinbezogen werden könnten. Ein sogenanntes Mainstreaming soll ermöglichen, bei Bedarf in die regulären Unterrichtsräume zusätzliche Hilfsmittel und Unterstützungsleistungen in den Unterricht einzubinden, um Segregation vorzubeugen. Das bedeutete, dass behinderte Schüler*innen sowohl in Regelklassen inkludiert als auch in getrennten Sonderklassenräumen im selben Schulgebäude unterrichtet werden. Keine volle Inklusion, die den ausschließlich gemeinsamen Unterricht vorsieht, aber

zumindest die Möglichkeit einer mehr auf unterschiedliche Bedürfnisse angepassten Bildungserfahrung an einem Ort. 2002 tritt unter George W. Bush dann der No Child Left Behind Act (NCLB) in Kraft, der die Qualität der öffentlichen Schulen noch weiter verbessern wird.

Diese Entwicklung in der Schulpolitik ist ein Beispiel dafür, wie in den USA der Einfluss der Behindertenrechtsbewegung über viele Jahre auf unterschiedliche Weise zu einer Konsolidierung verschiedener Gesetze hin zu einem umfassenden Bürgerrechtsgesetz führte, das die Rechte von behinderten Menschen insgesamt schützen sollte. Es ist ein dringend benötigter Schutz, weil dieser behinderten Menschen mit dem Civil Rights Act von 1964 nämlich nicht zukam. Dieser verbot nur die Diskriminierung aufgrund rassistischer Zuschreibungen (race), Religion, nationaler Herkunft oder der Geschlechtszuschreibung. Den Schutz behinderter Menschen aber gibt es erst seit 1990 nach jahrzehntelanger Kampagnen- und Lobbyarbeit, als das hart erkämpfte Gesetz, der Americans with Disabilities Act (ADA) verabschiedet wird. Das seither die Gleichbehandlung und den gleichberechtigten Zugang für behinderte Menschen in den USA sichert. Im Rahmen des Gesetzes sind Unternehmen – auch die Privatwirtschaft – verpflichtet, angemessene Vorkehrungen zu treffen, um beispielsweise Arbeitsplätze umzustrukturieren oder die Arbeitsausrüstung an die Bedürfnisse behinderter Angestellter anzupassen. Öffentliche Dienste dürfen behinderten Menschen keine Dienstleistungen verweigern und alle Telekommunikationsdienste sind angewiesen, Barrieren abzubauen. All das klingt im Vergleich zu den Zuständen in Deutschland wie ein Traum. Womit bereits 1998 das Buch einer Schriftenreihe des Bildungs- und Forschungsinstituts zum selbstbestimmten Leben Behinderter (bifos) titelte,

das im Onlinearchiv der Behindertenrechtsbewegung eingesehen werden kann.

Traumland USA – zwischen Diskriminierung und sozialer Armut, herausgegeben von Gisela Hermes, besteht aus Erfahrungsberichten und Recherchen behinderter Autor*innen, die die Umsetzung des Antidiskriminierungsgesetzes knapp zehn Jahre nach seinem Erlass analysieren. Ihr Fazit: Vieles in den USA ist vorbildlich, aber nicht alles. Ein ähnliches Antidiskriminierungsgesetz für Deutschland wäre wünschenswert, aber die soziale Absicherung hierzulande müsste dabei bestehen bleiben.

Ähnlich könnte man heute noch befinden. Denn auch wenn die USA kein Wunderland der Antidiskriminierung sind, so stehen die Errungenschaften der Behindertenrechtsbewegung doch als Beispiel dafür, was in einer Gesellschaft passiert, wenn Gesetze seit Jahrzehnten in Kraft sind, umgesetzt werden und Menschen ihre Rechte einfordern können. Natürlich gibt es dabei immer auch Kritik, zum Beispiel weil die Gesetze der ADA besonders an den Orten gut umgesetzt wurden, wo die Behindertenrechtsbewegung ihre Einhaltung auch unermüdlich einforderte. Erwähnt werden muss auch die Tatsache, dass das Gesetz zu Beginn in den USA stark umstritten war, weil es in den ersten Jahren das Gegenteil von dem bewirkte, was damit erzielt werden sollte. Die Erwerbstätigenquote der behinderten Menschen sank nämlich zunächst, und als Grund wurden die steigenden Kosten der Arbeitgebenden für die behinderungsgerechte Ausstattung der Arbeitsplätze kritisiert. Viele Arbeitgebende wollten auch nicht in Umbauten investieren, die sie als für sich nicht lohnend einschätzten, die sich dann aber langfristig rentierten.

Es zeigt sich also, der ADA wurde zu einer langfristigen

Aufgabe, aber dafür auch ein nachhaltiger Erfolg. Weil dieser Strukturwandel auf Dauer die Teilhabe von Menschen und damit die gesellschaftlichen Verhältnisse änderte. Und so gibt es zwar heute noch einen Unterschied zwischen der Erwerbstätigenquote von Menschen mit und ohne Behinderungen, weil behinderte Menschen wie andere benachteiligte Gruppen von den dort herrschenden unzureichenden Sozialgesetzen und einer materiellen Not besonders betroffen sind. Doch werden sie in den USA nicht in Werkstätten ausgesondert, sondern sind in öffentlichen Räumen selbstverständlich wahrnehmbar. Am Flughafen, in Museen oder Restaurants. Als Mitarbeitende in den unterschiedlichsten Positionen und Professionen werden sie entsprechend unterstützt. Damit bleibt auch mit einer kritischen Haltung die Erkenntnis, dass man in den USA weiter ist als in Deutschland. Weil hierzulande Debatten über eine Reformpolitik noch wenig außerhalb aktivistischer oder wissenschaftlicher Kreise geführt werden. Nur so aber könnte effektiv Einfluss auf ein Umdenken genommen und auf einen Mangel hingewiesen werden. Es ist eine Tatsache, die auch andere benachteiligte Gruppen beklagen und das gesamte Spektrum der Antidiskriminierungspolitik in Deutschland betrifft. Darum gelten die USA trotz der antidemokratischen Entwicklungen immer noch als Vorreiter in diesem Bereich. Wo die Behindertenrechtsbewegung auf einem stabilen Fundament ihrer Geschichte aufbaut, in der sie dafür Anerkennung erfährt und gefeiert wird. Und mir darum als Vorlage dient, um Inklusion und damit unser Zusammensein in Deutschland weiterzudenken.

Ende der Dankbarkeit – Betrachtungen einer deutschen Emanzipation

Deine Geschichte anzuerkennen
und dich dafür zu lieben,
ist das Mutigste, was du je tun wirst.

– Brené Brown

40 Jahre Proteste sozialer Bewegungen in Deutschland. Eine Wandzeitung in der Kulturfabrik Kampnagel in Hamburg wirft ein Schlaglicht auf diese Zeit und überlegt, was wir in unserer Gegenwart daraus mitnehmen. »Was wollen wir voneinander lernen? Wie können die vergangenen Kämpfe verstanden, kritisiert, festgehalten und fortgeführt werden?«, wird im Ankündigungstext der »Protestgespräche« gefragt, die dort 2023 mit Zeitzeug*innen geführt werden. Auf dem Podium sitzen Menschen, die mit ihren feministischen, antifaschistischen, behindertenrechtsaktivistischen und antirassistischen Praxen die Bewegungen geprägt haben. Dem Auftakt mit Autor und Bibliothekar Udo Sierck folge ich online. Es geht um die Erfolge und Enttäuschungen der Behinderten- und Krüppelbewegung in Deutschland. Darüber spricht er mit Autor*in und Podcaster*in SchwarzRund.

Sierck ist 1956 geboren, und ich habe in diesem Buch

schon öfter aus seinen widerständigen Texten zitiert, weil sie in so vielen Aspekten noch gültig sind. Im Gespräch mit SchwarzRund nimmt er das Publikum mit auf eine Zeitreise, die mit der Erinnerung an die Wut behinderter Menschen in der Nachkriegszeit Deutschlands beginnt. Sierck verortet sie in der Nichtaufarbeitung des Mordes an behinderten Menschen zu Zeiten des Nationalsozialismus und erzählt von seiner Erfahrung, als junger Mensch immer wieder die ableistische Aussage zu hören, dass es ihn unter Hitler nicht gegeben hätte. In seinen aktiven Jahren, so berichtet Sierck weiter, hätten behinderte Menschen auf die gesellschaftlichen Zustände, die sie umgaben, nur auf zwei Arten reagieren können: sich verstecken oder empören. Nur wenige hätten den Weg des Protests gewählt. Stattdessen hätte sich ein Großteil von ihnen für das Aufbegehren dieser einen Person entschuldigt, weil sie zur Dankbarkeit erzogen worden seien. Und mit dieser Dankbarkeit habe die Bewegung damals brechen wollen. Jeder Schritt habe erkämpft werden müssen, und Kritik habe ihnen immer wieder Ärger eingebracht. »Denn dort, wo behinderte Menschen Verbrechen aufgedeckt haben, da hörte der Spaß auf«, sagte Sierck.

Er berichtet an diesem Abend mit viel Gefühl von einer Bewegung, die seit Ende der 70er Jahre in (West-)Deutschland für die gesellschaftliche Anerkennung und für Menschenrechte von behinderten Menschen kämpft und deren Ideengeber ihr Pendant in den USA war. Hierzulande war die Organisation angetrieben von jungen, überwiegend körperlich beeinträchtigten Menschen, die es trotz der schwierigen Bedingungen schafften, sich Freiräume zu erkämpfen, wie die Sozialwissenschaftlerin Marianne Hirschberg und die Professorin für Disability Studies Swantje Köbsell erklären. Letztere war selbst Teil

der Bewegung in Bremen. In einer Zeit, als sich auch die Clubs Behinderter und ihrer Freunde (CeBeeF) gründeten, deren primäres Ziel es zunächst war, Kontakte zwischen behinderten und nichtbehinderten Menschen aufzubauen und gemeinsame Freizeitunternehmungen zu organisieren. Zu ihren frühen Aktivitäten zählen unter anderem die Volkshochschulkurse zur »Bewältigung der Umwelt«, angeleitet vom gehbehinderten Gusti Steiner und dem nichtbehinderten Publizisten Ernst Klee. Die Kurse übten Kritik am Ausschluss behinderter Menschen vom ÖPNV und wurden durch Aktionen wie eine Straßenbahnblockade in der Innenstadt von Frankfurt am Main bekannt.

In dieser Zeit schuf die Bewegung ein Bewusstsein dafür, dass nicht die nicht dem Ideal entsprechenden Körper das Problem waren, sondern die gesellschaftliche Reaktion darauf und der Ausschluss von behinderten Menschen. Das soziale Modell also. Die in den Gruppen Aktiven begannen, ihre Lebenssituation als politisch verursacht zu begreifen und in politischen Dimensionen zu denken, zu handeln und eine Gesellschaft zu fordern, in der alle leben können und einen Platz haben, berichten Köbsell und Hirschberg. Machtkritisch wurde die Position nichtbehinderter Menschen hinterfragt, weil sie es waren, die behinderte Menschen für unmündig, hilf-, harmlos und zu Objekten der Fürsorge, des Mitleids und der Verwaltung erklärten. Nicht jedoch zu Menschen mit Rechten. Und eine besonders prominente Position des Widerstands vertraten dabei Ende der 70er Jahre die in verschiedenen Städten entstehenden bereits erwähnten Krüppelgruppen. Die neben ihrer politischen Arbeit nach außen auch Rückzugsräume, sogenannte sichere Orte, anboten, zu denen nichtbehinderte Menschen keinen Zugang hatten.

> *»Nicht wir als Behinderte, als Randgruppe, sind das Problem, sondern die Gesellschaft, in der wir leben, und die Nichtbehinderten, die Schwierigkeiten mit uns haben […] Wir wollen ›Krüppel‹ sein: stolz auf unsere Besonderheit, frech und kämpfend, lieber lebendig als ›normal‹! Unser Ziel ist es, Behinderung als Lebensform anzuerkennen und wertzuschätzen. Ebenso werden radikale Veränderungen der Lebensumstände eingefordert, als selbstverständliches Recht und nicht als Almosen.«*

Diese Anliegen formulierten die Mitbegründer Franz Christoph und Horst Frehe, die Gründer der ersten Krüppelgruppe, in einem schriftlichen »Krüppelstandpunkt« weiter aus, der zum theoretischen Unterbau in einer klaren Opposition zum vorherrschenden paternalistischen Denken über behinderte Menschen wurde. Er habe sich gegen die bevormundende Herrschaft der Helfenden und gegen die Wohltäter*innen und ihr verachtungsvolles Mitleid gerichtet, wie die Soziologin Anne Waldschmidt schreibt, die heute die erste Universitätsprofessur für Soziologie und Politik der Rehabilitation, Disability Studies im deutschsprachigen Raum in Köln innehat.

Auslöser für die ersten aktiven Proteste damals war 1980 ein skandalöses Gerichtsurteil. Das sogenannte Frankfurter Reiseurteil, bei dem das Landgericht Frankfurt einer 64-jährigen Urlauberin eine Teilminderung ihrer Reisekosten um die Hälfte zugesprochen hatte, weil diese durch die »sichtbare« Anwesenheit behinderter Menschen am Urlaubsort ihren Erholungswert geschmälert sah. Daran entzündete sich der Protest, der in einer Demonstration in Frankfurt mündete, bei der es nicht nur um das Urteil, sondern insgesamt um die umfassende Dis-

kriminierung behinderter Menschen ging. Erstmals trug auch die *Tagesschau* dieses Thema in die deutschen Wohnzimmer.

Zu einem weiteren Meilenstein der öffentlichen Aufmerksamkeit wurden 1981 das International Year of Disabled Persons, das die UNO-Vollversammlung ausgerufen hatte und das auch in der Bundesrepublik begangen wurde. Weil aber behinderte Menschen kaum an den Planungen beteiligt waren und vielmehr als passive Hilfeempfänger*innen abgewertet wurden, bildete sich eine Aktionsgruppe gegen das »UNO-Jahr der Behinderten«, die unter dem Motto »Jedem Krüppel seinen Knüppel« unter anderem die Bühne bei der Eröffnungsveranstaltung in der Dortmunder Westfalenhalle besetzte. In aneinandergeketteten Rollstühlen störten Mitglieder der Aktionsgruppe die geplante Rede des damaligen Bundespräsidenten Carl Carstens. Der Protest gipfelte im bereits erwähnten »Krüppeltribunal«, bei dem die »Menschenrechtsverletzungen im Sozialstaat« kritisiert wurden und in dessen Folge sich die Behindertenrechtsbewegung weiter ausdifferenzierte. Fortan engagierten sich Aktive auf lokaler Ebene für den Abbau von Alltagshindernissen, verschafften sich Zugang zur Kommunalpolitik oder kämpften unter dem Dach der Grünen und später überparteilich für die Gleichstellungs- und Antidiskriminierungsgesetzgebung.

Während in Westdeutschland versucht wurde, die Emanzipation behinderter Menschen voranzutreiben, fand in der DDR hingegen in den 80er Jahren noch wenig öffentliche Auseinandersetzung mit dem Thema statt. Zu dieser Zeit existierten keine unabhängigen Interessenverbände, es gab wenig Mitspracherechte und statt einer politischen Bewegung gab es nur vereinzelte, informelle Treffen behinderter Menschen, in denen sich über Missstände ausgetauscht wurde. Auch weil es schwer

möglich war, sich in Selbstvertretungsorganisationen zusammenzuschließen, da solche als Keim oppositioneller Tätigkeit betrachtet wurden, wie es Ilja Seifert in der Dokumentation *Schonzeit gab es nicht* erklärt.

Aktiv wurden diese informellen Strukturen dann aber nach dem Mauerfall, als diese sich in den »neuen Bundesländern« zu lokalen Vereinen organisierten. Bereits 1990 schlossen sie sich im Allgemeinen Behindertenverband in Deutschland (ABiD) – Für Selbstbestimmung und Würde zusammen und wurden Teil des Deutschen Behindertenrates, in dem bis heute die »unabhängigen«, also aus der Bewegung behinderter und chronisch kranker Menschen entstandenen Organisationen zusammengeschlossen sind und mehr als 2,5 Millionen Mitglieder repräsentieren.

Mit der Wende wurde der Kampf für rechtliche Gleichstellung dann zum zentralen Thema der politisch Aktiven der Bewegung. Der Initiativkreis Gleichstellung Behinderter drängte erfolgreich darauf, das Grundgesetz zu ändern und Gleichstellungsgesetze auf Bundes- und Länderebene zu verabschieden. 1994 wurde der Satz »Niemand darf wegen seiner Behinderung benachteiligt werden« in Artikel 3 des Grundgesetzes aufgenommen. Erst seitdem werden behinderten Menschen in Deutschland Grundrechte zuerkannt. Doch brauchte es zu ihrer Gewährleistung auch konkrete Gesetze, die zu diesem Zeitpunkt noch fehlten. Eine Allianz an Interessenverbänden und der Aktion Sorgenkind (heute: Aktion Mensch) brachte 1997 die nötige Öffentlichkeit und erreichte ein Jahr später, dass ein Behindertengleichstellungsgesetz in die Koalitionsvereinbarung einging. 2002 trat es als Gesetz zur Gleichstellung von Menschen mit Behinderungen in Kraft und gibt seitdem Dienststellen des Bundes, also neben den Ministerien auch

beispielsweise der Bundesagentur für Arbeit, Rahmenbedingungen vor, die behinderte Menschen vor Benachteiligungen schützen sollen. Diese gelten aber nur intern und wirken nicht nach außen in der freien Wirtschaft.

Es war die erste Welle der Veränderungen, der eine zweite Welle in den 2000ern folgte, die bewirkte, dass die veränderte Sicht auf Behinderung nun auch den akademischen Diskurs erweiterte. Wichtige Impulse gingen dabei wiederholt von den USA aus, wo sich behinderte Wissenschaftler*innen und Aktivist*innen in wachsenden, auch internationalen Bündnissen institutionell organisierten, um gemeinsam die Disability Studies als Fachgebiet weiter auszubauen. Einen Initialmoment stellte die Tagung im Rahmen der Ausstellung »Der (im-)perfekte Mensch« am Deutschen Hygiene-Museum 2001 in Dresden dar, auf der Vertretende der anglofonen Disability Studies den Anstoß für die Gründung der Arbeitsgemeinschaft Disability Studies in Deutschland gaben. Noch heute ist diese Arbeitsgemeinschaft behinderter und nichtbehinderter Wissenschaftler*innen, Menschenrechtsaktivist*innen und Kunst- und Kulturschaffenden aktiv und entwirft unter anderem neue Ideen für unser Zusammenleben, beispielsweise Lebens-, Wohn- und Konsumformen, die Menschen mit und ohne Behinderungen gleichermaßen in den Blick nehmen. Auf internationaler Ebene waren die Aktiven der Arbeitsgemeinschaft maßgeblich an der Formulierung der UN-Behindertenrechtskonvention beteiligt, mit der ab 2009 ein Paradigmenwechsel in der globalen Behindertenpolitik stattfand: von der Fürsorge zur Teilhabe.

Dieser zusammenfassende, kurze Rückblick auf die Bewegung in Deutschland soll zeigen, was sich über die Jahre verändert hat und heute vielleicht selbstverständlich erscheint, aber

nur durch harte Kämpfe erreicht werden konnte. Er sollte zeigen, wie sich im Vergleich zu den USA auch in Deutschland die Bewegung von locker organisierten Gruppen über eingetragene Vereine hin zu selbstorganisierten Stellen und Zentren für ein selbstbestimmtes Leben entwickelte und Widerstand gegen Menschenrechtsverletzungen geleistet hat.

Für Köbsell ist die Bewegung von damals heute »in die Jahre gekommen« und habe wie andere soziale Bewegungen in Deutschland Prozesse der Institutionalisierung, aber auch Pragmatisierung durchlaufen. In feministischen Kontexten ist dabei vom sogenannten Marsch durch die Institutionen die Rede, weil die einstigen Aktivist*innen versuchten, die patriarchalen Strukturen von innen, aus dem politischen Apparat heraus, zu verändern, aber in ihren Aktionsformen auf Dauer auch angepasster wurden. Weniger Konfrontation, mehr Kooperation. Dieser Prozess brachte auch für die Behindertenrechtsbewegung Gutes wie Schlechtes mit sich. Weil sie schlussendlich immer noch für ähnliche Ziele wie vor 40 Jahren kämpft. Wie ein Beispiel aus dem Jahr 2022 zeigt, als im hessischen Tanndrei Kommunalpolitiker*innen von der FDP in einem Flugblatt behinderte Menschen als Grund für den ausbleibenden Tourismus im Kurort erklärten. Und darin ihre »Sorge« äußerten, dass Urlauber*innen durch das Verhalten der Bewohner*innen eines Diakonie-Heimes rund um den Marktplatz vergrault werden würden. Im Schreiben der sich als »pro Inklusion« positionierenden Verfasser*innen finden sich viele ableistische Formulierung wieder und das in den Tagen rund um den 5. Mai, den Europäischen Protesttag zur Gleichstellung von Menschen mit Behinderungen.

Viele Ziele der Bewegung sind also noch nicht erreicht, auch wenn Deutschland die Behindertenrechtskonvention

2009 ratifiziert hat, weil das politische Establishment die entsprechenden Bedingungen nicht umsetzt und stattdessen seit nunmehr 15 Jahren gegen die gesetzlich verankerten Rechte für behinderte Menschen verstößt. Recht haben und Recht bekommen sind in der Praxis also zwei Paar Schuhe, und die Gründe dafür sind, wie in diesem Buch dargestellt, komplex. Den Rahmen dafür bildet ein unübersichtliches Sozialrecht mit seiner Vielzahl von Institutionen, die für Menschen mit Behinderung zuständig sind. Außerdem die Tatsache, dass an den zuständigen Stellen Menschen oft nicht mit der nötigen Qualifizierung arbeiten, wozu auch das Wissen und die Bereitschaft zählen, ableismuskritisch und dabei intersektional zu denken. Was sowieso ein Ansatz ist, der für die Organisationsentwicklung hierzulande insgesamt noch neu ist.

Dazu kommt, dass die personelle und die finanzielle Ausstattung nicht äquivalent mit der Zunahme rechtlicher Ansprüche von behinderten Menschen gewachsen ist. Und dass viele Zuständigkeiten von der Landes- auf die kommunale Ebene verlegt wurden, wo die Kompetenzen ganz neu aufgebaut werden müssen. Auch das 2016 erlassene Bundesteilhabegesetz (BTHG), das bis 2023 in vier Stufen in Kraft trat und als wichtiger Meilenstein für behinderte Menschen gilt, erfüllt aus kritischer Sicht nicht die zentralen Forderungen der Behindertenbewegung. Was zusammenfassend heißt: Theorie gut, Praxis mangelhaft. Womit »Selbstbestimmung ein Drahtseilakt ohne Netz« wird, schreiben Köbsell und Hirschberg. Auch weil es für viele behinderte Menschen oft überhaupt nicht möglich ist, sich zu vernetzen und für die eigenen Rechte einzusetzen. Es ist eben immer auch eine Ressourcenfrage – ungeachtet der positiven Unterstützung, die es seit 2018 beispielsweise durch die Ergänzende unabhängige Teilhabeberatung (EUTB)

gibt. Und ein fortschrittliches Beratungsangebot beschreibt, das von behinderten Menschen für behinderte Menschen angeboten wird. Dieser Ansatz ist ein wichtiger Schritt, der zeigt, wie sehr und wie viel mehr es von diesem Erfahrungswissen behinderter Menschen braucht, um etwas zu verändern. Es ist ein kleiner Anfang.

Behindert und stolz dazu

Ich gehe, um einen Ort für euch vorzubereiten.

– Harriet Tubman

Die Autorin und Aktivistin Ann Magill ist noch Schülerin, als der Americans with Disabilities Act (ADA) 1990 in den USA verabschiedet wird. Seither schreibt sie über Behinderung und soziale Gleichheit und arbeitete ab 2016 daran, eine Flagge der Solidarität, des Stolzes und der Akzeptanz für behinderte Menschen zu entwerfen. In ihrer ersten Version von 2019 laufen auf einem schwarzen Hintergrund leuchtend blaue, gelbe, weiße, rote und grüne Zickzacklinien über die gesamte Fläche. Diese Linien sollen zeigen, wie behinderte Menschen Hindernisse überwinden müssen, mit denen sie konfrontiert sind. Dafür wurde ihre Flagge gefeiert, doch gaben Mitglieder und Verbündete der Community zu bedenken, dass die Farb- und Formwahl einen stroboskopartigen Effekt verursacht, der auf manche Menschen eine optisch überwältigende Wirkung haben kann. Um die Flagge zugänglicher zu machen, gestaltete Magill sie deshalb 2021 neu. Seither gibt es sie mit weicheren Linien und gedämpfteren Farben.

Der grüne Streifen steht für Aspekte der Wahrnehmung wie Taub- und Blindheit, der blaue Streifen für alles, was als

seelische oder psychische Behinderung gilt, der weiße für als unsichtbar klassifizierte und nicht diagnostizierte Behinderungen. Der gelb-goldene Streifen wiederum umfasst Lernschwierigkeiten und andere Formen von Neurodivergenz. Der rote Streifen steht für alles, was als körperliche Behinderung eingeordnet wird. Das diagonale Farbband »durchbricht« metaphorisch die Barrieren, mit denen alle behinderten Menschen konfrontiert sind, und der anthrazitschwarze Hintergrund steht für die Trauer um die Opfer ableistischer Gewalt.

Seit über 30 Jahren wird in den USA der Juli als Monat der Disability Pride begangen, unter dem Motto »Disabled and proud«, also »Behindert und stolz«. Gefeiert wird Behinderung als natürlicher und schöner Teil der menschlichen Vielfalt. Es ist eine Tradition, die einer 1990 stattgefundenen Demonstration entspringt. Aktivist*innen erklommen im Juli dieses Jahres die Treppe zum Kapitol in Washington, D.C., im Rollstuhl, auf Knien und mit Krücken, um den damaligen Präsident George H. W. Bush zur Zeichnung des Americans with Disabilities Act (ADA) zu zwingen.

Während die Idee der Disability Pride auf derselben Grundlage basierte wie Pride-Bewegungen der queeren Community und Black Pride und es um eine bestärkende Haltung und Aufmerksamkeit geht, sind Paraden auf der Straße wie die Disability Pride Parade in Chicago ein jüngeres Konzept als die Paraden anderer Communities. 2013 wurden in Chicago damit drei Forderungen als Ziel verbunden: nämlich die Art und Weise zu verändern, wie Menschen über »Behinderung« denken und sie definieren, die verinnerlichte Scham unter Menschen mit Behinderungen abzubauen und ein Verständnis in der Gesellschaft zu fördern, dass Behinderung ein schöner und natür-

licher Teil der menschlichen Vielfalt ist, auf den behinderte Menschen stolz sein können.

In Berlin fand 2013 die erste Disability Pride Parade im Rahmen des Pride-Monats statt. Gefordert und gefeiert werden auch hierzulande die Akzeptanz, Gemeinschaft und Geschichte behinderter Menschen mit bestärkenden Leitmotiven zu Barrierefreiheit, Inklusion und Selbstbestimmung. Im Sinne des Empowerments, also der Selbstbestärkung, etablieren sich Stimmen einer neuen und jüngeren Generation auch im Netz. Sie schaffen und erweitern Räume, verbinden sich, mobilisieren und formieren neue Formen des Widerstands. Der digitale Wandel unterstützt ihr Anliegen, sich mit zeitgemäßen politischen, sozialen und ökologischen Zielen auseinanderzusetzen. Und weil sich online barrierearmer vernetzen lässt, ist es auch nicht verwunderlich, dass Social Media ein wichtiger Ort der Kommunikation, des Austauschs und von Formen des Widerstands für behinderte Menschen ist. Die Autorin Luisa L'Audace beschreibt beispielhaft, wie wichtig die Mobilisierung im Netz für ihre politische Emanzipation war. Sie steht repräsentativ für viele Bewegte, die sich durch die Verbindungen online bewusst werden, dass sie nicht die Einzigen sind, die ableistische Erfahrungen machen. Viele verspüren den Drang, ihr Wissen zu teilen, wie sie in ihrem Buch *Behindert und stolz* beschreibt. Weil Stolz ein Gefühl der Selbstachtung ist. Und als Form persönlicher Selbstermächtigung hilft, mit Stigmata aufzuräumen und menschenrechtliche Arbeit voranzutreiben.

Im Netz sind Aktionen wie Hashtags, Sharepics oder Onlinedemo-Aufrufe darum ein wichtiges Mittel, um auf wenig beachtete Themen aus der Perspektive behinderter Menschen aufmerksam zu machen oder Informationen bereitzustellen.

Über die Frage, inwiefern es dabei auch das Einnehmen öffentlicher Räume braucht, damit die eigene Filterblase verlassen wird, spreche ich mit meinem politischen Lektor @Ashducation. Ash hat selbst 2016 den Hashtag #beHindernisse gestartet, der auf Twitter trendete und aufzeigt, wie viel in Richtung Bewusstsein für Barrieren und deren Abbau noch passieren muss. Vier Jahre später startete 2020 die US-amerikanische Behindertenrechtsaktivistin Kayle Hill dahingehend auch den Hashtag #AbleismTellsMe, der insbesondere in Deutschland trendete. Ein weiterer Moment der Aufmerksamkeit. Doch bringen für Ash reine Onlineaktionen das Risiko mit sich, auf dem Gefühl auszuruhen, damit »was gemacht zu haben«, und sonst nichts weiter zu tun. Onlineprotest dürfe aber nicht das Einzige sein, was passiert. Vielmehr gehe es darum, welche Möglichkeiten genutzt werden können, um Menschen, die nicht auf die Straße gehen könnten, auch offline wahrnehmbar zu machen. Was teilweise aber noch zu wenig passiert.

So etablieren sich beispielsweise mehr und mehr emanzipatorische Wortneuschöpfungen und Praxen der Disability-Bewegung im Alltag, die in Deutschland übernommen werden. Es sind Vorgänge, die auch aus anderen Bewegungen marginalisierter Gruppen bekannt sind und insbesondere und gerade im Kulturbetrieb wahrnehmbar werden, wo sich behinderte Menschen in Produktionen und Performances widerständig gegen die vermeintliche Norm und normierte Abläufe zeigen. Die politisch Aktiven bauen dabei ähnlich wie in anderen Bewegungen auf den Errungenschaften der sogenannten Elders auf. Also derjenigen, die vor ihnen aktiv waren, die aber einer breiten Öffentlichkeit oft wenig bekannt sind. Gleichzeitig bedarf es wie im Bereich der Rassismus- oder Antisemitismusforschung noch viel mehr Transferarbeit, um dieses Wissen einer

breiten Öffentlichkeit zugänglich zu machen und eine Reflexion über diese geschichtlichen Zusammenhänge auszulösen.

So zeigt sich im Bereich der Disability Studies, dass populärwissenschaftlich formulierte Texte noch rar und viele der vorhandenen akademischen Angebote keine für alle zugängliche Lektüre sind. Es ist also leicht, sich einer Auseinandersetzung mit dem Thema Behinderung und Ableismus in Deutschland zu entziehen. Dabei wäre sie so wichtig, im besten Fall gepaart mit einem intersektionalen Verständnis, das die afroamerikanische Literaturwissenschaftlerin Audre Lorde bereits zwischen 1984 und 1992 Schwarzen Frauen in Deutschland vermitteln wollte, als sie erklärte: »Ich bin nicht frei, solange andere Frauen* nicht frei sind, auch wenn ihre Fesseln andere sind.«

Für Lorde, die sich selbst als Schwarze, lesbische Frau, Feministin, Kriegerin, Dichterin und Mutter positionierte, die jahrelang mit einer Krebserkrankung lebte, gab es keine Hierarchien zwischen den Unterdrückungsformen. Darum galt es für sie auch nicht nur gegen eine einzige Art der Unterdrückung zu kämpfen. Lorde glaubte vielmehr daran, dass wir uns nur durch die Akzeptanz unserer Unterschiede wirklich miteinander solidarisieren können. Darum ermutigte sie in ihren Berliner Jahren Schwarze Frauen dazu, ihr »Schweigen zu brechen und für sich selbst zu sprechen«, indem sie ihre Geschichte aufschrieben und veröffentlichten. Auch ich bin ihrem Aufruf mit meinem Schreiben indirekt gefolgt, mit der Überzeugung, dass mit einem Blick zurück ein Verständnis für den Weg nach vorn entsteht. Weil auf etwas aufzubauen, das Prinzip der Emanzipation ist.

»Wie kann ich was bewegen?« Das fragten Raúl Krauthausen und Benjamin Schwarz 2021 in ihrem gleichnamigen Buch, in dem sie Aktivismus als ein politisches Instrument

charakterisieren. Und mit dem Begriff des »konstruktiven Aktivismus« eine Perspektive einbringen wollen, bei der es nach Krauthausen um einen kooperativen Behindertenrechtsaktivismus geht. Dieser kann aber nur funktionieren, wenn behinderte Menschen bereit seien, sich als Teil einer Gemeinschaft zu sehen und in Ziele und Bestrebungen zu investieren, die nicht nur sie selbst betreffen. Was keine leichte Aufgabe ist, wie sich in Bewegungen anderer Gruppen zeigt. Weil es unter den Bewegten unterschiedliche Bedürfnisse und politische Generationen gibt und nicht immer (guter) Kontakt untereinander besteht. Somit ist die Organisation einer zusammenstehenden Bewegung kompliziert, nicht immer möglich, und in jedem Fall bedarf die Zusammenführung vereinzelter Kämpfe viel Arbeit und Energie. Dazu kommt, dass sich die Einstellungen zum Umgang mit der eigenen Behinderung bei den einzelnen Menschen unterscheiden. Weshalb es Wege eines individuellen, aber auch kollektiven politischen Bewusstseins braucht, um etwas zusammen zu bewegen.

Es ist ein großes Thema und oft eine Herausforderung, vor dem alle marginalisierten Gruppen stehen. Was wiederum erklärt, warum heute wie in den 80er Jahren auch nur ein kleiner Teil der behinderten Menschen die eigenen Erfahrungen als etwas Politisches einordnet, über das man nachdenken und für das man aktiv werden sollte. Gleichzeitig ist es schwer, bei einer so großen Bandbreite von Perspektiven und Erfahrungen von und mit Behinderung als Community eine Einheit zu bilden und dabei auch mit den Hierarchien innerhalb der eigenen Reihen zu brechen. Also der Tatsache, dass zwar das Ziel der Chancengleichheit und die Einbeziehung aller Arten von Behinderungen gefordert wird, aber dennoch immer wieder Unterschiede beispielsweise zwischen als »körperlich« und

als »geistig« behindert eingestuften Menschen gemacht werden.

»Während behinderte Menschen die Behindertenfeindlichkeit der Nichtbehinderten bekämpfen, halten sie Ableismus untereinander oft aufrecht«, schreibt Krauthausen dazu kritisch. Und Rassismus, Antisemitismus, Sexismus, Trans- und Queerfeindlichkeit, Klassismus und andere Aspekte der Marginalisierung und Privilegierung führen zu weiteren informellen, aber machtvollen Rankings auch in den Netzwerken behinderter Menschen und -organisationen. Es sind interne Hierarchien und Ungerechtigkeiten, die auch deshalb bestehen, weil viele Organisationen von nichtbehinderten Menschen oder behinderten Personen in privilegierten Positionen geleitet werden, die beispielsweise körperlich beeinträchtigt, *weiß* oder Teil der gehobenen Mittelschicht oder Berufsklasse sind. Sie präsentierten laut Krauthausen der Öffentlichkeit oft ein sehr standardisiertes, konservatives und »beruhigendes« Bild von Behinderung. Und eine daraus folgende Ungerechtigkeit sei, dass behinderte Menschen of color, jüdische oder queere Menschen mit Behinderung oder diejenigen, die aus armen Verhältnissen oder der Arbeiter*innenklasse stammten, seltener in Führungspositionen oder als Vertreter*innen von Behindertengemeinschaften vertreten seien.

Es ist ein Bereich intersektionaler Zusammenhänge, der genauer analysiert werden will. Darum gründeten in einem wachsenden Feld der akademischen Forschung, das sich der Verschränkung von Behinderung und anderen biografischen Erfahrungen widmet, der Soziologe Robel Afeworki Abay und die Politikwissenschaftlerin Constanze Schwärzer-Dutta 2022 das Netzwerk Intersectional Disability Justice (IDJ). Es ist ein Forschungsansatz, der bereits 2005 in den USA vom Disabi-

lity Justice Collective um Mia Mingus, Patty Berne, Stacey Milbern und Leroy Franklin Moore Jr. entwickelt wurde. Und in Deutschland von diesem Netzwerk vorangetrieben wird, das auf die Notwendigkeit des Zusammendenkens von Marginalisierungserfahrungen aufmerksam machen will.

Darum schloss sich Afeworki Abay auch der Idee der in diesem Buch porträtierten Judy Gummich an, um erstmals die bereits erwähnte Workshopreihe für Schwarze, afrodiasporische und afrikanische Menschen mit Behinderungen und deren Familien und Unterstützer*innen in Deutschland anzubieten, an der auch ich teilgenommen habe. Sie war ein Novum, ein geschichtlicher Meilenstein in der Schwarzen Bewegung in Deutschland, und es bedarf noch vieler Recherche und weiterer Forschung, weil die Lebensrealitäten, Zugangs- und Teilhabebarrieren dieser Gruppe weitgehend unbekannt sind. Doch bot das Projekt Raum für einen praktischen Austausch und persönliche Selbstbestärkung. Es zeigte den Bedarf. Erfahrungen und Fakten wurden gesammelt, Barrieren identifiziert und gemeinsam überlegt, wie nächste Schritte aussehen könnten. Unter dem Titel »Black (dis)abled Power« sollte der Wunsch nach Vergemeinschaftung genährt werden. Ein Wunsch, den ich aus Schwarzen Zusammenhängen kenne. Der nach sicheren Orten, um gemeinsam mit Rückendeckung zu wachsen. Weil es da eine Sehnsucht nach Ankommen bei marginalisierten Menschen gibt. Sie ist der Grund, warum ich seit über 18 Jahren zu den alljährlichen Bundestreffen der seit fast 40 Jahren bestehenden Initiative Schwarze Menschen in Deutschland (ISD) fahre, die als eine der ältesten Selbstorganisationen von und für Schwarze Menschen gilt. Oder warum ich Teil des Empowerment-Vereins Phoenix bin, der vor über 30 Jahren vom Pfarrer und Trainer Austen Peter Brandt ge-

gründet wurde. In dem Menschen mit Rassismuserfahrung und ihre Verbündeten sich für eine Gemeinschaft einsetzen, die für mich den Weg zu einer Gesellschaft der Gegenseitigkeit ebnet. Es ist ein Verein, der 2010 mit dem Aachener Friedenspreis ausgezeichnet wurde.

In diesen Räumen ist mein Wissen über Rassismen und die Verschränkung mit anderen Unterdrückungserfahrungen parallel mit meiner Arbeit als Journalistin und Moderatorin in medialen und akademischen Räumen und solidarischen Bündnissen gewachsen. Darum ist es nur logisch – und ich mache auch kein Geheimnis daraus –, Menschenrechtlerin zu sein. Im Unterschied zu mir wird darum mein Kind seit Geburt an von diesem Umfeld geprägt, was mich glücklich macht. Weil mein Kind das Gefühl einer Caring Community erlebt und weiß, dass es nicht allein ist. Es füllt mein Herz mit Freude, dass mein Kind nicht nur behinderte Kinder, sondern auch Schwarze, behinderte erwachsene Menschen trifft, die ihm eine Idee davon geben, wer es sein kann. Denn diese Ideen brauchen insbesondere marginalisierte Kinder in Deutschland. Darum kann ich auch verstehen, wenn die Autorin Andrea Schöne in einer Rezension über die genannte Netflix-Doku *Crip Camp* schreibt, dass sie sich auch für Deutschland ein Camp Jened wünscht. Weil die sozialen Medien für sie nicht ausreichen. Sie beschreibt, wie in einem solchen Camp junge behinderte Menschen selbstbewusst und gezielt in der Gesellschaft Raum einnehmen, sich vernetzen – und früh feststellen, dass auch sie sich im Leben nehmen können, was sie wollen. Denn genau so ist es. Oder sagen wir, so sollte es sein.

Gegen Ungerechtigkeit kämpfen

Es gab schon immer Menschen,
die ungerecht behandelt wurden.
Sie hatten nicht die gleichen Rechte wie andere.
Diese Ungerechtigkeit nennt man auch Unterdrückung.
Es wurden viele verschiedene Menschen unterdrückt.
Zum Beispiel:

- Frauen
- behinderte Menschen
- schwarze Menschen
- homosexuelle Menschen

Durch unsere verschiedenen Merkmale
machen wir alle andere Erfahrungen.
Diese Erfahrungen beeinflussen unser Leben.
Manche Menschen werden wegen verschiedener
Merkmale gleichzeitig unterdrückt.
Zum Beispiel wird eine behinderte Frau wegen ihres
Geschlechts und wegen ihrer Behinderung unterdrückt.
Dadurch wird sie mehr diskriminiert
als eine nicht behinderte Frau.
Dazu sagt man auch Intersektionalität.

Es gab in der Vergangenheit sehr viele Menschen,
die sich aus der Unterdrückung befreit haben.
Das heißt: Sie haben es geschafft, die gleichen
Rechte zu bekommen wie andere Menschen.
Das nennt man auch Emanzipation.

Wie war es früher?

Es gab zwischen 1960 und 1990 weltweit
Kämpfe für mehr Emanzipation.
Diese Kämpfe werden auch
„Neue Soziale Bewegungen" genannt.

Viele Menschen waren mit der Unterdrückung
und Ungerechtigkeit in der Gesellschaft nicht zufrieden.
Vor allem in den USA haben auch immer schon
behinderte Menschen für ihre Rechte gekämpft.
Und es gab viele andere Gruppen, die sich
gegen Diskriminierung eingesetzt haben.

In den Gruppen waren manchmal behinderte
und nicht behinderte Menschen zusammen.
Diese Gruppen haben sich gegenseitig unterstützt.
Sie hatten gemeinsame politische Forderungen.
Zum Beispiel:

- für die Gleichberechtigung von Frauen
- für den gemeinsamen Unterricht
  von behinderten und nicht behinderten Kindern
- für gleiche Chancen und gegen Rassismus
- für die Gleichberechtigung
  von homosexuellen Menschen

Auch heute gibt es immer noch viele Gruppen,
die zusammen gegen Diskriminierung kämpfen.

Das internationale Jahr der behinderten Menschen

Im Jahr 1981 ist etwas Wichtiges passiert.
Die UN hat damals zum ersten Mal das „Internationale Jahr der behinderten Menschen" ausgerufen.
Dadurch sollte sich das Leben von behinderten Menschen überall auf der Welt verbessern.
Aber behinderte Menschen durften bei der Planung nicht mitmachen.
Sie durften nicht mitsprechen.
Dagegen haben sie sich gewehrt.

In Deutschland gab es eine Veranstaltung für das Internationale Jahr der behinderten Menschen.
Bei dieser Veranstaltung haben behinderte Menschen auf der Bühne protestiert.
Sie haben gesagt:

- Niemand soll ohne uns über uns sprechen!
- Wir müssen überall dabei sein, wenn über Behinderung gesprochen wird!

Sie haben ihre Rollstühle mit Ketten zusammen gemacht, damit sie niemand wegtragen kann.
Sie wollten, dass man ihnen zuhört.

Vom Camp zur Demo

In den USA gab es zwischen den 1950er-Jahren und den 1970er-Jahren ein Ferienlager für behinderte Menschen.
Der Name von dem Camp war Camp Jened.

Dort konnten behinderte Kinder, Jugendliche und Erwachsene vieles ausprobieren, was im Alltag nicht ging. Dadurch sind sie selbstbewusster und stärker geworden. Sie haben gemerkt, dass ihre Behinderung gar nicht das Problem ist. Es sind die Barrieren im Alltag, die sie behindern.

Nach dem Camp haben viele behinderte Menschen ihr Leben geändert. Sie haben angefangen, für ihre Rechte zu demonstrieren. Mit vielen politischen Aktionen haben sie auf die Probleme aufmerksam gemacht.

Zwei Aktionen waren besonders wichtig. Es gab zum Beispiel eine Verkehrsblockade. Das heißt: Die Menschen haben sich auf die Straße gestellt und den Verkehr angehalten. Sie haben für ein Gesetz für eine bessere medizinische Versorgung demonstriert. Und sie hatten Erfolg! Durch die Proteste gab es später ein neues Gesetz.

Einige Jahre später gab es einen Sitzstreik vor dem Gesundheitsamt in San Francisco. Das heißt: Die Menschen haben sich vor das Gebäude gesetzt und sind nicht mehr weggegangen. Dieser Streik hat fast einen Monat lang gedauert. Und auch viele nicht behinderte Menschen haben sie unterstützt.

Sie haben zusammen für ein Gesetz zum Schutz
von behinderten Menschen demonstriert.
Denn behinderte Menschen waren die einzigen,
die keinen gesetzlichen Schutz hatten.
Erst viele Jahre später wurde dieses Ziel erreicht.

Stolz sein auf die Behinderung

1990 wurde in den USA endlich ein Gesetz
zum Schutz von behinderten Menschen eingeführt.
Es heißt: Americans with Disabilities Act.
Das ist englisch für Amerikanisches Behindertengesetz.
Die Abkürzung dafür ist: ADA.
In dem Gesetz steht zum Beispiel:

- Es ist verboten, behinderte Menschen bei der Arbeit zu diskriminieren.
- Alle öffentlichen Gebäude und Orte müssen barrierefrei sein.
- Alle Unternehmen müssen inklusiv sein.

Der amerikanische Präsident wollte das Gesetz nicht.
Deshalb haben viele behinderte Menschen
vor dem Parlament demonstriert.
Sie sind so lange geblieben, bis sie
ihr Ziel erreicht hatten:

Seitdem sind sie in den USA endlich gleichberechtigt.

Durch das neue Gesetz hat sich die Situation.
von behinderten Menschen in den USA stark verbessert.
Sie können jetzt ihre Rechte besser einfordern.

Es muss immer noch viel verändert werden.
Aber es ist für behinderte Menschen in den USA heute
sehr viel einfacher als in Deutschland.
Für diesen Erfolg haben behinderte Menschen
mehr als 20 Jahre gekämpft.

Deshalb gibt es in den USA jedes Jahr
eine große Demonstration: die Disability Pride.
Das ist englisch und heißt: Stolz sein auf die Behinderung.
Dort feiern behinderte und nicht behinderte Menschen
zusammen auf der Straße. Sie sagen:
Behinderungen sind schön und ganz normal.

In Deutschland gibt es in Berlin seit
einigen Jahren auch eine Disability Pride.
Auch hier wollen die Menschen zeigen:
Wir sind alle in Ordnung, so wie wir sind!

Aber es gibt auch politische Forderungen.
Zum Beispiel:

- Akzeptanz von behinderten Menschen
- Selbstbestimmung über das eigene Leben
- Inklusion in allen Bereichen

Proteste in Deutschland

Die Proteste in den USA waren ein Vorbild
für viele behinderte Menschen in Deutschland.
Deshalb haben in Westdeutschland damals viele
behinderte Menschen angefangen, sich zu wehren.
Sie haben gemerkt, dass die Parteien
sich nicht für ihre Rechte einsetzen.
Deshalb mussten sie das selber machen.

Es wurden viele unterschiedliche Gruppen gegründet.
In den meisten Gruppen waren junge
körperlich behinderte Menschen.
Zuerst haben sie die sogenannten „Clubs Behinderter
und ihrer Freunde" gegründet.
Das waren Orte, an denen sich behinderte
und nicht behinderte Menschen kennenlernen konnten.

Sie haben zum Beispiel ihre Freizeit zusammen verbracht.
Aber sie haben auch viel miteinander
geredet und nachgedacht.
Dadurch haben sie gemerkt, dass behinderte Menschen
von der Gesellschaft ausgeschlossen werden.

In Westdeutschland entstanden die „Krüppelgruppen".
Dieses Wort ist eigentlich eine Beleidigung
für behinderte Menschen.
Aber die Menschen in der Gruppe
haben diesen Namen mit Absicht ausgesucht.

Sie haben gedacht: Wenn wir uns selbst so nennen,
kann uns niemand mehr mit dem Namen beleidigen.

Diese Gruppen waren meistens nur
für behinderte Menschen. Es war wichtig,
dass sie alleine miteinander reden konnten.
Nicht behinderte Menschen durften nur selten
dabei sein.

Die Gruppen haben gefordert:

- Wir wollen selbst über unser Leben entscheiden!
- Wir brauchen kein Mitleid!
- Die Diskriminierung von behinderten Menschen muss endlich aufhören!

Nach der Wiedervereinigung haben sich viele Gruppen
aus Ost- und Westdeutschland zusammengetan. Sie sind
heute zusammen im deutschen Behindertenrat aktiv.
Dort setzen sie sich gemeinsam für ihre Rechte ein.

Später gab es noch weitere Verbesserungen.
Behinderte Menschen haben jetzt in vielen Institutionen
wie zum Beispiel Universitäten mitgearbeitet.

Wie ist es heute?

Einige behinderte Menschen finden es wichtig,
für die Rechte von allen Menschen zu kämpfen.
Sie sagen: Wir dürfen nicht nur für uns selbst kämpfen.

Aber das ist nicht immer einfach.
Es ist schon schwierig genug,
für die eigenen Rechte zu kämpfen.

Das liegt auch daran, dass die Bedürfnisse und Kämpfe
von behinderten Menschen sehr unterschiedlich sind.
Einige behinderte Menschen erfahren unterschiedliche
Diskriminierungen gleichzeitig.
Und manchmal diskriminieren sich
behinderte Menschen auch gegenseitig.

Ich finde es wichtig, sich diese Probleme
genau anzuschauen. Ich frage mich:

- Was können wir heute aus den Kämpfen von den Menschen früher lernen?
- Welche Ziele wurden schon erreicht?
- Wofür muss heute noch gekämpft werden?

Junge behinderte Menschen haben heute mehr Rechte
als früher. Dadurch sind sie oft selbstbewusster
und sagen öfter ihre Meinung.

Behinderte Menschen kämpfen seit über 40 Jahren
für Gleichberechtigung. Es gibt immer noch nicht genug
Inklusion in Deutschland. Aber sie haben durch ihre
Kämpfe schon sehr viel erreicht.
Zum Beispiel:

- Mitarbeit in der Politik
- bessere Gesetze für behinderte Menschen
- Abbau von Barrieren

Lose Enden

Wenn ihr die Jobs bekommt,
für die ihr so brillant ausgebildet wurdet,
denkt daran,
dass eure eigentliche Aufgabe darin besteht,
dass ihr, wenn ihr frei seid,
jemand anderen befreien müsst.
Wenn ihr etwas Macht habt,
dann ist es eure Aufgabe,
jemand anderen zu ermächtigen.
Das ist nicht nur ein Spiel mit der Wundertüte.

– Toni Morrison

Gemeinsam Denken

von Judyta Smykowski

Einen Schlussteil, den ein behinderter Mensch einleitet. Das muss so sein, mögen manche jetzt denken. Bei diesem Thema. Das gibt dem Ganzen einen Realitätsstempel. Dazu muss ich sagen: den Bogen, den Hadija Haruna-Oelker in diesem Buch gespannt hat, von Hitler zu Höcke – er ist bittere Realität.

Dieses Buch handelt von systematischer Vernichtung, Erniedrigung, Entmündigung einerseits und Selbstermächtigung und Zusammenhalt andererseits. Und trotzdem: Behinderung ist ein Thema, dem man sich entziehen kann, wenn man möchte. Man kann Schule, Arbeit und Freizeit erleben, ohne Kontakt zu behinderten Menschen zu haben. Und man muss kein von Geburt an behindertes Kind bekommen, wenn man nicht will. Denn was passiert nach den Testergebnissen, die eine Behinderung des Fötus im Mutterleib zeigen? So oft entscheiden sich Eltern gegen das Unbekannte und vermeintlich Unbequeme. Aber dass es überhaupt unbequem ist und Angst macht, liegt an den ableistischen Strukturen in unserer Gesellschaft. Diese Strukturen könnten wir alle aufbrechen, wenn wir wollten.

In Deutschland hat jede*r Zehnte eine Behinderung. Wenn jede*r dieser acht Millionen Menschen sagen wir drei Verbündete hätte, dann wären wir schon ziemlich viele. Dann käme keine Person mehr an diesem Thema vorbei. Vielleicht den-

ken Sie jetzt: Soll das eine Drohung sein? Natürlich nicht. Aber falls Sie es so empfinden, dann sagt das viel über das Verhältnis der Gesellschaft zu Behinderung aus. Weil viele nicht gerne hinschauen oder sich nicht gerne mit der Vorstellung eines alternden Körpers beschäftigen wollen. Also dem Zeitpunkt, an dem eine (körperliche) Behinderung spätestens ein Thema wird. Und gleichzeitig haben nichtbehinderte Menschen trotz fehlenden Kontakts oft sehr starke Meinungen über uns. Dabei kennen wir uns nicht. Mir aber reichen die so oft als Entschuldigung genannten Berührungsängste als Begründung nicht mehr aus. Sie sind einfach nur eine sehr bequeme Ausrede. Denn denken wir diesen Punkt weiter. Was wäre, wenn wir alles, wovor wir in irgendeiner Form Angst haben, nicht machen und verdrängen würden? Wo würde uns das als Gesellschaft hinführen? Nicht sehr weit.

Und sowieso: Ich glaube nicht, dass Menschen Angst vor mir haben. Sie wollen sich einfach nur nicht mit mir und meinem repräsentativ stehenden Leben beschäftigen. Und diese Einstellung können sie sich leisten, weil sie in der vermeintlichen Mehrheit sind. Aber diesen Menschen möchte ich sagen: Auch wir behinderten Personen haben nicht immer Lust, uns mit den Gefühlen von nichtbehinderten Menschen in Bezug auf uns auseinanderzusetzen. Immer diejenigen sein zu müssen, die das Eis brechen. Und einen Vorschuss an Offenheit und Lockerheit mitbringen müssen, damit ein Gespräch aufkommt.

Genau darum ist eine Gegenseitigkeit auch so dringend nötig. Sie geht nur gemeinsam. Und deswegen darf die Unwissenheit und Angst in Bezug auf behinderte Menschen in unserer Gesellschaft nicht mehr als normal hingenommen werden. Wir brauchen eine neue Erzählung von Behinderung,

und dieses Buch ist ein Plädoyer dafür, diese zu finden. Weil nichtbehinderte Menschen sich mit auf den Weg machen müssen und es gleichzeitig bitter ist, dass wir als behinderte Menschen geduldig an der Seitenlinie auf unseren Einsatz warten müssen. Denn wir haben eine Vorstellung davon, wie das Spiel werden könnte, aber wir schaffen es noch zu selten aufs Spielfeld. Und darum richte ich meine Worte nun an die Person, um die es in diesem Buch immer wieder geht. An Dich, das Kind von Hadija. Weil Deine Eltern alles dafür tun wollen, dass es Dir auf diesem Spielfeld, das sich auch Gesellschaft nennt, gut geht.

Deine Mutter hat mit diesem Buch einen Teil Deiner und meiner Geschichte sichtbar gemacht. Trotz unseres Altersunterschieds von 27 Jahren. Deine Mutter und ich haben viel darüber gesprochen, woher es kommt, dass wir beide immer noch nicht gleichberechtigt teilhaben und erst recht nicht teilgeben, also mitbestimmen können, in dieser Gesellschaft. Deine Mutter hat in diesem Prozess so viele Situationen aufgedeckt, die Menschen nicht ändern wollen, weil sie »das schon immer so gemacht haben« oder vermeintlich »nur das Beste für diese Menschen«, also uns, wollen. Weil sie uns einteilen, in normal und unnormal. In störend und nicht störend. Wir beide, Du und ich, wir kommen in vielen dieser Vergleiche auf der negativen Seite vor. Und ganz schön viele nichtbehinderte Menschen meinen zu wissen, was das Beste für uns ist.

Ob Mediziner*innen oder Pädagog*innen, sie entscheiden oft nach Listen und Tabellen, was die nächsten Schritte bezüglich Kindergarten oder Schule für uns sind. In diesen Listen fallen wir – besonders als Kinder – mal schlechter und mal besser für unser Alter aus, aber es bringt uns nicht viel. Die Frage ist immer: Wie geht es weiter? Bedeuten gute Er-

gebnisse mehr Inklusion für uns? Oder führt ein unerwartet gutes Ergebnis dazu, dass die Entscheider*innen nicht wissen, was sie daraufhin mit uns machen sollen? Denn: Einerseits sollen wir in den Tabellen, die uns beurteilen, möglichst gut abschneiden, andererseits ist man nicht auf diese guten Ergebnisse vorbereitet. Auch Deine Mama hat mir von Schemata erzählt, in die Du schon gepresst werden solltest. In die Du aber nicht passt, weil Du wie jede*r Mensch einzigartig bist und Deinen Weg so gehst, wie er für Dich passt. Und sie hat mir gesagt, dass Ihr erfreulicherweise bisher immer Menschen getroffen habt, die offen für Dein Wachsen sind, was ich Dir weiterhin wünsche.

Deine und meine Eltern haben schon früh erkannt, dass sie dieses System und die Entscheidungen hinterfragen müssen. Und das ist unser Glück. Ja, es ist Glück. Und das macht mich manchmal wütend. Dass wir beide Glück haben, andere aber nicht. Denn Glück ist etwas willkürlich Verteiltes in unserer Gesellschaft, und das lässt bitter werden. Eine solche Bitterkeit sollten wir in uns aber nicht zulassen, liebes Kind. So müssen wir uns beide mit den gesellschaftlichen Hindernissen auseinandersetzen, um vorwärtszukommen. Unsere Wege sind überhaupt nicht gleich und manchmal doch so ähnlich. Aber was wir beide gemeinsam haben? Wir ebnen anderen behinderten Menschen Wege – allein durch unsere Existenz –, und wir haben auch nichtbehinderte Menschen an unserer Seite. Das macht Hoffnung. Wir brauchen mehr Menschen, die das Wissen, die Worte und die Entschlossenheit haben, all die schrecklichen Parallelen von früher bis in die heutige Zeit aufzuzeigen. Die anklagen und die Gesellschaft ermahnen. Weil sich sonst nicht viel bewegen wird.

Zu viele beschäftigen sich leider nur mit Themen, die sie

direkt betreffen. Sie haben das Privileg, sich nicht beschäftigen zu müssen. Mögen Dir darum wenige von ihnen begegnen und diese 27 Jahre Altersunterschied zwischen uns doch bedeuten, dass in Deiner Kindheit positive Veränderungen Wirkung zeigen. Ich wünsche Dir, dass Du später nicht mehr für grundlegende Dinge kämpfen musst, nicht mehr für Dich und Deine Rechte und Bedürfnisse werben musst.

Ich bin ein privilegierter, behinderter Mensch. Ich habe eine körperliche Behinderung, bin Rollstuhlfahrerin. Ich habe Eltern, die nicht in Deutschland geboren wurden. Sie sind Akademiker*innen, mussten das den deutschen Behörden aber teilweise in ziemlich langwierigen, zermürbenden und kostspieligen Prozessen beweisen. Ich selbst habe auch eine akademische Ausbildung, einen festen Job, lebe in einer heterosexuellen Beziehung, kann selbstständig und selbstbestimmt leben, bin *weiß* und auch hier privilegiert. Ich habe in Workshops vielen Menschen beigebracht, wie man mit behinderten Menschen umgehen kann. Und dieser Satz ist an sich schon lächerlich. Was heißt denn »beibringen«? Als bräuchten wir Menschen eine Bedienungsanleitung füreinander. Aber vielleicht brauchen wir tatsächlich genau das für uns alle, behindert oder nicht. Ein neues Regelwerk, ein paar Grundsätze, die uns den historisch gewachsenen Umgang mit behinderten Menschen aufbrechen lassen: keine Bevormundung, keine Schonung, keine Schubladisierung mehr. Keine Angst, keine Berührungsängste. Sondern den Mut haben und gleichzeitig auch die Unterstützung bekommen, die es braucht, um sich für ein behindertes Kind zu entscheiden. Und bloß nicht mehr die Frage an Eltern behinderter Kinder stellen, ob das sein musste. Kein Urteilen mehr über das Leben anderer Menschen. Stellen wir uns stets gemeinsam die Frage: Wie kann eine Gegensei-

tigkeit gelingen, wenn wir dabei verschiedene Ausgangspositionen haben? Möglichkeiten, diese Frage zu beantworten, findet Deine Mutter in diesem Buch. In Zeiten, in denen viele Menschen sich machtlos fühlen, sich abschotten und das Privileg haben, Mauern zu bauen. Suchen wir also gemeinsam nach Antworten. Tun wir es zusammen.

Verletzlichkeit als politische Praxis

Sich seiner Verletzlichkeit zu stellen
und das Leben trotz aller Widerstände auszukosten.
Bis heute kenne ich keine treffendere Auffassung von Schönheit.

– Daniel Schreiber

In diesem letzten Kapitel schließt sich der Kreis zu mir und meiner Arbeit. Damit hat sich hoffentlich geklärt, was dieses Buch ist. Es ist ein Memoir, für das es im Deutschen keine adäquate Übersetzung gibt. Nichtfiktionale Literatur, ein politischer Essay. Hierzulande persönliches Sachbuch genannt. Weil Literatur in Deutschland gleichbedeutend mit Fiktion ist, aber in diesem Buch nichts fiktiv ist. Und ich mich damit auch verletzlich zeige.

die einen zeigen schmerz,
indem sie weinen und schreien.
die anderen zeigen verlust,
indem sie keine worte finden.
einen moment lang
lachen und tanzen

schrieb die Lyrikerin May Ayim in ihrem Gedichtband *blues in schwarz weiss* 1995. Mitgründerin der Schwarzen Bewegung in Deutschland, deren Worte mir etwas bedeuten. Die in ihren Werken immer wieder die Verletzlichkeit von Körpern in den Mittelpunkt stellte. Bei Großdemonstrationen trug sie mutig ihre Gedichte vor, trat bei Kulturfestivals in Johannesburg, Toronto, Accra und London auf und forderte als Logopädin ein Bewusstsein für die rassistischen und sexistischen Strukturen in psychotherapeutischen Settings. In ihrem Aufsatz »Weißer Streß und Schwarze Nerven« dachte sie über den »Streßfaktor Rassismus in psychosozialen Notlagen« nach. Fragte: »Was ist mit Schwarzen Menschen, auch jüngeren, die in psychiatrischen Einrichtungen leben?« Weil es für diejenigen unter ihnen, die sich in akuten Krisensituationen befinden, keinen Ort gebe, der von Rassismus frei sei. Ayim erklärte das, ohne zu wissen, dass sie sich ein Jahr später selbst in einer solchen Situation befinden würde, schrieb ihre Freundin Dagmar Schulz vier Jahre später in dem Text »Ein Leben, das wir weitertragen werden«, der 1999 im Sammelband *Frauen in ver-rückten Lebenswelten* erschien.

Für mich zeigt Ayims Lyrik, wie vielperspektivisch Verletzlichkeit ist und wie viel Stärke darin liegt, sie ausdrücken zu können. In der politischen Philosophie gibt es eine ganze Forschungsrichtung, die Vulnerability Studies, die Verletzlichkeit als einen grundlegend menschlichen Zustand beschreibt. Sozialwissenschaftlich wird sie mit der Bereitschaft zu Unsicherheit und Risiko und emotionaler Exposition erklärt. »Weil Verletzlichkeit die Scham vertreibt, die Menschen lähmt. Und sich verletzlich zu zeigen, dazu anregt, sich anzuvertrauen«, wie die Soziologin Brené Brown im TED Talk »Die Macht der Verletzlichkeit« von 2010 erklärt, der bis heute mehr als 60 Millionen Mal geklickt wurde.

Mich beschäftigt die Frage, wie wir mit der Verletzlichkeit von Menschen als Gesellschaft umgehen. Weil wir soziale und körperliche Wesen sind und nicht nur durch unsere Rationalität bestimmt werden, auch wenn Deutschland sich als rational funktionierende Gesellschaft versteht, in der viele glauben, dass Gefühle nichts sind, was in die Öffentlichkeit gehört. Aber wir sind Menschen, die sich emotional verbunden fühlen möchten und sich nach Aufmerksamkeit und Anteilnahme sehnen. Und diejenigen, die sozial eingebunden sind, gelten als widerstandsfähiger gegenüber der Welt und den auf sie wirkenden Einflüssen. Was auch ein Grund ist, warum die Gesellschaft sich soziale Normen und ethische und moralische Vorstellungen für ein Miteinander geschaffen hat.

Gefühle sind also im Spiel, auch wenn wir sie vielleicht nicht erklären können oder uns die Worte dafür fehlen. Ein Blick in die Weltgeschichte beweist, dass Gefühle wie Hass und Angst schon immer einen deutlichen Einfluss auf den Verlauf der Geschichte hatten. Und Emotionen quasi das Ergebnis unserer Vergangenheit und Gegenwart sind und darum in der Forschung ebenso als Kategorie betrachtet werden wie Geschlecht oder Klasse. Vielleicht heißt es auch deshalb, dass unsere Demokratie darauf angewiesen ist, dass die Verletzlichsten der Gesellschaft verteidigt werden, damit die »Feinde der Freiheit« nie wieder eine Chance bekommen, unsere Menschenrechte abzuschaffen.

Doch gibt es in meiner Argumentationskette einen Widerspruch, der sich im Umgang mit behinderten Menschen zeigt. Weil bei ihnen Verletzlichkeit oft als Vorwand für übergriffiges Verhalten genutzt und ihre Körper instrumentalisiert werden. Verletzlichkeit wird behinderten Menschen quasi kategorisch unterstellt, sobald offensichtlich ist, dass sie behindert sind.

Darum werden sie in Sondersysteme abgeschoben und in sogenannte Schutzräume gedrängt, wo sie von vielen als passive Objekte paternalistischer Fürsorge gesehen werden. Verletzlich zu sein, gilt in ihrem Fall also nicht nur als Teil eines menschlichen Zustands, sondern ist auch das Resultat gesellschaftlicher und kapitalistischer Verhältnisse, in denen nur die vermeintlich autonomen und unabhängigen Individuen als die Unverletzlichen gelten. Verletzlichkeit und Behinderung ist in dieser Vorstellung also das Gegenteil von autonom sein und steht für Abhängigkeit. Und diese Argumentation gleicht der patriarchalen Vorstellung von Geschlecht. Bei der das autonome Subjekt als männliches definiert und Verletzlichkeit mit dem Attribut »weiblich« und mit Sphären der Reproduktion verbunden wird.

Dieses Denkmuster erklärt, wie die Parallelsysteme für behinderte Menschen zur gesellschaftlichen Entlastung nichtbehinderter Menschen werden, die angeblich weniger oder nicht so verletzlich sind. Um diese Vorstellung aufzulösen, gilt es darum, Verletzlichkeit anders zu denken und umzudeuten. Wie wäre es, sie zum Ausgangspunkt unseres gesellschaftlichen und politischen Handelns in allen Lebensbereichen zu machen? Wenn also alle Menschen und ihre Körper in unserer Gesellschaft als gleich verletzlich gelten. Davon ausgehend, dass alle Menschen das irgendwann auch irgendwie sind und spätestens dann die Sorge und Aufmerksamkeit anderer brauchen, wie Brown erklärt.

In seiner »Utopie der Verletzlichkeit« visiert der Soziologe Simon Ledder dahingehend gesellschaftliche Verhältnisse an, in denen eine gegenseitige Abhängigkeit der Menschen als zentrales Element anerkannt wird. Es ist eine Gesellschaft, in der es ein verankertes Bedürfnis gibt, die Dinge zu teilen. Und

sich zu kümmern einen Wert hat, weil es um das Gemeinwohl aller geht. Was nicht bedeutet, nicht mehr an sich selbst denken zu dürfen, nur eben in ausgeglichenerem Maße. Es ist, wie einem Menschen die Tür zu öffnen, der die Hände voll hat. Es geht darum, sich zu verbinden und zu verbünden mit dem Versprechen, einander beizustehen und füreinander da zu sein. Sich zu kümmern, weil wir alle aufeinander angewiesen sind, damit es uns gut geht. Wunsch und Ziel sind dabei, eine Balance zwischen der Sorge für andere und für sich selbst herzustellen, ohne eine Person zu bevormunden. All das müsste selbstverständlich werden, um die Angst vor Abhängigkeit und Verletzbarkeit zu verlernen. Dadurch würde Angewiesenheit zur positiven Grundlage individueller Entfaltung werden, wie es die Geschlechterforscherin Hanna Meißner erklärt. Was es wiederum einzelnen Personen erleichtern würde, sich anderen gegenüber verletzlich zu machen und anzuvertrauen, schreibt die Sozialpsychologin Anna Bruk.

Dann nämlich sind verletzliche Menschen nicht nur unmündige Opfer, sondern als solche auch selbstbestimmt Handelnde. Sie sind »Erfahrungsexpert*innen« und damit auch Menschen, die mithilfe von Selbstbestärkung seit Jahrzehnten in sozialen Bewegungen um eine positive Sicht auf ihre Verletzlichkeit ringen und das Ende der Anpassung fordern. Doch wird diese Praxis noch zu wenig ernst und in ihrem gesellschaftlichen Potenzial wahrgenommen. Aber sie ist für mich der Ansatz für ein neues Gemeinschaftsmodell, in dem Verletzlichkeit zu einem produktiven Störfaktor wird. Weil sie es ermöglicht, sich unsere Gesellschaftsbeziehungen in Verhältnissen vorzustellen, die zum Ziel haben, es immer besser für alle machen zu wollen. Und wenn diese Bereitschaft da ist, dann eröffnet sich ein Denken über Gemeinschaft, das ich mit der

bereits erwähnten Grundidee der südafrikanischen Philosophie von Ubuntu verbinde.

»Ich bin, weil wir sind« ist eine inklusive Perspektive, in der jeder Mensch sich als Teil des Kollektivs verstehen kann. Sie ist eine, in der die »Verletzung eines Menschen als eine Verletzung aller« verstanden wird. Und andere zu unterstützen, nicht als wohltätiger Akt, sondern als gemeinsamer Pakt gilt.

Auf diesem Verständnis aufbauend wird an einer solidarischen Gesellschaft gebaut, in der jeder Mensch sich entfalten kann. In der »Solidarität bedeutet, nicht im Stich gelassen zu werden«, wie es die Philosophin Eva von Redecker schreibt. Weil Solidarität bedeutet, diejenigen zu unterstützen, die sie zuvor nur eingeschränkt erfahren haben. Und mit diesem Ansatz wird Verletzlichkeit zu einem Konzept, das sich an den Bedürfnissen von Menschen und nicht an Kosten und Nutzen orientiert und den Weg für eine »radikale Inklusion« ebnet, wie sie die Journalistin Hannah Wahl fordert. Eine Inklusion also, die die Frage nach der Verwertbarkeit von Arbeitskraft und Leistungsfähigkeit verweigert, weil jeder Mensch als gleichberechtigter Teil der Gesellschaft betrachtet wird. Und das wiederum bedeutet ein Ende der Auslese, weil es in dieser Idealvorstellung keine Aufrechnung zwischen behinderten und nichtbehinderten Menschen mehr gibt oder die Notwendigkeit, eine Finanzierung von Inklusion zu rechtfertigen. Die Frage ist dann nicht mehr, ob man sie finanzieren kann, sondern nur noch, wie.

Halten wir fest: Mit Verletzlichkeit als Gesellschaftsprinzip wird unser Menschsein in den Mittelpunkt eines zugewandten und damit friedvollen Miteinanders gestellt, weil sich damit alle angenommen und zufrieden fühlen können. Es ist ein Ziel, das sich mit dem einer sogenannten Care-Revolution und

Inklusionsfreiheit verknüpfen lässt. Die konzeptuell ebenfalls den Weg zu einer fürsorglichen und verbundenen Gesellschaft ebnen wollen, die keine Profitmaximierung und Leistung, sondern menschliche Bedürfnisse und ein Füreinander ins Zentrum stellt. »Ich bin nur frei, wenn meine Freiheit auf der Freiheit der anderen aufbaut«, ist für den Soziologen Simon Sutterlütti und Stefan Meretz, Mitbegründer des Commons-Instituts, das Motto der sogenannten Inklusionsfreiheit. Die menschliche Freiheit ist demnach exklusiv, wenn Menschen ihre Bedürfnisse auf Kosten anderer leben. Oder inklusiv, wenn sie die Bedürfniserfüllung anderer miteinbezieht. Freiheit wird demnach vom »Selbst« her gedacht, das es zu entfalten gilt. Und weil diese Entfaltung nie abgeschlossen ist, muss folglich auch Freiheit permanent erarbeitet werden. Sie ist kein Besitz.

Dieser Gedanke steht im Gegensatz zur Annahme eines kapitalistisch geprägten Freiheitsbegriffs, bei dem die Freiheit der anderen eher eine Gefahr für die eigene darstellt, da sie das Erfüllen meiner Bedürfnisse einschränken kann. Weshalb es auch einer entsprechenden Moral und staatlichen Intervention bedarf, um Menschen davon abzuhalten, ihre Freiheit übermäßig und damit auf Kosten anderer zu erweitern. Und es dafür auch ein Miteinander braucht, bei dem Menschen sich nicht als Konkurrierende wahrnehmen, sondern eine gegenseitige Verantwortung spüren. Zu der wiederum auch die Aufarbeitung vergangener Verbrechen an Menschen zählt.

»Keine Zukunft ohne Versöhnung«, erklärte einst der Friedensnobelpreisträger Desmond Tutu, der Ubuntu-Philosophie folgend. Als er von einer neuen Welt und einer reiferen Menschheit träumte, in der alle ihr Potenzial leben und entwickeln können, aber auch das der anderen (an-)erkennen. In der das Wohl aller in Einklang gebracht wird und es neben dem

Bestreben, individuelle Ziele zu verfolgen, gleichzeitig auch um die Verantwortung für andere, das Klima und die Umwelt geht.

Wie aber lässt sich diese Inklusionslogik als Prinzip durchsetzen, wenn es in unserer Gesellschaft immer wieder um die Frage persönlicher Freiheit geht und deren mögliche Einschränkung durch andere? Unter welchen Bedingungen passiert die individuelle Entfaltung nicht zulasten der Entfaltung anderer? Wie lassen sich also Ausbeutung, Unterdrückung und Herrschaft zukünftig ausschließen?

Es sind die großen Fragen, die die Inklusionsfreiheit damit beantwortet, dass die eigene Freiheit und die der anderen positiv aufeinander rückwirken. Was befreiend für alle wäre. Darum sehnen sich die wahrhaft Freien nach anderen Freien, wie Sutterlütti und Meretz erklären. Und Menschen, die andere unterwerfen müssen, um sich frei zu fühlen, die sind eigentlich gar nicht frei. Weil sie die Unterschiede der anderen zu sich selbst nicht anerkennen und damit auch nicht die verschiedenen Formen identifizieren können, in denen sich Freiheit realisieren lässt. In der der freie Mensch ermutigt und der Unfreie entmutigt wird. Freie Menschen sind also offen für andere, während Unfreie nur ihresgleichen suchen. Verknüpft man diesen Gedanken mit den Äußerungen der bereits zitierten Literaturwissenschaftlerin Audre Lorde, dann ist ohnehin niemand frei, solange es die anderen noch nicht sind. Womit Gerechtigkeit zu unserer gesellschaftlichen Freiheit wird und gleichzeitig die Bedingung dafür ist. Es ist eine Gerechtigkeit, für die sich Menschen bewusst entscheiden müssen, um damit die Basis für eine Gesellschaft der Gegenseitigkeit zu schaffen. Um die es jetzt abschließend gehen soll.

Gesellschaft der Gegenseitigkeit

Wir müssen schnell damit anfangen,
von einer »sachorientierten« Gesellschaft
zu einer »personenorientierten« Gesellschaft zu kommen
[…]

Eine echte Revolution der Werte
wird uns bald dazu bringen,
dass wir die Redlichkeit und Berechtigung
mancher unserer vergangenen und gegenwärtigen
politischen Maßnahmen infrage stellen […]

Wir leben in einer revolutionären Zeit.
Auf der ganzen Erde erheben sich die Menschen
gegen die alten Systeme
der Ausbeutung und Unterdrückung,
und aus dem Schoß einer gebrechlichen Welt erwachsen
neue Systeme der Gerechtigkeit und der Gleichheit […]

Eine echte Revolution der Werte
meint in letzter Konsequenz,
dass unsere Treueverpflichtungen weltweit werden müssen,
nicht regional beschränkt bleiben dürfen […]

Dieser Ruf zu einer weltweiten Gemeinschaft […]
ist in Wirklichkeit ein Ruf
nach einer allumfassenden und bedingungslosen Liebe
für alle Menschen. […]
Ich spreche von jener Kraft,
die alle großen Religionen als das alle Trennungen überwindende Grundprinzip des Lebens angesehen haben.
Man kann sagen,
dass Liebe der Schlüssel ist,
der die Tür zur letzten Wirklichkeit aufschließt.

– Martin Luther King

Sich bewegende, tanzende Körper, die in fließenden Bewegungen miteinander und mit Hilfsmitteln interagieren. Sie zeigen tänzerische Praktiken des gegenseitigen Beobachtens, Reagierens und Sich-Einfühlens in die Körperlichkeit des Gegenübers. Es ist eine Arbeit der fünf Tanzschaffenden Anajara Amarante, Dodzi Dougban, Irene Gíro, Rita Mazza und Kübra Sekin, die ich im Mousonturm in Frankfurt am Main erlebe. Sie präsentieren die Ergebnisse ihres einwöchigen Residenzprogramms *Labor für Tauben- und Behindertenkultur im Tanz*. Es ist ein Abend in deutscher Laut- und Gebärdensprache, mit Audiodeskription, bei dem das behinderte und nichtbehinderte Publikum wahlweise auf Stühlen sitzend oder in Sitzkissen liegend eine Performance erlebt, die mit normierten Vorstellungen von Bewegung und Wahrnehmung bricht, sie erweitert und unterwandert.

Crip-Technik beschreibt Ausdrucksmöglichkeiten für behinderte Körper. Sie geht auf den englischen Ausdruck für die negativ besetzte Bezeichnung für behinderte Menschen zu-

rück, die in den 60ern durch die Krüppelbewegung positiv umgedeutet werden sollte. Cripping ist eine inkludierende Praxis, die behinderte Tänzer*innen vom Druck befreit, einen nichtbehinderten Körper nachzuahmen, der oft in Kulturstätten und Theaterhäusern zu verspüren ist, weil diese die Zusammenarbeit mit behinderten Künstler*innen nicht gewohnt sind. So will beispielsweise die schottische Performancekünstlerin Claire Cunningham, die mit Krücken tanzt und als Professorin Choreography, Dance and Disability Arts am Hochschulübergreifenden Zentrum Tanz Berlin (HZT) lehrt, dafür sorgen, dass sich mehr behinderte Kulturschaffende an entsprechenden Hochschulen bewerben und es dann wie sie selbst auf die großen Bühnen schaffen.

Worum geht es mir mit diesen Beispielen? Um Zusammenarbeit und wie diese erreicht werden kann. Es gibt dazu viele Möglichkeiten. Beispielsweise formulieren einige behinderte Kulturschaffende sogenannte Access Rider, also Dokumente, durch die sich die Kulturstätten mit den unterschiedlichen Bedürfnissen nach Zugängen vertraut machen können. So können die wichtigsten Voraussetzungen für eine gemeinsame, zugängliche und barrierefreie Arbeitsbeziehung vorab geklärt werden, sodass sich alle Beteiligten von Beginn an gut und sicher im Umgang miteinander fühlen. Es geht darum, im Vorfeld die wichtigsten Fragen und das Setting zu klären. Welche Kommunikationsmethode braucht es für die Zusammenarbeit? Werden persönliche oder digitale Treffen bevorzugt? Was muss bei Reisen beachtet werden? Oder: Welche Zugangskosten für die Arbeit sollten einkalkuliert werden?

Für ein besseres Verständnis hat Romily Walden, ein*e transdisziplinär arbeitende*r Künstler*in mit queerer Perspektive einen Erklärtext, eine Art Leitfaden formuliert, der als

Wissensvermittlung für nichtbehinderte Menschen und unterstützendes Hilfsmittel für behinderte Menschen dient, um sie mit dem Konzept von Access Ridern vertraut zu machen. Die ein Beispiel dafür sind, wie ein gegenseitiges Bewusstsein für die unterschiedlichen Zugangsbedarfe von Menschen entwickelt werden kann. »Zudem verhindern sie, in medizinische Diagnosen abzurutschen, wenn es beispielsweise im Dokument eine Übersicht in Themenabschnitten mit einem kurzen Überblick über die eigene Person gibt, wie Walden rät. Zum Beispiel: ›Ich bin ein gehfähiger Rollstuhlfahrer.‹ Oder: ›Ich lebe mit einer Behinderung, die mein Energielevel und meine Mobilität beeinträchtigt.‹«

Im gegenseitigen Austausch über Bedürfnisse für ein achtsames Miteinander wird auch das Thema Zeit einkalkuliert. Genauer gesagt Crip Time, die traditionelle Zeitnormen infrage stellt. Weil sie erklärt, inwiefern es eine Wahrnehmung braucht, bei der unterschiedliche Geschwindigkeiten, Bedürfnisse und Anpassungen von Menschen bedacht werden. Im Grunde macht der Begriff darauf aufmerksam, dass alle Menschen unterschiedlich viel Zeit für alltägliche Abläufe brauchen und dass behinderte Menschen dafür oft mehr Zeit einplanen müssen als nichtbehinderte. Crip Time hebelt das kapitalistische Ideal aus, dass alle gleich »funktionieren«, mobil und verfügbar sein müssen. Und stellt ganz generell die Frage, wer das überhaupt will.

Crip Time etabliert eine neue Zeitgerechtigkeit, die es in unserem Alltag dringend braucht. Weil sie gleichzeitig auch die Frage stellt, warum so viele Menschen in unserer Leistungsgesellschaft zu wenig Zeit haben. Weshalb auch die Frage ist: Warum nehmen wir uns die Zeit nicht? Oder anders gefragt: Was nimmt uns die Zeit? Die ungerechte Verteilung von Zeit

für bestimmte gesellschaftliche Gruppen ist ein Problem, das ein demokratischer Staat mit zu lösen hat, wie die Autorin Teresa Bücker erklärt. Denn: Wie wir mit unserer Zeit umgehen, ist kein unveränderbarer Zustand.

In ihrem Buch *Alle_Zeit* zeichnet sie ein hoffnungsvolles Bild von einer Gesellschaft, die den Umgang mit dieser neu gestalten kann. Sie erklärt, dass wir alle dafür Sorge tragen müssen, dass jedem Menschen ein würdevolles Leben ermöglicht wird. Menschen können sich also hinter dem Begriff einer gerechten Zeitkultur versammeln und Forderungen an die Politik stellen. Mit Blick auf das Konzept der Crip Time zeigt sich, wie entscheidend es ist, dass Staaten, Städte und Institutionen ihre Struktur und Abläufe auf ein neues Zeit- und Zugangsverständnis ausrichten. Es wird also Zeit, unsere Perspektive dahingehend zu erweitern und die Welt nicht nur aus den Augen nichtbehinderter Menschen zu sehen.

Wie das geht, zeigen praktische Perspektivverschiebungen. Zum Beispiel wenn eine Taube Kuratorin zur Mitarbeit in einer Kulturstätte einlädt und die hörenden Menschen sich eine Dolmetscherin mitbringen müssen, um teilnehmen zu können, wie es Performancekünstler*in und Gebärdensprachchoreograf*in Rita Mazza bei der Abendveranstaltung im Mousonturm anekdotisch erzählt. Und das Publikum noch von anderen, kleinen, feinen Beispielen erfährt, die zeigen, wie eine Balance und damit Teilgabe zwischen behinderten und nichtbehinderten Menschen in einer Zusammenarbeit konkret hergestellt werden kann. Was bedeutet, dass alle Menschen sich aktiv beteiligen und ihre Perspektiven in verschiedensten Kontexten einbringen können. Weil das erst Teilgabe ermöglicht. Und es einen Unterschied zwischen dem »Geben autonomer« und dem »Gewähren kontrollierter Räume« gibt, wie Theaterwissenschaftler*in

Noa Winter erklärt. Winter kritisiert, dass im deutschsprachigen Raum behinderte und Taube Künstler*innen inzwischen zwar mehr wahrgenommen werden als früher, aber es auffällig sei, dass die Produktionen selbst in der Regel von nichtbehinderten Personen organisiert werden. Es selten Räume gebe, in denen die Entscheidungsmacht bei behinderten Kulturschaffenden liege. Und diejenigen, die diesen Zustand kritisierten, oft Argumente hörten wie: »Wir sind noch nicht so weit. Das braucht Zeit.« Weshalb Winter fordert, sich diese Zeit zu nehmen, über die meistens nichtbehinderte Menschen bestimmen. Denn nur dann kann eine Zusammenarbeit in Hierarchien abgeschafft werden.

Winter hat zusammen mit der Tänzerin Tanja Erhart und der Koordinatorin für Barrierefreiheit Lea Gockel das Tanzlabor im Mousonturm kuratiert, über das ich zu Anfang dieses Kapitels schrieb. Das gezeigt hat, dass Anforderungen für Barrierefreiheit keine Verhandlungsbasis sein müssen und nicht von der Einsatzkraft behinderter Menschen abhängen sollten. In einer Gesellschaft der Gegenseitigkeit geht es nämlich darum, sich in die Gegenseite hineinversetzen zu lernen und deren Anliegen zu den eigenen zu machen. Also beispielsweise als nichtbehinderter Mensch barrierefreie Angebote einzufordern, weil es in unserer jetzigen Gesellschaft einen Unterschied macht, ob die identische Forderung von einem behinderten Menschen oder einem nichtbehinderten gestellt wird. Es geht also nicht darum, »für« andere zu sprechen, sondern mit ihnen und in ihrem Sinne. Sie mitzudenken und damit zu Wort kommen zu lassen. Weil wir Möglichkeiten suchen sollten, auch wenn nicht immer alles möglich ist.

Welchen Unterschied macht es zum Beispiel, dass ich das alles hier als nichtbehinderte Person schreibe? Oder wenn

wahlweise eine *weiße* Person sich gegen rassistische Routinen einsetzt oder eine nichtqueere Person für queere Rechte? Die Idee der Gegenseitigkeit beinhaltet auch, sich füreinander starkzumachen. Denn schlussendlich müssen alle gemeinsam überlegen, wie sie zusammen leben oder arbeiten wollen und dabei achtsam miteinander sein können. Es ist ein Prozess, den Gerechtigkeitsforscherin und Erziehungswissenschaftlerin Simone Danz als »Ent-hinderung« umschreibt. Deren Forschungsansatz den Abbau von Barrieren und eine menschenrechtsbasierte Bildung zum Ziel hat, die sie als kontinuierliche Aufgabe verstanden und verankert wissen will. Bei der alle Menschen in ihren Potenzialen befähigt werden und ein solidarisches Bewusstsein und Wissen über Privilegien in sich tragen und darum kein Problem haben, auch mal auf etwas zu verzichten. Was auch eine nachhaltige Lebensweise bedeutet, weil ein sozial gerechter Zustand nur durch eine gerechte Verteilung garantiert werden kann, der auch die Grenzen unseres Planeten anerkennt, wie Danz schreibt.

Ent-hinderung erweitert das Konzept der Inklusion, die Ausschluss vermeiden will und alle teilhaben lässt. Sie möchte nicht nur diese erreichen, sondern auch ein Bewusstsein für Gerechtigkeit und Solidarität in allen Menschen stärken. Ent-hinderung ist für Danz das Gegenteil von Be-hinderung, weil es in dieser Denkrichtung explizit auch um nichtbehinderte Menschen geht, die sie als Adressat*innen ebendieser Ent-hinderung verstanden wissen will.

Ein Ansatz dafür sind beispielsweise (Ver-)Gemeinschaftsprozesse, bei denen es eine ständige gesellschaftliche Aufgabe ist, mögliche Konflikte in ein kooperatives Zusammensein, in ein Prinzip der Gegenseitigkeit, wie ich es für mich deute, zu überführen. Das bedeutet Beziehungsarbeit. »Einigungen«

zwischen Widersprüchen, was Danz »achtsame Zuwendung« nennt. Und dabei an die Praxis der Gewaltfreien Kommunikation (GFK) anknüpft, die dazu befähigt, auch mit fremden Menschen authentisch über Gefühle und Bedürfnisse sprechen zu können, um gemeinsam Lösungen zu finden. Die für mich zum Beispiel aus der Perspektive nichtbehinderter Menschen darin liegt, die eigenen Vorteile zu erkennen und zu nutzen, um behinderte Menschen allerorts miteinzubeziehen oder Platz für sie zu schaffen. Was sich auch »Powersharing« nennt, weil es auf dem Weg zu mehr Gerechtigkeit zunächst einen Ausgleich für gesellschaftliche Nachteile braucht, die über Jahrzehnte geschaffen wurden.

Powersharing ist der Versuch, den anderen einen Platz zu schaffen, damit sie dabei sind. Für ein neues Gleichgewicht. Und für das Ziel einer Gegenseitigkeit sollten in unseren gesellschaftlichen Routinen jetzt endlich auch diejenigen drankommen, die vorher übergangen wurden. Das ist gerecht, aber es gibt mit dem Wunsch nach mehr Gleichberechtigung auch Menschen, die dabei den Eindruck haben werden, dann zu kurz zu kommen, weil sie daran gewöhnt sind, mit ihren Bedürfnissen im Vordergrund zu stehen. Privilegierte Menschen sollten und müssen also entsprechend ihrer Position auch Formen des Verzichts für diese Gegenseitigkeit lernen. Was eine Tatsache ist, die wir zusammen auf ehrliche und transparente Weise besprechen sollten, damit möglichst viele diese Form der Gesellschaft wollen können. Denn wenn wir ehrlich sind, ist Verzicht auch der Grund, warum es vielen so schwerfällt, sich auf Veränderungen zu mehr Gleichberechtigung einzulassen. Sich hinten anstellen zu müssen, löst eben unterschiedliche Gefühle in Menschen aus. Was wiederum zeigt, dass der Wunsch nach Veränderung allein nicht genügt. Sondern es ein dauerhaftes,

beharrliches und konsequentes Einfordern und den Einsatz verschiedener, auch der eigenen Ressourcen braucht. Womit alle gemeint sind, wenn auch in unterschiedlichem Ausmaß in unterschiedlichen Lebensbereichen.

Ja, und wie lange dieser Prozess dauert, das hängt davon ab, wie viele ihn unterstützen und verstehen, dass ich das, was ich heute anderen gebe, morgen vielleicht selbst brauchen kann. Ob ich anerkenne, dass es neben meinen eigenen Bedürfnissen auch die der anderen gibt. Was bedeutet, dass im Verlauf der Veränderung nicht alle das Gleiche bekommen oder geben müssen, weil unsere Bedarfe sich unterscheiden. Darum braucht es auch Vertrauen. Dass durch ein gegenseitiges Geben und Bekommen eine gerechte Umverteilung geschieht, die schlussendlich einen Ausgleich herstellt, mit dem alle gut und gerne (zusammen-)leben können und mit dem, was sie haben, zufrieden sind.

Stellen wir uns dazu eine Art Leitbild vor. Eine emanzipatorische, kinderfreundliche Gesellschaft, in der alle Menschen sich von Anfang an entfalten könnten, um die Menschen zu werden, die sie wirklich sind. In der sie die Zeit dafür bekommen, die insbesondere Kinder brauchen. Wäre das nicht schön und wünschenswert, wenn mehr Menschen die innere Sehnsucht danach entwickelten? Nach einer Gesellschaft der Gegenseitigkeit, in der eine Stimmung herrscht, die es gut mit dem anderen meint? Genau jetzt ist die Zeit, sich allerorts dahingehend auszuprobieren. Einfach alles, was denkbar und machbar ist, umzusetzen, um die, die fehlen, mit einzuschließen. Weil alle Menschen gleich wichtig und wert sind und eine Gesellschaft der Gegenseitigkeit eine ist, in der jeder Mensch ein selbstverständliches Gefühl von Würde erfahren und Zugehörigkeit empfinden sollte.

Zusammen & Sein

Ich bin nicht ohnmächtig,
ich kann nicht gar nichts.
Ich bin nicht allmächtig,
Ich kann nicht alles.
Ich bin teilmächtig.
Ich kann, was ich kann.

– Ruth Cohn

Wie also geht Zusammensein? Nur zusammen. Es ist die Frage und gleichzeitig die Antwort darauf. Darum habe ich dieses Buch auch nicht allein geschrieben, selbst wenn mein Name auf dem Cover steht und ich die meisten Worte darin verfasst habe. Doch habe ich sie mit anderen reflektiert, und Auszüge davon wurden in Einfache Sprache übersetzt. Zusammen haben wir über gemeinsame Wege nachgedacht, und ich bin damit nicht fertig. Darum auch kein Schluss.

Ich werde meine losen Gedanken mit anderen Menschen weiterspinnen und lade dazu ein, weil an einem Zusammensein zu arbeiten, bedeutet, gemeinsam an Lösungen zu feilen und Ungerechtigkeiten freizulegen. Die üblichen Abläufe und Denkweisen zu verändern, heißt, an den eigenen Haltungen und Routinen zu rütteln. Und es gibt dazu den einfachen, ers-

ten Schritt: dass sich behinderte und nichtbehinderte Menschen überall begegnen müssen und nicht nur an Orten, die extra dafür geschaffen wurden.

In meiner Wunschvorstellung sind wir überall in Begegnung. In unserem Alltag, an unseren Arbeits- und Freizeitorten, in Teams, in Klassenräumen oder an gemeinsamen Ausbildungsplätzen. Wir sind dabei *wirklich* in Kontakt, um uns miteinander auseinanderzusetzen und kennenzulernen. Weil Annäherung nur sinnvoll gelingen kann, »wenn allerorts die Gelegenheit besteht, sich anzusehen, sich zu befühlen, sich zu verstecken, sich zu wundern oder zu verstehen, sich aufeinander zu freuen oder es bleiben zu lassen«, wie es Udo Sierck bereits 1989 erklärte. Erst dann wird ein Zusammentreffen auch nichts Besonderes mehr sein, sondern selbstverständlich. Darum basieren echte Beziehungen auch nicht auf vorübergehenden Begegnungen oder wohltätigen Gesten. Weil ein Zusammensein keine kurzfristige Maßnahme ist.

Ja, die Lösung klingt einfach und ist vor allem nicht neu. Kontakt hilft immer, und die Kontakthypothese von Gordon Allport erklärt, wie sich dadurch Vorurteile reduzieren. Was nach ihm besonders dann gut klappt, wenn dabei gemeinsame (kooperative) Ziele verfolgt werden und ein Zusammensein von »Autoritäten« wie dem Staat unterstützt wird. Und Zusammenhalt gelingt, wenn dabei niemand Schaulust erlebt oder selbst schaulustig ist. In konstant wachsenden einander zugewandten Verbindungen entsteht ein echtes Verstehen voneinander und Verständnis füreinander. Weil es wertvoll ist, Erlebnisse zu teilen und dankbar für die Erkenntnisse zu sein, die einem andere Menschen in Begegnungen schenken. So kann auch nur im Kontakt aus Unvertrautem eine tiefergehende Nähe zu denen entstehen, die man nicht kennt.

Ich glaube, dass es, um die Erfahrungen behinderter Menschen aus nichtbehinderter Perspektive zu verstehen, mehr aktiven und absichtlichen Mit-Gefühls in unserer Gesellschaft bedarf. Und dass dieses allein aber nicht genügt, um etwas zu verändern. Weil es neben dem bewussten Fühlen wichtig ist, Wissen über unterschiedliche Lebensrealitäten zu haben, und es vor allem den Willen nichtbehinderter Menschen braucht, ein Zusammensein umzusetzen und systemisch darauf hinzuarbeiten, dass es dazu kommt. Weil sie diejenigen sind, denen ein selbstverständlicher Umgang mit Behinderung fehlt, und wenn sie in machtvollen Positionen sind, entscheiden sie darüber, ob unsere gesellschaftliche Trennung sich auflöst. Darum treibt mich die innere Zuversicht an, dass eine positive Veränderung möglich ist. Die Hoffnung auf eine bessere aller möglichen Welten. Darum wünsche ich mir, dass mehr Menschen nicht mehr gleichgültig sind. Und warum sollte das nicht wahr werden? Denn nur das, was wir uns vorstellen können, kann auch entstehen. Weil wir im Sinne des Lyrikers Bertolt Brechts die Dinge nur erkennen können, indem wir sie verändern. Es liegt jetzt also in unserer Hand, wie flexibel jeder von uns ist und wie sehr wir uns dafür engagieren. Gehen wir es an.

Alle brauchen mal Hilfe

Viele Menschen in der Gesellschaft denken:
Behinderte Menschen brauchen immer Hilfe.
Sie denken, dass behinderte Menschen nicht selber über ihr Leben bestimmen können.
Aber das stimmt nicht.
Menschen können selbstständig sein,
auch wenn sie manchmal Hilfe brauchen.
Man muss nicht immer alles alleine schaffen.
Außerdem brauchen alle manchmal:

- Aufmerksamkeit
- Austausch
- Lob
- Hilfe

Denn jeder Mensch hat Bedürfnisse.

Wir können uns alle gegenseitig helfen:

- Behinderte Menschen können nicht behinderten Menschen helfen.
- Und nicht behinderte Menschen können behinderten Menschen helfen.

Kontakt und Unterstützung tut uns allen gut.
Es hilft uns, besser mit Schwierigkeiten umzugehen.

Vorbild Südafrika

In Südafrika gibt es das Wort „Ubuntu".
Auf Deutsch bedeutet das: „Ich bin, weil du bist."
Das heißt:

- Jeder Mensch darf so sein, wie er ist.
- Wenn es Probleme gibt, suchen wir gemeinsam nach einer Lösung.
- Wir unterstützen uns alle gegenseitig.

Ich wünsche mir eine Gesellschaft, in der wir teilen und füreinander da sind. Das würde uns allen helfen.

Gut zusammenarbeiten

Wenn behinderte und nicht behinderte Menschen zusammenarbeiten, muss man viel beachten.
Zum Beispiel:

- Wie können wir gut kommunizieren? Digital oder persönlich?
- Braucht jemand Hilfsmittel?
- Wie viele Stunden kann jemand arbeiten?

Es ist wichtig, alle Fragen zu klären.
Dafür schreiben viele behinderte Menschen vorher auf, was sie brauchen und können.
Das nennt man auch „Access Rider".
Das ist Englisch und heißt Zugangsdokument.

Dort steht zum Beispiel:

- Ich möchte gerne ein digitales Treffen.
- Ich brauche jemanden,
  der in Gebärdensprache dolmetscht.
- Ich kann 4 Stunden am Tag arbeiten.

Ein Access Rider ist sehr hilfreich.
Denn jeder Mensch braucht andere Dinge.

Zeit für behinderte Menschen

Es gibt viele technische und bauliche Barrieren.
Deshalb brauchen behinderte Menschen
im Alltag oft mehr Zeit.
Zum Beispiel brauchen sie länger,
weil ein Gebäude oder Bus nicht barrierefrei ist.
Oder sie brauchen bei der Arbeit Extra-Zeit
für Ruhe und Erholung.
Dazu sagt man auf Englisch „Crip Time".

Die Gründe dafür sind zum Beispiel:

- eine chronische Krankheit
- eine psychische Behinderung
- eine körperliche Beeinträchtigung

Es ist gut, wenn wir unsere Bedürfnisse
gegenseitig kennen. Dann können wir zusammen
überlegen, was für alle gut ist.

Nicht behinderte Menschen müssen lernen

Solidarität heißt, dass Menschen sich gegenseitig helfen.
Man findet zum Beispiel zusammen Lösungen,
um Barrieren abzubauen.
Nicht behinderte Menschen sollen lernen,
die Situation von behinderten Menschen zu verstehen.
Denn nicht behinderte Menschen haben viele Vorteile.
Für sie ist vieles einfacher.
Zum Beispiel gibt es für sie weniger Barrieren.

Inklusion ist ein Menschenrecht, das für alle gilt.
Das heißt zum Beispiel:

- Behinderte Menschen müssen überall mitsprechen können.
- Nicht behinderte Menschen müssen ihnen die Möglichkeit dazu geben.

Das nennt man auch „Power-Sharing".
Das heißt auf Deutsch: „Macht aufteilen".
Es ist wichtig, dass auch nicht behinderte Menschen
für Inklusion kämpfen.

Wie können wir Inklusion schaffen?

In diesem Buch habe ich mich gefragt:
Wie können behinderte und nicht behinderte Menschen
gleichberechtigt sein?
Ich denke: Wir brauchen mehr Orte,
an denen wir uns kennenlernen können!

Ich wünsche mir, dass nicht behinderte und
behinderte Menschen sich überall treffen können.
Zum Beispiel:

- bei der Arbeit
- in der Freizeit
- in der Schule
- in der Ausbildung

Ich glaube, dass nicht behinderte Menschen
sich dafür verändern müssen.
Sie brauchen mehr Verständnis.

Ich habe die Hoffnung, dass wir zusammen
die Welt verbessern können!

Wie geht es weiter?

Für dieses Buch habe ich viel
mit anderen Menschen gesprochen.
Und wir haben auch viel zusammen nachgedacht.

Auch in Zukunft werden wir darüber nachdenken,
wie wir alle gut teilhaben können.

Ich hoffe, dass durch dieses Buch viele Menschen
über Inklusion sprechen. Und ich wünsche mir,
dass auch in den Medien mehr darüber gesprochen wird.

Mitwirkende dieses Buches

Ash (@Ashducation) ist queer, trans, crip und betreibt kritische Bildungsarbeit und Sensitivity Reading im Bereich Ableismus und Endocissexismus. Ash versucht, sich selbst und andere für unterschiedliche Formen struktureller Gewalt und ihr Zusammenwirken zu sensibilisieren. 2024 hat Ash das Akronym FLINTA im Sammelband *Vielfalt* des Duden Verlags definiert.

Judyta Smykowski, geboren 1989 in Hamburg, studierte Online- und Kulturjournalismus. Sie war Kolumnistin und schulte Redaktionen, Firmen und Drehbuchautor*innen im diskriminierungssensiblen Umgang mit Behinderung. Seit 2023 arbeitet sie als Referentin in der Öffentlichkeitsarbeit. 2024 erschien mit *Wir packen das und sagen was* ihr erstes Kinderbuch.

Kori Klima ist Übersetzerin für Leichte & Einfache Sprache, Kinderbuchautorin, Diversitytrainerin und Inklusionsbeauftragte in der politischen Bildung. Als queerer, in der Armutsklasse sozialisierter Mensch, aber auch als *weißer* Mensch mit Privilegien begleiten sie seit vielen Jahren privat, politisch und beruflich die Themen Antidiskriminierung, Solidarität und Inklusion.

Laura Heidrich arbeitet unter dem Label »einfach *inklusiv« freiberuflich als Übersetzer*in und Dozent*in für Leichte & Einfache Sprache und geschlechtergerechte Kommunikation. Seit über zehn Jahren ist they als *weiße*, nichtbinäre und behinderte Person in der queer-politischen, kink-positiven Bil-

dung aktiv und setzt sich für Tierrechte ein. Als @vegasmus gibt they Einblicke in den Alltag als mehrfachdiskriminierte Person und macht sich vor allem für Destigmatisierung rund um das Thema Mental Health stark.

Worte des Dankes

Liebe ist die Verbindung der Seelen.
Sie beginnt im Nichts und endet im Unendlichen.
Gleich dem Regenbogen
bilden die Gedanken der Erinnerung
eine Brücke
über das Leben hinaus.

Diese Zeilen verbinden mich mit Dir, mein liebes Kind. Denn »ich liebe Dich von hier bis unendlich«. Für Dich und Deine Zukunft in dieser Welt habe ich dieses Buch geschrieben. Möge es etwas in den Menschen bewegen.

Mein Dank an …

Lars, der Du immer an mich glaubst und mir mit diesem Buch so vertraut hast. Ich liebe Dich, und ich liebe es, wie Du Vater bist.

Mama für die bedingungslose Liebe und den Rückenwind, den Du uns schenkst.

unsere Familie für das wärmende Nest und die Sicherheit.

Judyta fürs achtsame Begleiten und Bestärken, dieses Buch zu schreiben, und Deinen so bestärkenden Text.

Ash für Dein feinfühlig-feines Gespür, den tiefen Austausch und die Anmerkungen voller Wissen und Klarheit.

Miriam für Dein Vertrauen und ein meine Worte schärfendes Lektorat.

Kori & Laura für die besondere Zusammenarbeit und Euer wunderbares Buch in diesem Buch.

Alfio fürs Begleiten und den Glauben an mich und meine Gedanken.

Cendrine & Zümrüt für das liebevolle Feedback und das Gefühl der Sicherheit.

Madlen für die Berührtheit, mit der Du meine Worte verstehst.

Insa, Lea und Katrin für die wertvollen Rückmeldungen und Euer Verbündetsein.

Elisabeth, dass Du mir mit dem Besuch in Oberlin den Einblick in eine andere Welt ermöglicht hast.

Eleonore für dieses Gedicht hier, das ich weitertragen darf.

die Menschen in meinem Wohnzimmer, auf unseren Inseln und alle, die dieses Buch gelesen haben: Danke, dass Ihr mitfühlt, versteht und mit verändert, um an einer Gesellschaft der Gegenseitigkeit zu bauen.

Quellenverzeichnis

Vorweg …

James LeBrecht und Nicole Newnham: Crip Camp [Film]. 2020, https://cripcamp.com (zuletzt abgerufen 19. Juni 2024).

Rebecca Maskos und Mareice Kaiser (Hg.): Bist du behindert, oder was? Berlin 2023, S. 23.

bell hooks: Teaching Critical Thinking: Practical wisdom. New York 2010, S. 26.

bell hooks: Teaching to Transgress: Education as the Practice of Freedom. New York 1994, S. 13.

Deutscher Bundestag: Die späte Erinnerung an die Opfer der Euthanasie. 2014, www.bundestag.de/webarchiv/textarchiv/2014/48684060_kw05_holocaust_ausstellung-215036 (zuletzt abgerufen 19. Juni 2024).

Friedrich-Ebert-Stiftung: Mitte-Studie. https://www.fes.de/referat-demokratie-gesellschaft-und-innovation/gegen-rechtsextremismus/publikationen/studien/gutachten (zuletzt abgerufen 02. August 2024).

Ruth Bader Ginsburg: Fight For The Things You Care About. https://www.radcliffe.harvard.edu/news-and-ideas/ruth-bader-ginsburg-tells-young-women-fight-for-the-things-you-care-about (zuletzt aufgerufen: 16. Juli 2024).

Manuela Lenzen: Was ist Sozialdarwinismus? Bundeszentrale für politische Bildung. 20.10.2015, www.bpb.de/themen/rechtsextremismus/dossier-rechtsextremismus/214188/was-ist-sozialdarwinismus/ (zuletzt abgerufen 19. Juni 2024).

Rebecca Maskos: Was heißt Ableism? Überlegungen zu Behinderung und bürgerlicher Gesellschaft. In: arranca!, 43/2010, S. 30–33. https://arranca.org/ausgaben/bodycheck-und-linker-haken/was-heißt-ableism (zuletzt abgerufen 19. Juni 2024).

Michel Friedman: An was soll ich glauben, wenn nicht an uns Menschen. 5. Dezember 2023, www.berliner-ensemble.de/magazin/was-soll-ich-glauben-wenn-nicht-uns-menschen (zuletzt abgerufen 19. Juni 2024).

Raúl Krauthausen: Wer Inklusion will, findet einen Weg. Wer sie nicht will, findet Ausreden. Hamburg 2023, S. 15.
Hartmut Rosa: Beschleunigung. Die Veränderung der Zeitstruktur in der Moderne. Berlin 2012, S. 238.
Theodor W. Adorno und Max Horkheimer: Dialektik der Aufklärung. https://giuseppecapograssi.wordpress.com/wp-content/uploads/2013/08/dialektik_aufklaerung.pdf (zuletzt abgerufen 19. Juni 2024).
Nancy Fraser: Who cares. Die Ausbeutung der Sorgearbeit und ihre Krise. www.blaetter.de/ausgabe/2017/april/who-cares (zuletzt abgerufen 19. Juni 2024).

Kindheiten

Ingeborg Hedderich, Jeanne Reppin und Corinne Butschi (Hg.): Perspektiven auf Vielfalt in der frühen Kindheit. Mit Kindern Diversität erforschen. www.pedocs.de/volltexte/2021/22201/pdf/Hedderich_Reppin_Butschi_2021_Perspektiven_auf_Vielfalt.pdf (zuletzt abgerufen 19. Juni 2024).
Harilyn Rousso: Don't Call Me Inspirational: A Disabled Feminist Talks Back. Philadelphia 2013.
Elsa Sjunneson-Henry und Dominik Parisien: The Disabled People Destroy Science Fiction. www.uncannymagazine.com/article/the-disabled-people-destroy-science-fiction-manifesto/ (zuletzt abgerufen 19. Juni 2024).
Andrea Schöne: Behinderung und Ableismus. Münster 2022, S. 22 und S. 75.
Taiye Selasie: Fragen Sie nicht, woher ich komme, sondern welchen Orten ich mich verbunden fühle. Oktober 2014, www.ted.com/talks/taiye_selasi_don_t_ask_where_i_m_from_ask_where_i_m_a_local?language=de (zuletzt abgerufen 19. Juni 2024).
Amy Zayed: Behindert und Woman of Color: Mein Leben lang ein Alien? 15. Juli 2020, https://dieneuenorm.de/gesellschaft/behinderung-woman-of-color/ (zuletzt abgerufen 19. Juni 2024).
Barrierebrecher auf Instagram. www.instagram.com/barrierebrecher?igshid=YzcxN2Q2NzY0OA%3D%3D (zuletzt abgerufen 19. Juni 2024).
Lucy Seitz: Die »Barrierebrecher« haben in kurzer Zeit viele Fans gewonnen, 10. Juli 2023, https://drw.de/aktuelles/einzelmeldung/die-barriere brecher-haben-in-kurzer-zeit-viele-fans-gewonnen (zuletzt abgerufen 19. Juni 2024).
Udo Sierck: Das Risiko nichtbehinderte Eltern zu bekommen. München 1989, S. 68.
Robel Afeworki Abay: Rassismus und Ableism: Same, Same but Different?

Intersektionale Perspektive und konviviale Visionen auf Erwerbsarbeit in der Dominanzgesellschaft. Bad Heilbrunn 2022, S. 101. www.pedocs.de/volltexte/2022/24524/pdf/AfeworkiAbay_2022_Rassismus_und_Ableism.pdf (zuletzt abgerufen 19. Juni 2024).

Lea Schneider: Scham. Berlin 2021.

raulkrauthausen auf Instagram. www.instagram.com/p/CvCoJC_Idfg/?igshid=MTc4MmM1YmI2Ng== (zuletzt abgerufen 19. Juni 2024).

Tanja Kollodzieyski: Vom Ende der Dankbarkeit – über gesellschaftlichen Ableismus. 22. März 2021, https://dieneuenorm.de/gesellschaft/ableismus-vom-ende-der-dankbarkeit/ (zuletzt abgerufen 19. Juni 2024).

Herbert Renz-Polster. Interview. Kann man bei Kindern Entwicklungssprünge voraussagen? ZEITmagazin (online). 16. November 2022, https://www.zeit.de/zeit-magazin/2022/47/kinder-entwicklung-spruenge-eltern-erziehung (zuletzt abgerufen 05. August 2024).

Swantje Köbsell und Theresia Degener: Hauptsache, es ist gesund? Weibliche Selbstbestimmung unter humangenetischer Kontrolle. Hamburg 1992.

Barbara Lister: Briefe an die heile Welt. Behinderte schreiben an (sogenannte) Nichtbehinderte. Frankfurt am Main 1981.

Hannah Wahl: Radikale Inklusion. Graz 2023, S. 47.

SchwarzRund und simo tier: Die Modelle der Behinderung. In: Rampe? Reicht! [Podcast]. Staffel 3, Folge 1. 10. Januar 2024, https://rampereicht.de/transkript/folge-1-staffel-3/ (zuletzt abgerufen 19. Juni 2024).

Rebecca Maskos: Was heißt Ableism? Überlegungen zu Behinderung und bürgerlicher Gesellschaft. In: arranca!, 43/2010 S. 30–33. https://arranca.org/ausgaben/bodycheck-und-linker-haken/was-heißt-ableism (zuletzt abgerufen 19. Juni 2024).

Hadija Haruna-Oelker: Die Schönheit der Differenz. München 2022, S. 478–480 ff.

Eckart von Hirschhausen: Viele Ideen kommen in mein Hirn, ohne anzuklopfen. Der Spiegel (online). 13. Oktober 2023, www.spiegel.de/gesundheit/eckart-von-hirschhausen-ueber-adhs-diagnose-viele-ideen-kommen-in-mein-hirn-ohne-anzuklopfen-a-43c44f67-ec58-4128-8dc5-8034954fc9d9 (zuletzt abgerufen 19. Juni 2024).

Samira El Ouassil: Geistige Videospielhalle. Der Spiegel (online). 13. April 2023, www.spiegel.de/kultur/adhs-diagnose-geistige-videospielhalle-kolumne-a-10e0f689-ad3c-4c40-9963-6a406e1edb0b (zuletzt abgerufen 19. Juni 2024).

Angelina Boerger: Kirmes im Kopf. Köln 2023.

Devon Price: Unmasking Autism: The Power of Embracing Our Hidden Neurodiversity. New York 2022, S. 62.

Jim Sinclair: Don't mourn for us. In: Autism Network International. News-

letter, Our Voice, Vol. 1, Nr. 3, 1993, https://philosophy.ucsc.edu/SinclairDontMournForUs.pdf (zuletzt abgerufen 19. Juni 2024).
Rumi, zitiert aus: Marshall B. Rosenberg: Gewaltfreie Kommunikation. Paderborn 2003, https://gutezitate.com/zitat/168425 (zuletzt abgerufen 19. Juni 2024).
Rebecca Maskos: Was heißt Ableism? Überlegungen zu Behinderung und bürgerlicher Gesellschaft. In: arranca!, 43/2010, https://arranca.org/ausgaben/bodycheck-und-linker-haken/was-heißt-ableism (zuletzt abgerufen 19. Juni 2024).
Mika Murstein: I'm a queerfeminist Cyborg, that's okay. Gedankensammlung zu Anti/Ableismus. Münster 2018.
ZDF: Wette »Skateboard« (Kinderwette) [Video]. 25.11.2023, www.zdf.de/show/wetten-dass/wette-skateboard-100.html (zuletzt abgerufen 19. Juni 2024).
fraugehlhaar auf Instagram. www.instagram.com/reel/CoHNwT7soDS/?igshid=MTc4MmM1YmI2Ng%3D%3D (zuletzt abgerufen 19. Juni 2024).
Heike Raab: Glossar. 2020, S. 109, https://kups.ub.uni-koeln.de/52364/1/Reader%20Intersektionalit%C3%A4t_Endversion%20barrierearm.pdf (zuletzt abgerufen 05. August 2024).
Hand.drauf auf Instagram: Kennt ihr Black ASL? www.instagram.com/reel/Cxm-gbwrp8o/?igshid=MTc4MmM1YmI2Ng%3D%3D (zuletzt abgerufen 19. Juni 2024).
BR Fernsehen: Rassismus. Welche Erfahrungen machen taube Menschen? In: Sehen statt Hören, 17. Juni 2023, www.ardmediathek.de/video/Y3JpZDovL2JyLmRlL3ZpZGVvL2RiMDJhYmMxLTkwOWUtNDNlMCo4MzhlLTJlOGZmOTVjZDBhYQ (zuletzt abgerufen 19. Juni 2024).
Theaterhaus Berlin: Vita Dodzi Dougban. https://kuyumarts.de/de/dodzi-dougban-2/ (zuletzt abgerufen 19. Juni 2024).
Heinrich Böll: Wir kommen weit her: Gedichte. Göttingen 1986.
Tyler Feder: Körper sind toll. Cottbus 2022.
Andrea Schöne: Behinderung und Ableismus. Münster 2022, S. 53.
Mariela George: Es ist Platz für mich da. Frankfurt am Main 2022.
Henri Matisse: Über Kunst. Zürich 2017.
ManuEla Ritz: Adultismus und kritisches Erwachsensein. Münster 2022, S. 18.
Claudia Machold: Kinder und Differenz – eine ethnografische Studie im elementarpädagogischen Kontext. Weinheim 2015, S. 30.
Hadija Haruna-Oelker: Die Schönheit der Differenz. München 2022, S. 53.
Der Paritätische Gesamtverband: Der Paritätische Teilhabebericht 2021. www.der-paritaetische.de/fileadmin/user_upload/Schwerpunkte/Teilhabeforschung/doc/Teilhabebericht-2021_web.pdf (zuletzt abgerufen 19. Juni 2024).

Christiane Hutson: Mehrdimensional verletzbar. Eine Schwarze Perspektive auf Verwobenheiten zwischen Ableism und Sexismus. In: Jutta Jacob, Swantje Köbsell und Eske Wollrad (Hg.): Gendering Disability, Intersektionale Aspekte von Behinderung und Geschlecht. Bielefeld 2014, S. 61–72.
Amy Zayed: Behindert und Woman of Color: Mein Leben lang ein Alien? 15. Juli 2020, https://dieneuenorm.de/gesellschaft/behinderung-woman-of-color/ (zuletzt abgerufen 19. Juni 2024).
Grada Kilomba: Plantation Memories. Episodes of Everyday Racism. Münster 2008, S. 141 ff.
bell hooks: Talking Back: Thinking Feminist, Thinking Black. New York 1989.
Verena Kast: Der Individuationsprozess. https://cgjung.org/der-individuationsprozess/ (zuletzt abgerufen 05. August 2024).
Linda Tuhiwai Smith: Decolonial Methodologies. Research and Indigenous Peoples. London 2008, S. 117.
Janusz Korczak: Wie man ein Kind lieben soll. Göttingen 2018.
Joachim Bauer: Wie wir werden, wer wir sind. München 2019.
Demokratische Erziehung sollte dem Leitbild von Korczaks »Grundgesetz für das Kind« folgen. 6. April 2021, https://spielen-und-lernen.online/kita/demokratische-erziehung-sollte-dem-leitbild-von-korczaks-grundgesetz-fuer-das-kind-folgen/ (zuletzt abgerufen 19. Juni 2024).
Wolfgang Protze: Liedermacher. [Vinyl]. Berlin 1987.
Janusz Korczak: Das Recht des Kindes auf Achtung. Göttingen 1973, S. 29.
Alexander Stärck und Claudia Machold: Kinder und Differenz. Eine ethnografische Studie im elementarpädagogischen Kontext. Wiesbaden 2015, S. 22 und 36. www.pedocs.de/volltexte/2018/15550/pdf/EWR_2015_2_Staerck_Rezension_Machold_Kinder_und_Differenz.pdf (zuletzt abgerufen 19. Juni 2024).
ManuEla Ritz: Adultismus und kritisches Erwachsensein. Münster 2022, S. 63 und 76.
Janusz Korczak: Das Recht des Kindes auf Achtung. München 2002. S. 34.

Inselhopping

Hadija Haruna-Oelker: Die Schönheit der Differenz. München 2022, S. 253.

Niklas Luhmann: Soziale Systeme. Grundriß einer allgemeinen Theorie. Frankfurt am Main 1987.

Janet H. Cho: »Diversity is being invited to the party; inclusion is being asked to dance,« Verna Myers tells Cleveland Bar. 25. Mai 2016, www.cleveland.com/business/2016/05/diversity_is_being_invited_to.html (zuletzt abgerufen 19. Juni 2024).

RedaktionsNetzwerk Deutschland: Studie zeigt: Meiste Spielplätze sind nicht für Kinder mit Behinderung geeignet. 25. Mai 2023, www.rnd.de/familie/zu-wenig-barrierefreie-spielplaetze-in-deutschland-kinder-mit-behinderung-oft-ausgeschlossen-LCUQHUAB5ZLQHAL2ISVYEFFKKE.html (zuletzt abgerufen 19. Juni 2024).

Rebecca Maskos und Mareice Kaiser (Hg.): Bist du behindert, oder was? Berlin 2023, S. 35 ff.

Andrea Schöne: Behinderung und Ableismus. Münster 2022, S. 29.

UNESCO: 2020 Global Education Monitoring Report. https://gem-report-2020.unesco.org (zuletzt abgerufen 19. Juni 2024).

Erwin Wagenhofer: Alphabet [Film]. 2013, www.alphabet-film.com (zuletzt abgerufen 19. Juni 2024).

Udo Sierck: Das Risiko nichtbehinderte Eltern zu bekommen. München 1989, S. 21.

Micha Schiwow: Pressematerial zum Film Alphabet. 20. Februar 2014, www.frenetic.ch/films/946/pro/alphabet-presskit-de.pdf (zuletzt abgerufen 19. Juni 2024).

Netzwerk Artikel 3: Dringende Reform für Beschäftigung außerhalb von Werkstätten für behinderte Menschen nötig. www.nw3.de/index.php/562-dringende-reform-fuer-beschaeftigung-ausserhalb-von-werkstaetten-fuer-behinderte-menschen-noetig?mc_cid=05b86f98e4&mc_eid=c150f24d1f (zuletzt abgerufen 19. Juni 2024).

Ed Greve: Ich wünsche mir, dass Schule aufhört zu existieren – so, wie sie heute ist. In: Rebecca Maskos und Mareice Kaiser (Hg.): Bist du behindert, oder was? Berlin 2023, S. 119.

Patricia Netti, Ines Boban, Andreas Hinz: Ich mache mir einfach mehr Gedanken über die Gesellschaft als über mich. Weinheim 2022, S. 24 ff.

Ständige Konferenz der Kultusminister der Länder in der Bundesrepublik Deutschland: Empfehlungen zur sonderpädagogischen Förderung in den Schulen in der Bundesrepublik Deutschland. Beschluß der Kultusministerkonferenz vom 06.05.1994. www.kmk.org/fileadmin/veroeffentlichungen_

beschluesse/1994/1994_05_06-Empfehlung-sonderpaed-Foerderung.pdf (zuletzt abgerufen 6. Juli 2024).

Gwendolin Bartz: Sonderpädagogischer Förderbedarf. Socialnet, 31. August 2022, www.socialnet.de/lexikon/Sonderpaedagogischer-Foerderbedarf (zuletzt abgerufen 19. Juni 2024).

Celine Schäfer: Wie eine Familie aus Südhessen für Inklusion kämpfen muss. Hessenschau. 19. September 2023, www.hessenschau.de/politik/landtagswahl/check-zur-hessen-wahl-wie-eine-familie-aus-suedhessen-fuer-inklusion-kaempfen-muss-v1,ltw23-inklusion-100.html (zuletzt abgerufen 19. Juni 2024).

Gemeinsam leben Hessen e. V.: Der Nachteilsausgleich. 2021, https://gemeinsamleben-hessen.de/de/dokumente/GemeinsamlebenHessen_Brosch_Nachteilsausgleich.pdf (zuletzt abgerufen 19. Juni 2024).

Stefanie-Lahya Aukongo: Es gab keinen Raum für meine Talente. In: Rebecca Maskos und Mareice Kaiser (Hg.): Bist du behindert, oder was? Berlin 2023, S. 74.

Patricia Netti, Ines Boban, Andreas Hinz: Ich mache mir einfach mehr Gedanken über die Gesellschaft als über mich. Weinheim 2022, S. 27 und 147.

Sir Ken Robinsons und Gerald Hüther: Alphabet Presskit, Frenetic Films. 20. Februar 2014, www.frenetic.ch/films/946/pro/alphabet-presskit-de.pdf (zuletzt abgerufen 19. Juni 2024).

SchwarzRund und simo tier: Die Modelle der Behinderung. In: Rampe? Reicht! [Podcast]. Staffel 3, Folge 1. 10. Januar 2024, https://rampereicht.de/transkript/folge-1-staffel-3 (zuletzt abgerufen 19. Juni 2024).

bell hooks: Buddhism, the Beats and Loving Blackness. Interview mit George Yancy. https://archive.nytimes.com/opinionator.blogs.nytimes.com/2015/12/10/bell-hooks-buddhism-the-beats-and-loving-blackness/ (zuletzt aufgerufen 16. Juli 2024)

Patricia Netti, Ines Boban, Andreas Hinz: Ich mache mir einfach mehr Gedanken über die Gesellschaft als über mich. Münster 2022, S. 164.

ifo Institut: Chancenmonitor 2023. 18. April 2023, www.ifo.de/pressemitteilung/2023-04-18/chancenmonitor-2023-bildungschancen-haengen-stark-vom-elternhaus-ab (zuletzt abgerufen 19. Juni 2024).

Aladin El-Mafaalani: »Es bräuchte klarere Standards«. taz.de. 17. Mai 2023, https://taz.de/Experte-zu-Bildungsungerechtigkeit/!5931958/ (zuletzt abgerufen 6. Juli 2024).

Gabriela Schütz und Ludger Wößmann: Wie lässt sich die Ungleichheit der Bildungschancen verringern? In: ifo Schnelldienst 21/2005, www.ifo.de/publikationen/2005/aufsatz-zeitschrift/wie-laesst-sich-die-ungleichheit-der-bildungschancen (zuletzt abgerufen 19. Juni 2024).

Conny Melzer, David Scheer, Menno Baumann, Markus Gebhardt: Kinder mit Behinderung sind beim Lernen kein Bremsklotz! Der Spiegel (online). 1. November 2022, www.spiegel.de/panorama/bildung/inklusion-an-schulen-kinder-mit-behinderung-sind-beim-lernen-kein-bremsklotz-a-9187483f-d1b6-45a2-a886-cc8bb059c320 (zuletzt abgerufen 6. Juli 2024).

Silke Fokken: Das Gymnasium muss weg. Der Spiegel (online). 22. September 2023, www.spiegel.de/panorama/bildung/das-gymnasium-muss-abgeschafft-werden-a-ce85817d-c090-4028-9423-5c5be10e13ca (zuletzt abgerufen 6. Juli 2024).

Dagmar Hänsel: Sonderpädagogik im Nationalsozialismus. In: Path2in – Lernpfade in die inklusive Pädagogik [Podcast]. 23. Februar 2020, https://path2in.uni-bremen.de/2020/02/23/prof-dr-dagmar-haensel-sonderpaedagogik-im-nationalsozialismus (zuletzt abgerufen 19. Juni 2024).

Brigitte Schumann: Ehemaliger Sonderschüler verklagt das Land NRW. Bildungsklick.de. 8. März 2017, https://bildungsklick.de/schule/detail/ehemaliger-sonderschueler-verklagt-das-land-nrw (zuletzt abgerufen 19. Juni 2024).

Susanne Klein: »Jetzt ist es offiziell, dass ich nicht geistig behindert bin«. SZ.de. 17. Juli 2018, www.sueddeutsche.de/bildung/inklusion-jetzt-ist-es-offiziell-dass-ich-nicht-geistig-behindert-bin-1.4058140 (zuletzt abgerufen 19. Juni 2024).

Hessisches Amtsblatt: Studie zur Umsetzung der schulischen Inklusion von 2021 auf Basis der Mikrozensusdaten. https://hessisches-amtsblatt.de/wp-content/uploads/online_pdf/pdf_2021/11_2021.pdf (zuletzt abgerufen 19. Juni 2024).

Judith Feige: Das Recht auf Partizipation in der Bildung – eine kinderrechtliche Perspektive. In: Miriam Grüning, Sabine Martschinke, Julia Häbig, Sonja Ertl (Hg.): Mitbestimmung von Kindern. Grundlagen für Unterricht, Schule und Hochschule. Weinheim 2022, S. 40–55.

Hadija Haruna-Oelker: Die Schönheit der Differenz. München 2022, S. 372.

Nico Leonhardt, Anne Goldbach, Lucia Staib, Saskia Schuppener: Machtvolle Schule. Einführung in das Buch. 2023, www.pedocs.de/volltexte/2023/26149/pdf/Leonhardt_et_al_2023_Machtvolle_Schule.pdf (zuletzt abgerufen 19. Juni 2024).

Tillmann Nöldeke: Der Fall Nenad zeigt auf: Das sonderpädagogische Verfahren bedarf einer echten Reform – ein Kommentar. News4Teachers. 18. Juli 2018, www.news4teachers.de/2018/07/der-fall-nenad-zeigt-auf-das-sonderpaedagogische-verfahren-bedarf-einer-echten-reform-ein-kommentar (zuletzt abgerufen 19. Juni 2024).

News4Teachers: »Etikettierungsschwemme« bei der Inklusion: Warum es in Deutschland immer mehr Schüler mit der Diagnose »Förderbedarf« gibt. 28. Juni 2019, www.news4teachers.de/2019/06/etikettierungsschwemme-bei-der-inklusion-warum-es-in-deutschland-immer-mehr-schueler-mit-der-diagnose-foerderbedarf (zuletzt abgerufen 19. Juni 2024).
Julia Lorenz: Zu wenig Plätze an Förderschulen. Frankfurter Neue Presse. 5. Juni 2024, www.fnp.de/frankfurt/zu-wenig-plaetze-an-foerderschulen-93110155.html (zuletzt abgerufen 19. Juni 2024).
Sebastian Steinmetz, Michael Wrase, Marcel Helbig, Ina Döttinger: Die Umsetzung schulischer Inklusion nach der UN-Behindertenrechtskonvention in den deutschen Bundesländern. Baden-Baden 2021, S. 241. www.nomos-elibrary.de/10.5771/9783748924401.pdf?download_full_pdf=1 (zuletzt abgerufen 19. Juni 2024).
Angela Davis: I am no longer. www.goodreads.com/quotes/7767240-i-am-no-longer-accepting-the-things-i-cannot-change (zuletzt abgerufen 1. Juli 2024).
Nordstadtblogger: Aktion: Gemeinsam gegen Bildungs- und Teilhabe-Benachteiligung in der Nordstadt! 30. April 2023, www.nordstadtblogger.de/aktion-gemeinsam-gegen-bildungs-und-teilhabe-benachteiligung-in-der-nordstadt/ (zuletzt abgerufen 6. Juli 2024).
Vera Schroeder: »Das Schlimmste ist, wie allein wir mit alledem sind«. SZ.de. 12. Februar 2022, www.sueddeutsche.de/wissen/schattenfamilien-corona-risikokinder-1.5526218 (zuletzt abgerufen 6. Juli 2024).
Marlen Busse: Kein Grund für Optimismus: Aladin El-Mafaalani rechnet mit Bildungssystem ab. Neue Osnabrücker Zeitung. 9. November 2023, www.noz.de/lokales/osnabrueck/artikel/aladin-el-mafaalani-im-interview-bildungssystem-in-der-krise-45636375 (zuletzt abgerufen 6. Juli 2024).
Deutsches Institut für Menschenrechte: Inklusive Bildung ist ein Menschenrecht. 10. September 2017, www.institut-fuer-menschenrechte.de/fileadmin/Redaktion/Publikationen/Position_10_Inklusive_Bildung.pdf (zuletzt abgerufen 19. Juni 2024).
United Nations: Convention on the Rights of Persons with Disabilities. 3. Oktober 2023, https://tbinternet.ohchr.org/_layouts/15/treatybodyexternal/Download.aspx?symbolno=CRPD%2FC%2FDEU%2FCO%2F2-3&Lang=en (zuletzt abgerufen 19. Juni 2024).
Bundesministerium für Arbeit und Soziales: Umsetzung der UN-Behindertenrechtskonvention. Deutschland ist auf einem guten Weg. 31. August 2023, www.bmas.de/DE/Service/Presse/Meldungen/2023/umsetzung-der-un-behindertenrechtskonvention.html (zuletzt abgerufen 19. Juni 2024).
Monitor: Inklusion an Schulen: Wie Kinder »behindert« gemacht werden.

19. Januar 2023, https://www1.wdr.de/daserste/monitor/sendungen/inklusion-154.html (zuletzt abgerufen 19. Juni 2024).

Netzwerk Artikel 3: Schattenübersetzung – Übereinkommen über die Rechte von Menschen mit Behinderungen. 2018, https://oi-gesellschaft.de/wp-content/uploads/2020/02/BRK-Schattenuebersetzung-3-Auflage-2018.pdf (zuletzt abgerufen 19. Juni 2024).

Netzwerk Artikel 3: UN-Behindertenrechtskonvention – Schattenübersetzung. www.netzwerk-artikel-3.de/index.php?view=article&id=93:international-schattenuebersetzung (zuletzt abgerufen 19. Juni 2024).

Rebecca Maskos und Mareice Kaiser (Hg.): Bist du behindert, oder was? Berlin 2023, S. 30.

Hannah Wahl: Radikale Inklusion. Graz 2023, S. 81 ff.

Rolf Haubl: Behindertenfeindlichkeit – narzisstische Abwehr der eigenen Verletzlichkeit. In: Irmtraud Schnell (Hg.): Herausforderung Inklusion. Theoriebildung und Praxis. Bad Heilbrunn 2015, S. 103–115. http://klinkhardt.ciando.com/img/books/extract/3781554031_lp.pdf (zuletzt abgerufen 19. Juni 2024).

Benjamin Edelstein und Joanna Blanck: Ausbruch aus der Sonderschule. taz.de. 23.11.2014, https://taz.de/Inklusion-in-Deutschland/!5028306/ (zuletzt abgerufen 19. Juni 2024).

Patricia Netti, Ines Boban, Andreas Hinz: Ich mache mir einfach mehr Gedanken über die Gesellschaft als über mich, Weinheim 2022, S. 38.

GEW: Eine für alle – Die inklusive Schule für die Demokratie. www.gew.de/inklusion/eine-schule-fuer-alle (zuletzt abgerufen 19. Juni 2024).

GEW: Eine für alle – Die inklusive Schule für die Demokratie. Erklärung zum Kongress am 26./27.9.2016 in Frankfurt. www.gew.de/index.php?eID=dumpFile&t=f&f=48472&token=568b2057f1dca3b4550c4e515600bdb34734ec71&sdownload=&n=Frankfurter_Erklaerung_final.pdf (zuletzt abgerufen 19. Juni 2024).

Marianne Demmer: 1920–2020 Schulreform in Deutschland. Eine (un)endliche Geschichte?! In: GEW: Eine für alle – Die inklusive Schule für die Demokratie. Schriftenreihe, Heft 7, S. 143 ff., www.gew.de/index.php?eID=dumpFile&t=f&f=106804&token=0e9aa918d55da850038oe7bcf56432e42565e15f&sdownload=&n=7-Schriftenreihe-Eine-fuer-alle-Nr.7-Marianne-Demmer.pdf.pdf (zuletzt abgerufen 19. Juni 2024).

Jutta Schöler: Eine Schule für alle. In: Raúl Krauthausen: Wer Inklusion will, findet einen Weg. Wer sie nicht will, findet Ausreden. Hamburg 2023, S. 90.

Malte von Ebner Eschbach: Doing Difference – Die Reflexion auf Unterscheidungen als Ansatz Politischer Erwachsenenbildung. 2016, www.pedocs.de/volltexte/2016/12333/pdf/Erwachsenenbildung_28_2016_

EbnervonEschenbach_Doing_difference.pdf (zuletzt abgerufen 19. Juni 2024).

Rebecca Maskos und Mareice Kaiser (Hg.): Bist du behindert, oder was? Berlin 2023, S. 98 und 103.

Aladin El-Mafaalani: Mit einer halben Stelle zusätzlich für Schulsozialarbeit ist es nicht getan. 28. Juni 2023, https://deutsches-schulportal.de/bildungswesen/aladin-el-mafaalani-multiprofessionelle-teams-mit-einer-halben-stelle-zusaetzlich-fuer-schulsozialarbeit-ist-es-nicht-getan/ (zuletzt abgerufen 19. Juni 2024).

Reinhardt Stähling: »An den Kindern kann es nicht liegen!« – Über die Aussonderung der Armen in Deutschland. 2007, www.pedocs.de/volltexte/2019/17634/pdf/GSV_2007-Staehling-An_den_Kindern_kann_es_nicht_liegen-Ueber_die_Aussonderung_der_Armen_in_Deutschland.pdf (zuletzt abgerufen 19. Juni 2024).

Joel Goldberg: It Takes A Village To Determine The Origins Of An African Proverb. 30. Juli 2016, www.npr.org/sections/goatsandsoda/2016/07/30/487925796/it-takes-a-village-to-determine-the-origins-of-an-african-proverb (zuletzt abgerufen 19. Juni 2024).

Arthur Chan: Diversity is a Fact. https://www.linkedin.com/posts/arthurpchan_diversity-is-a-fact-equity-is-a-choice-activity-670912271991875584o-WU76 (zuletzt abgerufen 05. August 2024).

Désirée Pekaou: Barrieren machen fett. Die Neue Norm – das Magazin. Kolumne. 1. Juli 2021, https://dieneuenorm.de/gesellschaft/barrieren-machen-fett/ (zuletzt abgerufen 19. Juni 2024).

Kassandra Ruhm: Um wessen Nutzen geht es? BIZEPS Nachrichtendienst. 12. Februar 2018, www.bizeps.or.at/um-wessen-nutzen-geht-es/ (zuletzt abgerufen 19. Juni 2024).

Raúl Krauthausen: Wer Inklusion will, findet einen Weg. Wer sie nicht will, findet Ausreden. Hamburg 2023, S. 95–96.

Deutscher Bundestag: Antwort der Bundesregierung. Qualifizierung in Werkstätten für behinderte Menschen und Übergangsmöglichkeiten auf den allgemeinen Arbeitsmarkt. 7. Juni 2017, https://dserver.bundestag.de/btd/18/126/1812680.pdf (zuletzt abgerufen 19. Juni 2024).

Netzwerk Artikel 3: Dringende Reform für Beschäftigung außerhalb von Werkstätten für behinderte Menschen nötig. www.nw3.de/index.php/562-dringende-reform-fuer-beschaeftigung-ausserhalb-von-werkstaetten-fuer-behinderte-menschen-noetig?mc_cid=05b86f98e4&mc_eid=c150f24d1f (zuletzt abgerufen 19. Juni 2024).

Bundesministerium für Arbeit und Soziales: Studie zu einem transparenten, nachhaltigen und zukunftsfähigen Entgeltsystem für Menschen mit Behinderungen in Werkstätten für behinderte Menschen und deren

Perspektiven auf dem allgemeinen Arbeitsmarkt. Abschlussbericht. September 2023, www.bmas.de/DE/Service/Publikationen/Forschungsberichte/fb626-entgeltsystem-wfbm.html (zuletzt abgerufen 19. Juni 2024).
Ottmar Miles-Paul: Zündeln an den Strukturen. E-Book. 2023, www.epubli.com/shop/zuendeln-an-den-strukturen-9783757579760
53 ° Grad Nord – Agentur und Verlag: Newsletter. EU-Parlament empfiehlt Umbau von Werkstätten und Stärkung von Alternativen. www.53grad-nord.com/fileadmin/newsletter-archiv/dokumente/newsletter2021/KW13/21-03-04.html (zuletzt abgerufen 19. Juni 2024).
Chris Schneidewind: »Eine Inhaftnahme« – Langensiepen prangert Arbeitsverhältnisse für Behinderte in Deutschland an. RedaktionsNetzwerk Deutschland. 1. Oktober 2022, www.rnd.de/wirtschaft/kein-mindestlohn-fuer-behinderte-menschen-in-werkstaetten-katrin-langensiepen-im-interview-MTNTBLC56BC4JBI6FJ7INME6GI.html (zuletzt abgerufen 19. Juni 2024).
Werkstatträte Deutschland: Stellungnahme zum Abschlussbericht der Studie für ein neues Entgeltsystem in Werkstätten vom BMAS. September 2023, https://www.werkstatträte-deutschland.de/sites/default/files/download-dokumente/wrdstellungnahme-zu-abschlussberichtentgeltstudie.pdf (zuletzt abgerufen 19. Juni 2024).
Rehadat Statistik: Bundesagentur für Arbeit: Arbeitslosigkeit. März 2024, www.rehadat-statistik.de/statistiken/berufliche-teilhabe/arbeits-und-erwerbslosigkeit/arbeitslos-statistik-der-bundesagentur-fuer-arbeit/#:~:text=Arbeitslosenzahlen%20schwerbehinderter%20Menschen.-,Arbeitslosenzahlen,2022%20(%2B1%2C4%20%25 (zuletzt abgerufen 19. Juni 2024).
Bundesagentur für Arbeit: Arbeitsmarktsituation schwerbehinderter Menschen 2022. Mai 2023, https://statistik.arbeitsagentur.de/DE/Statischer-Content/Statistiken/Themen-im-Fokus/Menschen-mit-Behinderungen/generische-Publikation/Arbeitsmarktsituation-schwerbehinderter-Menschen-2022.pdf (zuletzt abgerufen 19. Juni 2024).
Stefan Zapfel: Menschen mit Behinderung am Arbeitsmarkt. Bundeszentrale für politische Bildung. 19. Mai 2023, www.bpb.de/themen/inklusion-teilhabe/behinderungen/521209/menschen-mit-behinderung-am-arbeitsmarkt/#footnote-target-14 (zuletzt abgerufen 19. Juni 2024).

Aufarbeiten

Andreas Hechler: Diagnosen von Gewicht. Innerfamiliäre Folgen der Ermordung meiner als »lebensunwert« diagnostizierten Urgroßmutter. In: Cora

Schmechel, Fabian Dion, Kevin Dudek, Mäks* Roßmöller (Hg.): Gegendiagnose. Beiträge zur radikalen Kritik an Psychologie und Psychiatrie. Münster 2015, S. 143–193.

Esther Bejarano: Nie mehr schweigen. 10. Juli 2023, www.demokratiegeschichten.de/seid-laut-esther-bejarano/ (zuletzt abgerufen 19. Juni 2024).

Ann-Kathrin Müller und Maik Baumgärtner: Höcke sorgt mit Äußerungen zu Schülern mit Behinderung für Entsetzen. Der Spiegel (online). 9. August 2023, www.spiegel.de/politik/deutschland/afd-bjoern-hoecke-entsetzt-mit-aeusserungen-zu-schuelern-mit-behinderungen-a-3f3f98b3-59f5-4e73-97af-67104fe24f9d (zuletzt abgerufen 19. Juni 2024).

Stefan Niggemeier: Hilfe, mein Interviewer brummt. Übermedien. 12. August 2023, https://uebermedien.de/87163/hilfe-mein-interviewer-brummt/ (zuletzt abgerufen 19. Juni 2024).

Ralf Pauli: Inklusion heißt nicht Sonderschule. taz.de. 10. August 2023, https://taz.de/Debatte-um-Hoecke-Aussage/!5949598/ (zuletzt abgerufen 19. Juni 2024).

Aktion Mensch: Inklusion hat die AfD nicht auf der Agenda. www.aktion-mensch.de/inklusion/wahlen/bundestagswahl/analyse-der-wahlprogramme/afd-analyse (zuletzt abgerufen 19. Juni 2024).

Celine Schäfer: Wie eine Familie aus Südhessen für Inklusion kämpfen muss. Hessenschau. 19. September 2023, www.hessenschau.de/politik/landtagswahl/check-zur-hessen-wahl-wie-eine-familie-aus-suedhessen-fuer-inklusion-kaempfen-muss-v1,ltw23-inklusion-100.html (zuletzt abgerufen 19. Juni 2024).

Björn Höcke auf Twitter: Gesunde Gesellschaften haben … 5. Dezember 2023, https://twitter.com/akmo803/status/1732003729472094505 (zuletzt abgerufen 19. Juni 2024).

Volker Mall: Das Kind als Störfall. SZ.de. 8. September 2023, www.sueddeutsche.de/kultur/afd-hoecke-schulen-inklusion-kinderarzt-1.6193512?reduced=true (zuletzt abgerufen 19. Juni 2024).

Heribert Prantl: Inklusion, ein anderes Wort für Demokratie. Kolumne. SZ.de. 17. Februar 2023, www.sueddeutsche.de/meinung/inklusion-demokratie-schulen-sozialstaat-1.5753222 (zuletzt abgerufen 19. Juni 2024).

Andreas Hinz, David Jahr und Robert Kruschel: Inklusion und Rechtspopulismus – Grundlagen, Analysen und Handlungsmöglichkeiten. Weinheim 2023, S. 45.

Marcus Bensmann, Justus von Daniels, Anette Dowideit, Jean Peters, Gabriela Keller: Geheimplan gegen Deutschland. Correctiv. 10. Januar 2024,

https://correctiv.org/aktuelles/neue-rechte/2024/01/10/geheimplan-remigration-vertreibung-afd-rechtsextreme-november-treffen/ (zuletzt abgerufen 19. Juni 2024).

Der Paritätische Gesamtverband: »Es geht uns alle an« – Erklärung gegen Ideologien der Ungleichwertigkeit. 28. August 2023, www.der-paritaetische.de/alle-meldungen/es-geht-uns-alle-an-erklaerung-gegen-ideologien-der-ungleichwertigkeit/ (zuletzt abgerufen 19. Juni 2024).

Beate Krol: Die Geschichte der Eugenik-Verbrechen. planet wissen. 22. März 2022, www.planet-wissen.de/geschichte/nationalsozialismus/nationalsozialistische_rassenlehre/geschichte-der-eugenik-verbrechen-100.html (zuletzt abgerufen 19. Juni 2024).

Andreas Hechler: Stichwort »Eugenik«. In: Klaus Ahlheim und Christoph Kopke: Handlexikon Rechter Radikalismus. Ulm 2017.

Kirsten Achtelik: Selbstbestimmte Norm. Berlin 2018, S. 63 f.

Andreas Schlebach: »Euthanasie«-Programm: Die »Rassenhygiene« der Nationalsozialisten. 29. Januar 2024, www.ndr.de/geschichte/chronologie/Euthanasie-Die-Rassenhygiene-der-Nationalsozialisten,euthanasie100.html (zuletzt abgerufen 19. Juni 2024).

Bundeszentrale für politische Bildung: Vor 80 Jahren: Beginn der NS-»Euthanasie«-Programme. 15. August 2019, www.bpb.de/kurz-knapp/hintergrund-aktuell/295244/vor-80-jahren-beginn-der-ns-euthanasie-programme/ (zuletzt abgerufen 6. Juli 2024).

Ingo Loose: Aktion T4. Die »Euthanasie«-Verbrechen im Nationalsozialismus 1933 bis 1945. https://gedenkort-t4.eu/wissen/aktion-t4 (zuletzt abgerufen 19. Juni 2024).

Maik Baumgärtner und Ann-Kathrin Müller: Die geheimen Chats der NDP-Jugend. Der Spiegel (online). 31. Mai 2024, www.spiegel.de/politik/deutschland/die-geheimen-chats-der-npd-jugend-a-51bf8dd7-3991-44dc-ade5-763ae824a5f6 (zuletzt abgerufen 19. Juni 2024).

Michael Haller und Martin Niggeschmidt (Hg.): Der Mythos vom Niedergang der Intelligenz. Von Galton zu Sarrazin: Die Denkmuster und Denkfehler der Eugenik. Wiesbaden 2012.

Natasha Strobl: Der Hass auf alles Schwache. der Freitag. 30. April 2020, www.freitag.de/autoren/natascha-strobl/der-hass-auf-alles-schwache (zuletzt abgerufen 6. Juli 2024).

ZEIT ONLINE, dpa, ces: Sozialverbände entsetzt über AfD-Anfrage zu Behinderten. 22. April 2018, www.zeit.de/politik/deutschland/2018-04/alternative-fuer-deutschland-kleine-anfrage-bundestag-behinderte-kritik (zuletzt abgerufen 19. Juni 2024).

korientation: Rassismus in der COVID-19-Berichterstattung. www.korientation.

de/projekte/projekte-verein/corona-rassismus-medien/ (zuletzt abgerufen 19. Juni 2024).

Natascha Strobl: Keine Rücksicht auf die Schwachen. nd. 23. Februar 2022, www.nd-aktuell.de/artikel/1161581.sozialdarwinismus-keine-ruecksicht-auf-die-schwachen.html (zuletzt abgerufen 6. Juli 2024).

Andreas Zick und Anna Klein: Fragile Mitte – Feindselige Zustände. Rechtsextreme Einstellungen in Deutschland 2014. Bonn 2014.

Andreas Zick, Beate Küpper, Nico Mokros (Hg.): Die distanzierte Mitte. Rechtsextreme und demokratiegefährdende Einstellungen in Deutschland 2022/23. Bonn 2023.

Max Czollek: »Erinnerungskultur ist zu einer Legitimationsfolie geworden«. Frankfurter Rundschau. 4. Dezember 2023, www.fr.de/kultur/die-deutsche-gesellschaft-hat-einen-ganz-eigenen-mechanismus-entwickelt-92710746.html (zuletzt abgerufen 19. Juni 2024).

Max Czollek: Versöhnungstheater. München 2023.

Andreas Hechler: Diagnosen von Gewicht. Innerfamiliäre Folgen der Ermordung meiner als »lebensunwert« diagnostizierten Urgroßmutter. In: Cora Schmechel, Fabian Dion, Kevin Dudek, Mäks* Roßmöller (Hg.): Gegendiagnose. Beiträge zur radikalen Kritik an Psychologie und Psychiatrie. Münster 2015, S. 179.

Joscha Weidenfeld: Nazi-Angriff auf Wohnheim der Lebenshilfe in Mönchengladbach? 28. Mai 2024, https://www1.wdr.de/nachrichten/rheinland/angriff-wohnheim-moenchengladbach-100.html (zuletzt abgerufen 19. Juni 2024).

United States Holocaust Memorial Museum: Convinced. 12 Years That Shook the World Podcast. 21. April 2021, www.ushmm.org/learn/podcasts-and-audio/12-years-that-shook-the-world/convinced (zuletzt abgerufen 19. Juni 2024).

KSL.Köln: Die Überlebenden der NS-»Euthanasie« ohne gesellschaftlichen Ort. Diskussionsveranstaltung am 7. April 2021. 25. März 2021, https://ksl-koeln.de/de/node/3716 (zuletzt abgerufen 19. Juni 2024).

Götz Aly: All das gehört zum Leben. Der Spiegel (online). 21. April 2013, www.spiegel.de/kultur/all-das-gehoert-zum-leben-a-8749e53f-0002-0001-0000-000092537061 (zuletzt abgerufen 19. Juni 2024).

Götz Aly: Die Belasteten. Euthanasie 1939–1945. Eine Gesellschaftsgeschichte. Lizenzausgabe für die Bundeszentrale für politische Bildung. 2013, S. 15 und S. 293.

Bert-Oliver Manig: Deutschlands Premiere von »Schindlers Liste«. 1. März 2019, www.deutschlandfunkkultur.de/vor-25-jahren-deutschlandpremiere-von-schindlers-liste-100.html (zuletzt abgerufen 19. Juni 2024).

Sudetendeutsches Museum: »Oskar Schindler – Lebemann und Le-

bensretter«. www.sudetendeutsches-museum.de/2024/05/15/oskar-schindler-lebemann-und-lebensretter/#:~:text=Der%20sudetendeutsche%20Unternehmer%20Oskar%20Schindler,vor%20den%20Vernichtungslagern%20oder%20Nationalsozialisten (zuletzt abgerufen 19. Juni 2024).

Rebecca Maskos: Sargau ist Irsee. der Freitag, 10/2017, www.freitag.de/autoren/rebecca-maskos/sargau-ist-irsee (zuletzt abgerufen 19. Juni 2024).

Gen-ethisches Netzwerk: Namen der NS-»Euthanasie«-Opfer werden erst jetzt veröffentlicht. GID. Ausgabe 239. Dezember 2016, www.gen-ethisches-netzwerk.de/behinderung/beinahe-vergessene-opfer (zuletzt abgerufen 19. Juni 2024).

Elvira Manthey: Die Hempelsche – Das Schicksal eines deutschen Kindes, das 1940 vor der Gaskammer umkehren durfte. Frankfurt am Main 2021. www.mabuse-verlag.de/mabuse/mabuse-verlag/die-hempelsche-medizingeschichte_pid_99_43802.html (zuletzt abgerufen 19. Juni 2024).

Andreas Hechler: Fragmentarisches zur NS-»Euthanasie« heute. Diagnosen von Gewicht II. In: Kim Wichera, Alex Steinweg, Esto Mader, Cora Schmechel (Hg.): Gegendiagnose III. Kollektive Krisensitzung und psykritische Perspektiven. Münster 2024, S. 395.

Gen-ethisches Netzwerk: Kein Anspruch auf Entschädigung – Die Opfer nationalsozialistischer Sterilisationspolitik. GID. Ausgabe 222. April 2014, www.gen-ethisches-netzwerk.de/behinderung/kein-anspruch-auf-entschaedigung (zuletzt abgerufen 19. Juni 2024).

Arbeitsgemeinschaft Bund der »Euthanasie«-Geschädigten und Zwangssterilisierten: Entschädigung von »Euthanasie«-Geschädigten und Zwangssterilisierten. 30. März 2023, www.euthanasiegeschaedigte-zwangssterilisierte.de/themen/entschaedigung/ (zuletzt abgerufen 19. Juni 2024).

Bundesvereinigung Lebenshilfe: Lebenshilfe: Von den Nazis ermordete Menschen mit Behinderung werden zu Opfern zweiter Klasse gemacht. 24. Januar 2023, www.lebenshilfe.de/presse/pressemeldung/von-den-nazis-ermordete-menschen-mit-behinderung-werden-zu-opfern-zweiter-klasse-gemacht (zuletzt abgerufen 19. Juni 2024).

Deutscher Bundestag: Antrag: Opfer von NS-»Euthanasie« und Zwangssterilisierte als Verfolgte des Nationalsozialismus anerkennen – Aufarbeitung vorantreiben. Drucksache 20/2429. 23. Juni 2022, https://dserver.bundestag.de/btd/20/024/2002429.pdf (zuletzt abgerufen 19. Juni 2024).

Peter Nowak: Denkmal für die »Euthanasie«opfer gefordert. Die Tageszeitung junge Welt. 9. November 2000, https://www.jungewelt.de/loginFailed.php?ref=/artikel/19819.denkmal-für-die-euthanasie-opfer-gefordert.html (zuletzt abgerufen 19. Juni 2024).

Deutscher Bundestag: Experten: NS-Opfer von »Euthanasie« und Zwangssterilisationen anerkennen. 23. Juni 2022, www.bundestag.de/dokumente/textarchiv/2022/kw39-pa-kultur-908960 (zuletzt abgerufen 19. Juni 2024).

Linde Gläser: Die vergessenen NS-Opfer: Zwangssterilisierte kämpfen noch immer um Anerkennung. RedaktionsNetzwerk Deutschland. 27. Januar 2023, www.rnd.de/politik/holocaust-die-vergessenen-ns-opfer-zwangssterilisierte-kaempfen-um-anerkennung-NWH2GFXDHFHIPAJYPORL27SUQQ.html (zuletzt abgerufen 19. Juni 2024).

Ärzteblatt: Erinnerung an Ermordung von Menschen mit Behinderung in NS-Zeit. 24. Januar 2023, www.aerzteblatt.de/nachrichten/140469/Erinnerung-an-Ermordung-von-Menschen-mit-Behinderung-in-NS-Zeit (zuletzt abgerufen 19. Juni 2024).

Uta George: Inklusion in Gedenkstätten. Menschen mit Lernschwierigkeiten in der historisch-politischen Bildung. 14. Oktober 2016, http://lernen-aus-der-geschichte.de/Lernen-und-Lehren/content/9999 (zuletzt abgerufen 19. Juni 2024).

Luise Habel: Herrgott, schaff die Treppen ab! Erfahrungen einer Behinderten. Stuttgart 1978.

raulkrauthausen auf Instagram: Warum das Wort »Pflegefall« Menschen abwertet. 24. März 2024, www.instagram.com/p/CqKwx9QILDu/?igshid=MDJmNzVkMjY%3D (zuletzt abgerufen 19. Juni 2024).

Sieglind Luise Ellger-Rüttgardt: Geschichte der Sonderpädagogik. München 2019, S. 291.

Benjamin Benz, Ernst-Ulrich Huster, Johannes D. Schütte, Jürgen Boeckh: Geschichte der Sozialpolitik: Normen und Prinzipien. Bundeszentrale für politische Bildung. 23. Oktober 2015, www.bpb.de/shop/zeitschriften/izpb/sozialpolitik-327/214326/geschichte-der-sozialpolitik-normen-und-prinzipien/ (zuletzt abgerufen 19. Juni 2024).

Caritas: Von der Armenfürsorge zur personenzentrierten Hilfe – Professionalisierung in 125 Jahren Caritas. Jahrbuch 2022. 6. April 2022, www.caritas.de/beitraege/von-der-armenfuersorge-zur-personenzentrierten-hil/2179730/ (zuletzt abgerufen 19. Juni 2024).

Sebastian Barsch, Elsbeth Bösl: Disability History – Behinderung sichtbar machen: Emanzipationsbewegung und Forschungsfeld. Zeithistorische Forschungen/Studies in Contemporary History, Online-Ausgabe, 2/19, 2022. https://zeithistorische-forschungen.de/2-2022/6039 (zuletzt abgerufen 19. Juni 2024).

Clara Seehafer: Gleiche Chancen für alle? Kinder und Jugendliche mit Behinderungen in der DDR. Sommer 2023, www.bundesstiftung-aufarbeitung.de/de/recherche/dossiers/zwischen-bevormundung-und-

teilhabe-menschen-mit-behinderungen-der-ddr/gleiche-chancen-fuer-alle (zuletzt abgerufen 19. Juni 2024).

Isolde Hauschild: Von der Abhängigkeit in der DDR zum Arbeitgebermodell. www.forsea.de/content-369-von_der_abhaengigkeit_in_der_ddr_zum_arbeitgebermodell.html (zuletzt abgerufen 19. Juni 2024).

Online-Handbuch Inklusion als Menschenrecht: Nachkriegsdeutschland. www.inklusion-als-menschenrecht.de/nachkriegsdeutschland-brd-und-ddr/ (zuletzt abgerufen 19. Juni 2024).

Bundesministerium des Innern (BMI) Abt. Va1, Schreiben an Abt. Va2, 12.8.1958, Bundesarchiv (BArch) B 106 8414 oder hier: www.bpb.de/system/files/pdf/VFM4HO.pdf (zuletzt abgerufen 19. Juni 2024).

Bundesvereinigung Lebenshilfe: 1950er Jahre – Gründungsphase. www.lebenshilfe.de/ueber-uns/geschichte-der-lebenshilfe/die-1950er-jahre (zuletzt abgerufen 19. Juni 2024).

Landesverband Bayern für körper- und mehrfachbehinderte Menschen: Damals hat man behinderte Kinder noch versteckt. www.lvkm.de/ueber-uns/geschichte/50er-jahre.html (zuletzt abgerufen 19. Juni 2024).

Transfernetzwerk s_inn: Unterbringung von Menschen mit Behinderung in den 1950er–1970er Jahren. 22. Januar 2020, www.s-inn.net/meldungen/unterbringung-von-menschen-mit-behinderung-in-den-1950er-1970er-jahren (zuletzt abgerufen 19. Juni 2024).

Judith Holofernes: Nur ein Wort. In: Von hier an blind. Wintrup Musik 2005.

Ernst Klee: Sichten und – Vernichten. Zeit online. 11. September 1992, www.zeit.de/1992/38/sichten-und-vernichten/komplettansicht (zuletzt abgerufen 19. Juni 2024).

Ingo Kalischek: Euthanasie-Verdacht: Bethel unter Druck. Neue Westfälische online. 5. Juni 2019, www.nw.de/lokal/bielefeld/mitte/22473723_Euthanasie-Verdacht-Bethel-unter-Druck.html (zuletzt abgerufen 19. Juni 2024).

Hermann Stutte: Zehn Jahre »Lebenshilfe für geistig Behinderte«. Deutsches Ärzteblatt 9/66, 1969, A-578. www.aerzteblatt.de/archiv/206181/Zehn-Jahre-Lebenshilfe-fuer-geistig-Behinderte (zuletzt abgerufen 19. Juni 2024).

Oliver Tolmein: Zwangssterilisation für Behinderte? taz.de. 21. Mai 1988, https://taz.de/Zwangssterilisation-fuer-Behinderte/!1848679/ (zuletzt abgerufen 19. Juni 2024).

Udo Sierck und Nati Radtke: Die Wohltätermafia. Vom Erbgesundheitsgericht zur Humangenetischen Beratung. Frankfurt am Main 1984, S. 275.

Anne Helen Crumbach: Contergan im Diskurs: Ärzte und ihre öffentliche Verantwortung zu Beginn der 1960er Jahre. In: Dominik Groß und

Ylva Söderfeldt (Hg.): »Disability Studies« meets »History of Science«. Körperliche Differenz und soziokulturelle Konstruktion von Behinderung aus der Perspektive der Medizin-, Technik- und Wissenschaftsgeschichte. Kassel 2017, S. 68 und S. 82. https://portal.ub.uni-kassel.de/kup/d/9783737602303 (zuletzt abgerufen 19. Juni 2024).

St. Vither Zeitung: Massenandrang zum Softenon-Prozeß in Lüttich. 8. November 1962, http://arch93.arch.be/531_Zeitungen/ST_VITHER_VOLKSZEITUNG_1955_1964/1962/VITHVOLK_19621108_0.pdf (zuletzt abgerufen 19. Juni 2024).

Daniela Maier: Inklusion oder Instrumentalisierung? August 2021, https://perspektivenwechsel-mit-prothesen.de/2021/08/23/inklusion-oder-instrumentalisierung/ (zuletzt abgerufen 6. Juli 2024).

Waldschmidt Anne: Symbolische Gewalt, Normalisierungsdispositiv und/oder Stigma? Soziologie der Behinderung im Anschluss an Goffman, Foucault und Bourdieu. In: Stephan Moebius und Angelika Wetterer (Hg.): Österreichische Zeitschrift für Soziologie, Themenheft »Symbolische Gewalt«, 4/36 2011, S. 89–106, S. 93.

Swantje Köbsell: 50 behindertenbewegte Jahre in Deutschland. Bundeszentrale für politische Bildung. 1. Februar 2019, www.bpb.de/shop/zeitschriften/apuz/284894/50-behindertenbewegte-jahre-in-deutschland/ (zuletzt abgerufen 19. Juni 2024).

Sankofa: Nur wer seine Vergangenheit kennt. www.jstor.org/stable/43645662 (zuletzt abgerufen 19. Juni 2024).

ZDF-Sendung »Hallo Deutschland«: Retro – Unser Walter. 21. November 2015, www.youtube.com/watch?time_continue=762&v=Kb61dnoZcvA&embeds_referring_euri=https%3A%2F%2Fzeithistorische-forschungen.de%2F&feature=emb_logo (zuletzt abgerufen 19. Juni 2024).

Raphael Rössel: »Das muss ertragen werden«. Die Serie »Unser Walter« (ZDF 1974) und die Familiarisierung von Behinderungen. In: Zeithistorische Forschungen/Studies in Contemporary History. Online-Ausgabe, 2/19, 2022, https://zeithistorische-forschungen.de/2-2022/6065 (zuletzt abgerufen 19. Juni 2024).

Sieglind Luise Ellger-Rüttgardt: Geschichte der Sonderpädagogik. München 2019, S. 303 ff.

Jana Groth: Intersektionalität und Mehrfachdiskriminierung in Deutschland – Marginalisierte Stimmen im feministischen Diskurs der 70er, 80er und 90er Jahre. Weinheim 2021, S. 268.

Silke Boll, Theresia Degener, Carola Ewinkel, Gisela Hermes, Bärbel Kroll, Sigrid Lübbers, Susanne Schnartendorf: Geschlecht: behindert. Besonderes Merkmal: Frau – Ein Buch von behinderten Frauen. München

1986, S. 31 ff., 135 ff., 170 ff., https://archiv-behindertenbewegung.org/media/geschlechtbehindert.pdf (zuletzt abgerufen 19. Juni 2024).

Bundesministerium für Familie, Senioren, Frauen und Jugend (Hg.): Lebenssituation und Belastungen von Frauen mit Beeinträchtigungen und Behinderungen in Deutschland. Berlin 2014.

Susanne Böllert: »Ich kenne kein einziges gutes Heim«. Der Spiegel (online). 2. März 2014, www.spiegel.de/panorama/gesellschaft/alexander-frey-anwalt-zieht-fuer-bessere-pflege-vor-verfassungsgericht-a-954878.html (zuletzt abgerufen 19. Juni 2024).

Axel Henke: Die Würde des Menschen und der Gesundheitsmarkt. Zeitschrift lebensqualität. 3/2014, www.kinaesthetics-verein.de/dl/doc/2015/1381/lq-1403-08-Die-Wuerde-des-Menschen-und-der-Gesundheitsmarkt.pdf (zuletzt abgerufen 19. Juni 2024).

Irmengard Gnau: »Deutschkurse auf den Philippinen«. SZ.de. 22. Januar 2019, www.sueddeutsche.de/muenchen/pflege-experte-deutschkurse-auf-den-philippinen-1.4298134 (zuletzt abgerufen 19. Juni 2024).

Holger ruft an: Gewalttat von Potsdam: Wie können Medien besser berichten? [Podcast]. Folge 26. 7. Mai 2021, https://uebermedien.de/59612/gewalttat-von-potsdam-wie-koennen-medien-besser-berichten/ (zuletzt abgerufen 19. Juni 2024).

Carolin Emcke: Gegen den Hass. Frankfurt am Main 2016, S. 12.

edwin.greve auf Instagram www.instagram.com/p/CORDtKbn5HH/?igsh=ZnkoMW8yZ3dlOWxo (zuletzt abgerufen 19. Juni 2024).

Vereinte Nationen: Übereinkommen über die Rechte von Menschen mit Behinderung. 10. Oktober 2022, www.institut-fuer-menschenrechte.de/fileadmin/Redaktion/Publikationen/Weitere_Publikationen/CRPD-C-5_Leitlinien_zur_Deinstitutionalisierung_Deutsche_Uebersetzung.pdf (zuletzt abgerufen 6. Juli 2024).

Ottmar Miles-Paul: Heute vor 40 Jahren begann das Krüppel-Tribunal in Dortmund. 12. Dezember 2021, https://kobinet-nachrichten.org/2021/12/12/heute-vor-40-jahren-begann-das-krueppel-tribunal-in-dortmund/ (zuletzt abgerufen 19. Juni 2024).

Susanne von Daniels, Theresia Degener, Andreas Jürgens, Frajo Krick, Peter Mand, Anneliese Mayer, Birgit Rothenberg, Gusti Steiner, Oliver Tolmein (Hg.): Krüppel-Tribunal. Menschenrechtsverletzungen im Sozialstaat. Köln 1983, S. 28, https://archiv-behindertenbewegung.org/media/6_krueppel-tribunal-low.pdf (zuletzt abgerufen 19. Juni 2024).

Leonie Stelzner: 40 Jahre Aktion Mensch. 28. Oktober 2004, www.welt.de/vermischtes/article349084/40-Jahre-Aktion-Mensch.html (zuletzt abgerufen 6. Juli 2024).

Raúl Krauthausen: Wer Inklusion will, findet einen Weg. Wer sie nicht will, findet Ausreden. Hamburg 2023, S. 35 ff.

Sandra Schmidhofer und Nikolai Prodöhl. Keine Sorgenkinder, 14. Dezember 2022, https://andererseits.org/keine-sorgenkinder/ (zuletzt abgerufen 6. Juli 2024).

Caritas: Von der Armenfürsorge zur personenzentrierten Hilfe – Professionalisierung in 125 Jahren Caritas. Jahrbuch 2022. 6. April 2022, www.caritas.de/beitraege/von-der-armenfuersorge-zur-personenzentrierten-hil/2179730/ (zuletzt abgerufen 19. Juni 2024).

Lela Finkbeiner: Ändert das System, nicht uns! In: Alina Buschmann und Luisa L'Audace (Hg.): Angry Cripples: Stimmen behinderter Menschen gegen Ableismus. Graz 2023, S. 116.

Theresia Degener: Build back better. In: Raúl Krauthausen: Wer Inklusion will, findet einen Weg. Wer sie nicht will, findet Ausreden. Hamburg 2023, S. 125 ff.

luisalaudace auf Instagram: Kritik an Kampagne #OrteFürAlle. 28. August 2021, www.instagram.com/luisalaudace/reel/CTICQ9uI7_6/ (zuletzt abgerufen 19. Juni 2024).

White Charity. www.whitecharity.de/de/home/ (zuletzt abgerufen 19. Juni 2024).

Media Affairs: Menschen mit Behinderung und Inklusion in österreichischen Massenmedien. 2023, www.mediaaffairs.at/aktuellebeitraege/gesellschaft/inklusionsstudie2023.html (zuletzt abgerufen 19. Juni 2024).

Marius Elfering: Pflege lebenslänglich. 11. September 2020, www.hoerspielundfeature.de/ueber-die-liebe-zu-einem-behinderten-kind-pflege-100.html (zuletzt abgerufen 19. Juni 2024).

Rebecca Maskos auf Twitter: Medienkritik Deutschlandfunk. 13. September 2020, https://twitter.com/rmaskos/status/1305191219069362177?s=43&t=LazQ9pwnwr7xGKBH91DosQ (zuletzt abgerufen 19. Juni 2024).

Who cares?!

Gender Glossar: Care. 10. Juli 2019, www.gender-glossar.de/post/_care (zuletzt abgerufen 19. Juni 2024).

Barbara Duden: Arbeit aus Liebe – Liebe als Arbeit. Ein Rückblick. www.sp-ps.ch/wp-content/uploads/2016/08/duden_arbeit_aus_liebe.pdf (zuletzt abgerufen 19. Juni 2024).

Martina Puschke: Interview. Bifos Zeitzeug*innen. Mein Leben. Meine Geschichte. Meine Selbstbestimmung. www.zeitzeugen-projekt.de/images/PDF/Puschke_Interview.pdf (zuletzt abgerufen 19. Juni 2024).

Martina Puschke: Lobbyistin für die Rechte behinderter Frauen. 30. Okto-

ber 2023, www.deutschlandfunkkultur.de/behindertenrechts-lobbyistin-martina-puschke-dlf-kultur-e0a7930d-100.html (zuletzt abgerufen 6. Juli 2024).
raulkrauthausen auf Instagram: Muss ich meinen Körper lieben? 5. Juni 2022, www.instagram.com/p/CeajQLQIcPv/?igshid=MDJmNzVkMjY%3D (zuletzt abgerufen 6. Juli 2024).
raulkrauthausen auf Instagram: Negative Gefühle, die ich beim Aufwachsen mit meiner Behinderung empfand. 16. Oktober 2022, www.instagram.com/p/Cjw9h4DK_3I/?igshid=MDJmNzVkMjY%3D (zuletzt abgerufen 6. Juli 2024).
Luisa L'Audace: Behindert und stolz. Berlin 2023, S. 81.
Ibram X. Kendi: How to Be an Antiracist. München 2020.
Frantz Fanon: Die Verdammten dieser Erde. Vorwort von Jean-Paul Sartre. Frankfurt am Main 1981.
Stuart Hall: Cultural Identity and Diaspora. In: Jonathan Rutherford (Hg.): Identity. Community, Culture, Difference. London 1990, S. 225.
ManuEla Ritz: Adultismus – (un)bekanntes Phänomen: Ist die Welt nur für Erwachsene gemacht?. In: Petra Wagner (Hrsg.): Handbuch Inklusion. Grundlagen vorurteilsbewusster Bildung und Erziehung. Freiburg 2013. S.165–173.
Diana Auth und Clarissa Rudolph: Care im sozialinvestiven Wohlfahrtsstaat – Mehr Geschlechtergerechtigkeit oder mehr Krise? Einleitung. Femina Politica, 2/2017, S. 10ff.
Teresa Bücker: Alle_Zeit. Berlin 2022.
Theresia Degener: Build back better. In: Raúl Krauthausen: Wer Inklusion will, findet einen Weg. Wer sie nicht will, findet Ausreden. Hamburg 2023, S. 124.
Nathalie Klüver: Deutschland, ein kinderfeindliches Land? München 2022, S. 113 ff.
Christof Neumann: Gesundheit und Pflege im Koalitionsvertrag der Ampel. 25. Januar 2023, www.deutsches-pflegehilfswerk.de/ratgeber/gesundheit-und-pflege-im-koalitionsvertrag-der-ampel/ (zuletzt abgerufen 19. Juni 2024).
Lara Röder: Pflegestudie 2023. 14. Februar 2023, www.pflege.de/pflegende-angehoerige/pflegebeduerftige-kinder/#magazin-studie-kinderpflege (zuletzt abgerufen 19. Juni 2024).
Uta Leyke: Pflegestufe 0 – Informationen über die frühere Pflegestufe. https://pflegebox.de/ratgeber/pflegegrad/pflegestufe-0/ (zuletzt abgerufen 19. Juni 2024).
Jesper Juul: Unser Kind ist chronisch krank – Kraftquellen für die ganze Familie. Weinheim 2014, S. 19 ff.

Verena Niethammer: Nichts als Märchen. taz.de. 16. April 2023, https://taz.de/Umgang-mit-Kindern-mit-Behinderung/!5925365/ (zuletzt abgerufen 19. Juni 2024).

Mareice Kaiser: Alles inklusive. Frankfurt am Main 2016.

Sandra Roth: Lotta Wundertüte – Unser Leben mit Bobbycar und Rollstuhl. Köln 2013.

Sandra Schulz: Das ganze Kind hat so viele Fehler. Leipzig 2017.

Kaiserinnenreich [Blog]. https://kaiserinnenreich.de (zuletzt abgerufen 6. Juli 2024).

Jasmin Dickerson auf Instagram: Über Einsamkeit. 26. Juni 2022, www.instagram.com/p/CfR2DlusXyx/?igshid=MDJmNzVkMjY%3D (zuletzt abgerufen 19. Juni 2024).

Jasmin Dickerson auf Instagram: Ihr Kind hasst sie nicht, es hat eine Behinderung. 23. Juni 2022, https://www.instagram.com/p/CfKLAkNMi4H/?igsh=NHlnODhkODgwc3Zx&img_index=1 (zuletzt abgerufen 05. August 2024).

Jasmin Dickerson auf Instagram: Während eure Kinder wie selbstverständlich mitgedacht werden. 10. Juli 2022, www.instagram.com/p/CfoyIhtsfdJ/?igshid=MDJmNzVkMjY%3D (zuletzt abgerufen 19. Juni 2024).

Khalib Gibran: Der Garten der Liebe. München 2014.

Nikolai Prodöhl: Pränataldiagnostik – Nur noch »Norm«-Kinder durch »Norm«-Tests? 14. November 2023, https://dieneuenorm.de/gesellschaft/praenataldiagnostik-nur-noch-norm-kinder-durch-norm-tests/ (zuletzt abgerufen 19. Juni 2024).

Statistisches Bundesamt: Schwangerschaftsabbrüche. www.destatis.de/DE/Themen/Gesellschaft-Umwelt/Gesundheit/Schwangerschaftsabbrueche/_inhalt.html# (zuletzt abgerufen 19. Juni 2024).

Stern auf Instagram: Welt-Down-Syndrom-Tag. 21. März 2023, www.instagram.com/p/CqCkdetIKgo/?igshid=MDJmNzVkMjY%3D&img_index=1 (zuletzt abgerufen 19. Juni 2024).

Die Neue Norm [Podcast]: #49 Pränataldiagnostik. 28. März 2024, https://dieneuenorm.de/podcast/praenataldiagnostik/ (zuletzt abgerufen 19. Juni 2024).

Kirsten Achtelik: Selbstbestimmte Norm. Berlin 2018, S. 194.

Jasmin Dickerson auf Instagram: Vorurteile pflegender Elternschaft. 30. August 2023, www.instagram.com/p/Cwkn-g8sgJY/?igshid=MTc4MmM1YmI2Ng%3D%3D (zuletzt abgerufen 19. Juni 2024).

Anna Mendel: Wir. Leipzig 2022, S. 223 und S. 31.

Sarah @phyxchen auf Instagram. 21. Dezember 2022, www.instagram.com/p/CmcCBBIttor/?igshid=MDJmNzVkMjY%3D (zuletzt abgerufen 19. Juni 2024).

Luise Habel: Herrgott schaff die Treppen ab. Erfahrungen einer Behinderten. Stuttgart 1978, S. 3 f.
Jesper Juul: Unser Kind ist chronisch krank – Kraftquellen für die ganze Familie. Weinheim 2014, S. 54.
@Schmetterlingsclara auf Instagram: Rollenverteilung. 12. Mai 2022, www.instagram.com/p/CddvUDrMxop/?igshid=MDJmNzVkMjY%3D (zuletzt abgerufen 19. Juni 2024).
@Schmetterlingsclara auf Instagram: Erfolg. 28. Juli 2022, www.instagram.com/reel/Cgj9NrwF9CZ/?igshid=MDJmNzVkMjY%3D (zuletzt abgerufen 19. Juni 2024).
Marah Rikli: Kommentar: Meine Tochter hat eine Behinderung – und nicht ein Problem. 5. Oktober 2022, www.annabelle.ch/leben/kommentar-meine-tochter-hat-eine-behinderung-und-nicht-ein-problem/ (zuletzt abgerufen 19. Juni 2024).
Udo Sierck: Das Risiko nichtbehinderte Eltern zu bekommen. München 1989, S. 18.
Jasmin Dickerson auf Instagram: CN: Ableistische Gedanken. 8. August 2022, www.instagram.com/p/ChAocAysy7A/?igshid=MDJmNzVkMjY%3D (zuletzt abgerufen 19. Juni 2024).
Benjamin Weber: Das Gefühl der Scham im Kontakt mit Menschen mit einer geistigen Behinderung. 22. November 2018, https://hss-opus.ub.ruhr-uni-bochum.de/opus4/frontdoor/index/index/year/2018/docId/6198 (zuletzt abgerufen 19. Juni 2024).
Benjamin Weber: Das Gefühl der Scham im Kontakt mit Menschen mit einer geistigen Behinderung. Einleitung. https://hss-opus.ub.ruhr-uni-bochum.de/opus4/frontdoor/deliver/index/docId/6198/file/Zusammenfassung.pdf (zuletzt abgerufen 19. Juni 2024).
Martin Schenk: Gesichtsverlust über soziale Scham. Die Furche. 23. Januar 2020, www.furche.at/gesellschaft/gesichtsverlust-ueber-soziale-scham-2125302 (zuletzt abgerufen 19. Juni 2024).
Konrad Wolf: So nabelten sich Menschen mit Behinderung von ihren Eltern ab. Zeit online. 12. Juli 2020, www.zeit.de/zett/2020-07/so-nabelten-sich-menschen-mit-behinderung-von-ihren-eltern-ab (zuletzt abgerufen 19. Juni 2024).

Widerworte & Widerstand

Bundeszentrale für politische Bildung: Das Politiklexikon: Widerstand. www.bpb.de/kurz-knapp/lexika/politiklexikon/18481/widerstand/ (zuletzt abgerufen 19. Juni 2024).

Arundhati Roy: Kapitalismus: Eine Gespenstergeschichte. In: Blätter für deutsche und internationale Politik. 57/7. Berlin 2012.

Aries Indenbaum: Goodbye to Oz. Oberlin Blogs. 14. Juni 2010, www.oberlin.edu/blogs/goodbye-oz (zuletzt abgerufen 19. Juni 2024).

Marc Etzold: Wie ein rechtes Netzwerk einen Masterplan für Trumps zweite Amtszeit schmiedet. Capital. 12. August 2023, www.capital.de/wirtschaft-politik/rechtes-netzwerk--trumps-masterplan-fuer-eine-zweite-praesidentschaft-33728554.html (zuletzt abgerufen 19. Juni 2024).

Corinne Sullivan: Netflix's Crip Camp Doc Is Just the Beginning of the Story – Here's What to Know. PS Popsugar. 31. März 2020, www.popsugar.com/entertainment/crip-camp-true-story-netflix-47335905 (zuletzt abgerufen 19. Juni 2024).

ADL Education: A Brief History of the Disability Rights Movement. 3. Mai 2017, www.adl.org/resources/backgrounder/brief-history-disability-rights-movement (zuletzt abgerufen 19. Juni 2024).

K12 Academics: History of mainstreaming in US schools. www.k12academics.com/education-subjects/special-education/mainstreaming/history-mainstreaming-us-schools (zuletzt abgerufen 19. Juni 2024).

Brittany Wilson: What is Mainstreaming in Special Education? April 2020, www.appliedbehavioranalysisprograms.com/faq/special-education-mainstreaming/ (zuletzt abgerufen 19. Juni 2024).

Gisela Hermes (Hg.): Traumland USA? Zwischen Antidiskriminierung und sozialer Armut. Kassel 1998, https://archiv-behindertenbewegung.org/media/12_traumland-usa.pdf (zuletzt abgerufen 19. Juni 2024).

Martin Ladstätter: Buchbeschreibung: »Traumland USA?«. BIZEPS Nachrichtendienst. 9. April 1999, www.bizeps.or.at/buchbeschreibung-traumland-usa/ (zuletzt abgerufen 19. Juni 2024).

Brené Brown: Die Gaben der Unvollkommenheit: Leben aus vollem Herzen. München 2024.

Udo Sierck und SchwarzRund: Protestgespräche: »Jedem Krüppel seinen Knüppel«. 24. April 2023, https://kampnagel.de/produktionen/udo-sierck-noa-winter-protestgespraeche-jedem-krueppel-seinen-krueppel (zuletzt abgerufen 19. Juni 2024).

Marianne Hirschberg und Swantje Köbsell: Behindertenbewegung/en, Menschenrechte und die UN-Behindertenrechtskonvention. In: Gemeinsam leben, 1/2017, S. 4. https://kobra.uni-kassel.de/bitstream/handle/123456789/13135/HirschbergKoebsellBehindertenbewegungenMenschenrechte.pdf?sequence=3&isAllowed=y (zuletzt abgerufen 19. Juni 2024).

Jan Ruhkopf: Anerkennung zum richtigen Zeitpunkt einfordern – Gusti Steiner und die Besetzung der Dortmunder Westfalenhalle. 16. Januar 2023, www.demokratiegeschichten.de/anerkennung-zum-richtigen-

zeitpunkt-einfordern-gusti-steiner-und-die-besetzung-der-dortmunder-westfalenhalle-teil-i/#:~:text=Ernst%20Klee%20und%20Gusti%20Steiner,mit%20Behinderung%20aufmerksam%20zu%20machen (zuletzt abgerufen 6. Juli 2024).

Anne Waldschmidt: Zur Norm verpflichtet. Die Kritik der Krüppelinitiativen an der humangenetischen Beratung. In: Eva Schindele: Gläserne Gebär-Mütter. Vorgeburtliche Diagnostik – Fluch oder Segen. Frankfurt am Main 1990, S. 219–238, hier S. 221.

Swantje Köbsell: 50 behindertenbewegte Jahre in Deutschland. Bundeszentrale für politische Bildung. 1. Februar 2019, www.bpb.de/shop/zeitschriften/apuz/284894/50-behindertenbewegte-jahre-in-deutschland/ (zuletzt abgerufen 19. Juni 2024).

Luftpumpe – Zeitung für Behinderte und Nichtbehinderte, 9/3, Oktober 1980, https://archiv-behindertenbewegung.org/archiv/3-9-1980_(08-01-2020_23-47-23).pdf (zuletzt abgerufen 19. Juni 2024).

Merkur.de: Protest: Rollstuhlfahrer ketten sich an CSU-Zentrale an. 21. Juni 2016, www.merkur.de/lokales/muenchen/csu-zentrale-angekettet-6505159.html (zuletzt abgerufen 19. Juni 2024).

Elsbeth Bösl: Die Geschichte der Behindertenpolitik in der Bundesrepublik aus Sicht der Disability History. Bundeszentrale für politische Bildung. 31. Mai 2010, www.bpb.de/shop/zeitschriften/apuz/32707/die-geschichte-der-behindertenpolitik-in-der-bundesrepublik-aus-sicht-der-disability-history/#footnote-target-7 (zuletzt abgerufen 19. Juni 2024).

Ilja Seifert: Schonzeit gab es nicht. Eine Dokumentation zur Entstehung des Allgemeinen Behindertenverbandes in Deutschland e. V. »Für Selbstbestimmung und Würde« (ABiD). Berlin 1990, S. 30. https://archiv-behindertenbewegung.org/media/schonzeit_gab_es_nicht.pdf (zuletzt abgerufen 19. Juni 2024).

Arbeitsgemeinschaft Disability Studies (AGDS). https://disabilitystudies.de/ (zuletzt abgerufen 19. Juni 2024).

Linda Gerl: Ableismus im Kurort. taz.de. 5. Mai 2022, https://taz.de/Diskriminierung-von-Menschen-mit-Behinderung/!5853014/ (zuletzt abgerufen 6. Juli 2024).

Swantje Köbsell: 50 behindertenbewegte Jahre in Deutschland. Bundeszentrale für politische Bildung. 1. Februar 2019, www.bpb.de/shop/zeitschriften/apuz/284894/50-behindertenbewegte-jahre-in-deutschland/ (zuletzt abgerufen 19. Juni 2024).

Rehadat: Lexikon zur beruflichen Teilhabe: Ergänzende unabhängige Teilhabeberatung (EUTB). www.rehadat.de/lexikon/Lex-Ergaenzende-unabhaengige-Teilhabeberatung-EUTB/ (zuletzt abgerufen 19. Juni 2024).

Astrid Eichstedt und Stefanie Wulff: Meilensteine der Behindertenrechtsbewe-

gung. 24. März 2023, www.aktion-mensch.de/inklusion/recht/hintergrund wissen/behindertenrechtsbewegung (zuletzt abgerufen 19. Juni 2024).
Harriet Tubman [Zitat]. www.forumdialog.org/20-harriet-tubman/ (zuletzt abgerufen 19. Juni 2024).
Nancy DeVault: Here's What the Disability Pride Flag Represents. 11. Juli 2023, www.ameridisability.com/heres-what-the-disability-pride-flag-represents/ (zuletzt abgerufen 28. Juni 2024).
The Official Website of the City of New York: Mayor Bill de Blasio Designates July »Disability Pride Month« in Honor of Twenty-Fifth Anniversary of ADA. 2. Juli 2015, www.nyc.gov/office-of-the-mayor/news/468-15/mayor-bill-de-blasio-designates-july-disability-pride-month-honor-twenty-fifth-anniversary (zuletzt angerufen 6. Juli 2024).
The Disability Pride Association: Our Mission. https://web.archive.org/web/20130209165451/http:/www.disabilityprideparade.com/whypride.php (zuletzt abgerufen 19. Juni 2024).
Audre Lorde: Auf Leben und Tod: Krebstagebuch. Berlin 1994.
Audre Lorde: Vom Nutzen unseres Ärgers. In: Gigi – Zeitschrift für sexuelle Emanzipation. 11/1981. https://blog.zwischengeschlecht.info/public/Audre_Lorde_Gigi11.pdf (zuletzt abgerufen 28. Juni 2024).
Raúl Krauthausen: Das sind die Tücken des »Disability Pride Month«. 23. Juli 2022, https://raul.de/allgemein/das-sind-die-tuecken-des-disability-pride-month/?mc_cid=cc1ff88249&mc_eid=a661e83c58 (zuletzt abgerufen 28. Juni 2024).
Raúl Krauthausen: Wer Inklusion will, findet einen Weg. Wer sie nicht will, findet Ausreden. Hamburg 2023, S. 181.
Mia Mingus: Beyond Access: Mia Mingus on Disability Justice. 30. November 2013, https://equitableeducation.ca/2013/mia-mingus-disability-justice (zuletzt abgerufen 28. Juni 2024).
Intersectional Disability Justice – das Netzwerk für Anti-Rassismus, Anti-Ableism, Diversity und Empowerment. www.intersectional-disability-justice.org (zuletzt abgerufen 28. Juni 2024).
Andrea Schöne: In diesem Camp entstand die Behindertenrechtsbewegung der USA. Süddeutsche Zeitung Jetzt. 18. August 2020, www.jetzt.de/politik/crip-camp-politisches-sommercamp-fuer-behinderte-jugendliche (zuletzt abgerufen 28. Juni 2024).

Lose Enden

Toni Morrison: Wenn ihr die Jobs bekommt. Interview mit Pam Houston. https://www.oprah.com/omagazine/toni-morrison-talks-love/all (zuletzt aufgerufen 16. Juli 2024).

Daniel Schreiber: Was mich berührt. In: Weltkunst Magazin. Berlin 2023.
May Ayim: Ana ist tot. In: blues in schwarz weiss. Berlin 2005, S. 47.
Claudia Brügge: Frauen in ver-rückten Lebenswelten. Bern 1999. www.dagmarschultz.com/downloads/Frauen_in_verruckten_Lebenswelten.pdf (zuletzt abgerufen 28. Juni 2024).
Brené Brown: TED Talk: The Power of Vulnerability. 1. Juni 2010, https://brenebrown.com/videos/ted-talk-the-power-of-vulnerability/ (zuletzt abgerufen 28. Juni 2024).
Lars Reichardt: Verletzlichkeit ist der Schlüssel zu allem. Süddeutsche Zeitung Magazin. 15. November 2018, https://sz-magazin.sueddeutsche.de/wissen/verletzlichkeit-ist-der-schluessel-zu-allem-86367 (zuletzt abgerufen 28. Juni 2024).
Simone Danz: Anerkennung von Verletzlichkeit und Angewiesen-Sein. Widersprüche – Zeitschrift für sozialistische Politik im Bildungs-, Gesundheits- und Sozialbereich, 133/34, September 2014, www.widersprueche-zeitschrift.de/IMG/pdf/Widerspr_133.pdf (zuletzt abgerufen 28. Juni 2024).
Rebecca Maskos: Ableism und das Ideal des autonomen Fähig-Seins in der kapitalistischen Gesellschaft. Zeitschrift für Inklusion-online.net, 2/2015, 28. Juni 2015, www.inklusion-online.net/index.php/inklusion-online/article/view/277 (zuletzt abgerufen 28. Juni 2024).
Simon Ledder: Für eine Utopie der Verletzlichkeit. Im Widerschein von Autonomie und Warenfetisch. Zeitschrift für Disability Studies, Ausgabe 1/2021, S. 7, https://zds-online.org/wp-content/uploads/2021/07/ZDS_2021_1_2_Ledder.pdf (zuletzt abgerufen 28. Juni 2024).
Anna Bruk: Wir alle machen Fehler. 11. Februar 2022, www.spektrum.de/kolumne/verletzlichkeit-wie-man-sich-schwach-und-stark-zugleich-fuehlen-kann/1957774 (zuletzt abgerufen 28. Juni 2024).
Eva von Redecker: Revolution für das Leben. Philosophie der neuen Protestformen. Frankfurt am Main 2020, S. 135.
Hannah Wahl: Radikale Inklusion. Graz 2023.
Gabriele Winker: Care Revolution. Schritte in eine solidarische Gesellschaft. Bielefeld 2015.
Simon Sutterlütti und Stefan Meretz: Kapitalismus aufheben. Eine Einladung, über Utopie und Transformation neu nachzudenken. Hamburg 2018. https://commonism.us/files/Sutterluetti-Meretz_Kapitalismus-aufheben.pdf (zuletzt abgerufen 28. Juni 2024).
Simone Danz: Ent-hinderung – Ein Leitfaden. Weinheim 2023, S. 115–121 und S. 251 ff.
Desmond Tutu: Keine Zukunft ohne Versöhnung. Düsseldorf 2001.

Martin Luther King: Sprechen für die, die keine Stimme haben. In: Mein Traum vom Ende des Hasses. Freiburg 1994.

Marvin Wenzel: Performerin Claire Cunningham: »Die Krücken sind eine Erweiterung meines Körpers«. 28. Januar 2014, www.rbb24.de/kultur/beitrag/2024/01/tanz-performance-kuenstlerin-claire-cunningham-kruecken-crip-hzt-berlin.html (zuletzt abgerufen 28. Juni 2024).

Romily Walden: Access Rider. Wie formuliere ich meine Zugangsvoraussetzungen? 18. November 2020, https://diversity-arts-culture.berlin/magazin/access-rider (zuletzt abgerufen 28. Juni 2024).

Teresa Bücker: Alle_Zeit, Berlin 2022.

Teresa Bücker: Zeit, die es braucht. Care-Politik als Zeit-Politik – Essay. Bundeszentrale für politische Bildung. 30. Oktober 2020, www.bpb.de/shop/zeitschriften/apuz/care-arbeit-2020/317843/zeit-die-es-braucht/ (zuletzt abgerufen 28. Juni 2024).

Noa Winter: Anti-ableistisches Kuratieren – Künstlerische Räume anders denken. Dezember 2020, https://jimdo-storage.global.ssl.fastly.net/file/37beadb6-c679-4b76-b2ff-44324f7e4cb8/Anti-ableistisches%20Kuratieren_NWinter_DIVERS2020.pdf (zuletzt abgerufen 28. Juni 2024).

Hans Wocken: Inklusive Momente in Bildungsprozessen. Kritik einer bildungstheoretischen Grundlegung der schulischen Inklusion. www.inklusion-online.net/index.php/inklusion-online/article/view/588/428 (zuletzt abgerufen 28. Juni 2024).

Nathalie Klüver: Deutschland, ein kinderfeindliches Land? München 2022, S. 185 und S. 199.

Ruth Cohn: Ich bin nicht ohnmächtig. www.inklusion-online.net/index.php/inklusion-online/article/view/46/46 (zuletzt abgerufen 28. Juni 2024).

Dorsch – Lexikon der Psychologie: Kontakthypothese. https://dorsch.hogrefe.com/stichwort/kontakthypothese (zuletzt abgerufen 28. Juni 2024).

Bertolt Brecht: Schriften zur Politik und Gesellschaft 1919–1956. Berlin 1977, S. 172.

Die den Kapiteln vorangestellten Zitate können als Destillat des jeweils nachfolgenden Kapitels gelesen werden.

FSC www.fsc.org MIX Papier | Fördert gute Waldnutzung FSC® C083411

Penguin Random House Verlagsgruppe FSC® N001967

1. Auflage

in der Penguin Random House Verlagsgruppe GmbH,
Neumarkter Str. 28, 81673 München
Umschlaggestaltung: buxdesign | München
unter Verwendung eines Motivs von © Ruth Botzenhardt
Satz: Uhl + Massopust, Aalen
Druck und Einband: CPI books GmbH, Leck
Printed in the EU
ISBN 978-3-442-75947-7

www.btb-verlag.de
www.facebook.com/penguinbuecher

Hadija Haruna-Oelker

Die Schönheit der Differenz

Miteinander anders denken

560 Seiten, ISBN 978-3-442-77333-6

Nominiert für den Preis der Leipziger Buchmesse

Wie kann es uns gelingen, unsere Gesellschaft als Gemeinschaft zu denken und verbunden zu handeln? Hadija Haruna-Oelker beschäftigt sich seit Langem mit Rassismus, Intersektionalität und Diskriminierung. Sie erzählt ihre eigene Geschichte, die sie mit hochaktuellen gesellschaftspolitischen Fragen verbindet, um eine Vision davon zu entwickeln, wie wir unser Miteinander anders denken können: indem wir einander Räume schaffen, Sprache finden, und mit Offenheit und Neugier begegnen.

»Stark ist dieses Buch in jenen Momenten, in denen Haruna-Oelker von Schmerz erzählt und von Glück, von der Fragilität der Identitäten und davon, wie man um sie ringt.«

DIE ZEIT

btb

HADIJA HARUNA-OELKER • ZUSAMMENSEIN